伞型战略 2.0

UMBRELLA
STRATEGY

孙金云 著

企业管理出版社
EMPH ENTERPRISE MANAGEMENT PUBLISHING HOUSE

图书在版编目（CIP）数据

伞型战略2.0 / 孙金云著. -- 北京 : 企业管理出版社，2022.7

ISBN 978-7-5164-2587-9

Ⅰ. ①伞… Ⅱ. ①孙… Ⅲ. ①企业战略—研究—中国 Ⅳ. ①F279.23

中国版本图书馆CIP数据核字（2022）第045380号

书　　名：伞型战略2.0
书　　号：ISBN 978-7-5164-2587-9
作　　者：孙金云
选题策划：周灵均
责任编辑：张　羿　周灵均
出版发行：企业管理出版社
经　　销：新华书店
地　　址：北京市海淀区紫竹院南路17号　邮　　编：100048
网　　址：http://www.emph.cn　电子信箱：26814134@qq.com
电　　话：编辑部（010）68456991　发行部（010）68701816
印　　刷：河北宝昌佳彩印刷有限公司
版　　次：2022年7月第1版
印　　次：2022年7月第1次印刷
开　　本：710毫米×1000毫米　1/16
印　　张：19
字　　数：250千字
定　　价：85.00元

序
PREFACE

乔布斯于2007年在硅谷的苹果初代手机发布会上说："今天，我们将重新发明电话！"诚如斯言，智能手机极大地改变了世界。这样的改变不仅缔造了苹果、高通、台积电、三星等硬件巨头，更是推动了中国的腾讯、阿里、百度、字节跳动、美团、滴滴、B站、小红书等移动互联网巨擘们令人惊叹的高速成长。一时间，互联网思维、赛道、十倍速增长、烧钱、流量等热词让一众创业者为之心潮澎湃，那些商业模式创新者也在中国独特的市场情境下极速狂飙。2014—2018年的5年间，中国的独角兽企业数量飞速增长，一度赶超美国成为全球第一。这一现象背后，透露出中国移动互联网创业的潮起潮落。这些年来，我在研究、学习以及讲授"战略管理"的课程当中，曾不止一次和同学们讨论分享：到底什么是战略思维？简言之，无非三句话："看清大势，踏准节拍，做对决策！"

那么，什么是移动互联网发展的大势？中国以全球最多的人口、极大的人口密度、丰富多元的消费者需求、在高速增长的经济下迅速攀升的支付能力以及相对仍然较低的劳动力成本，使得以智能手机为基础的移动互联网在网络外部性和边际成本趋零的推动下，具备了改造一切面向消费者行业的可能性，而类似这样从零到一的趋势因其几乎涵盖每个人和众多行业，遂形成了中国移动互联网前所未有的发展大势。这一趋势，具备了唯一性、广泛性和周期性的特征，这也为创业公司看似不理性的“十倍速增长”提供了土壤。

如何踏准入场的节拍？在中国互联网公司的发展脉络中，不乏有起了个大早却没赶上“快车”的先入者，如易到、慧聪、亿唐等，也有后知后觉、蜂拥而入却无法与巨头抗衡的模式模仿者，比如在社交软件、搜索、个人出行、OTA等诸多领域。怎样找到增长的时点，如何寻找提速的引擎、实现超越先发者的高速发展，或许是比模式创新更加重要的战略命题。

即使足够幸运地解决了以上两个问题，选择怎样的战略决策依然成为互联网创业者们逃不开的命题。我曾经总结出互联网创业的三条法则：能to C，不to B；能做轻，不做重；能低端，不高端。然而这样的法则在面对激烈而动态的竞争时，不能一味死守，需要灵活应变。面对已具雏形的领域内大佬，新入场的玩家要能在“赢家通吃”的魔咒下找到“他看不见，他看不上，我占领了他也夺不走”的思路，采取“迂回进攻”的策略，或许还能搏得一线生机。

这是技术与资本交汇下商业模式创业者在中国的一次跨世纪狂欢,这也是一次行业秩序与边界在“互联网思维”口号掩护下的重构！幸运的是，我们能够有机会从战略的视角去见证、思考、总结这些企业的演化过程，它们共同具备了单点渗透、相关互联、全面扩张的“伞型战略”特征。

这本小书，不轻易唱诵，不肆意诋毁，仅从战略的角度观察、总结那些互联网公司的发展历程、战略选择与扩张模式。毕竟，势如潮汐，必有涨落！现在谈论移动互联网已进入成熟乃至饱和阶段，恐言之尚早，但高速增长难以再现，垄断弊端人尽皆知，跨界“打劫”屡见不鲜，数据确权势在必行！数年前意气风发的创业少年，挥舞着商业模式创新的屠龙宝刀意图颠覆一切传统的行业领先者，现如今却也都端坐在跨领域、跨行业的商业帝国宝座上，思忖不远的未来。

移动互联网的红利尚在，智能电动车、生物制药、工业互联网等新的大势又滚滚而来。站在历史的长河中审视这些企业的战略思维，无论大势属谁，其根本特征无非还是以上所述的三个方面：乘势、寻机、谋断！

孙金云

2022年夏于复旦园

目录
CONTENTS

引言
FOREWORD

泡沫的破灭

1999年11月25日，宠物网站Pets.com的短袜木偶出现在梅西百货的感恩节大游行的气球上。这个形似呆萌小狗的袜子木偶，从美国繁华街区到热门电视节目随处可见。疯狂的城市推广，汹涌的广告营销，很快令这只代言Pets.com的“明星狗”家喻户晓。甚至在2000年，Pets.com斥巨资120万美元买了美国广告史最贵的“超级碗”的黄金时间段，在USA Today的广告排名位列第一。Pets.com的营销造势吸引了大名鼎鼎的投资者，例如Amazon（亚马逊），并于2000年2月14日筹集8250万美元成功上市。然而，短短268天后，Pets.com公司黯然退市，成为史上寿命最短的上市公司之一。

2000年11月，Pets.com公司在不到两年的时间里烧掉了3亿美元，随后倒闭。300多人失业，网站被关闭。首席执行官朱莉·温赖特（Julie Wainright）在一份声明中表示：“众所周知，这对企业来说是一个非常艰难的选择。

由于没有更好的融资途径，没有持续的现金流入来支撑运营，所以最好的选择就是倒闭清算，以设法减少股东的损失。”

然而在2000年，Pets.com的遭遇并不是个案。

罗马不是一天建成的，然而灭亡却在朝夕之间。那一年，美股市场早已波涛暗涌。2000年3月10日，美国纳斯达克（NASDAQ）指数（以下简称纳指）达到5048.6点的历史高点，相较五年前涨幅达到了680%。当时的狂热主要源自20世纪90年代中后期，投资者疯狂地购买科技股，只要是名字以“e”打头或者“.com”结尾的公司，都会受到资本的青睐和追捧。然而三天后，一个看上去非常普通的交易日，大量高科技股的领头羊如思科、微软、戴尔等同时出现了数十亿美元的卖单，由此引发市场崩盘，纳指当天就从5038点跌到4879点。市场的恐慌犹如街头踩踏一般，迅速向其他板块蔓延，而五年来的持续暴涨使得多方信心极其脆弱，引发了抛售的连锁反应：投资者、基金和机构纷纷开始清盘，“非理性繁荣”下的资本狂欢戛然而止，纳指狂跌，昔日的“互联网英雄”纷纷折戟。那些风头十足的“.com”公司一家接一家地耗尽资金，或被收购或清盘，域名则被原来的竞争对手或域名投资者购入，人去楼空。据统计，2000年美国共有210家大型“.com”公司倒闭。两年后，纳指跌落至1172点，18个月内跌幅达78%，4.4万亿美元市值迅速蒸发，相当于2000年美国GDP的42.8%。后人将此称为“美国互联网泡沫的破灭”。

2000年，互联网泡沫破灭时，几乎所有的科技公司都受到波及：中国新浪一度跌破发行价；搜狐一路从13美元跌到次年10月的0.8美元；网易则是上市即破发，曾连续9个月跌破1美元，一年内市值蒸发了90%，2002年被停牌[①]；中华网的股价缩水到市值的1/200，被收购出局。柳传志目睹了无数科技企业的“猝死”，他决定转移联想的业务重心，联想集团分拆出神州数码。

尽管如此，远隔重洋的一盆冷水根本难以抵挡彼时星星之火下中国大陆互联网创业的澎湃激情，那几个较早上市的初代互联网企业湮灭的火花成为指引更多创业者前行的灯塔。无论是资本市场、消费者还是政策的发展，中国都还处在探索阶段。美国互联网泡沫的破灭不仅成为中国老百姓街头巷尾的谈资，那些互联网新贵暴富的故事还激励了一大批不安分的年轻人，他们在这个全球最大的消费市场凭着灵敏的商业嗅觉和快速行动的冒险精神掀起了另一场波澜壮阔的“造富运动”。

2000年，即阿里巴巴成立的第二年，刚获得高盛和软银投资的马云，正准备撸起袖子大干一场；而被互联网泡沫波及的腾讯正面临资金困难，马化腾险些把ICQ软件卖给深圳电信数据局，却终因价格原因告吹；回国第二年的李彦宏带着融到的第一笔资金，在北京大学旁边的一家小宾馆租了两间房，创建了百度。彼时，基于互联网的新商业模式的出现，带动了中国第一波互联网创业的热潮，这波创业热潮培养出一批在今日中国互联网江湖中依然叱咤风云、占据相对垄断地位的“大佬”，它们是如此炙手可

① 网易启示录：2018年互联网公司能从泡沫时代学到什么？ 2018-7-23. http://www.sohu.com/a/242824666_649045.

热的一串名字：百度、阿里巴巴、腾讯、携程、京东、新浪……

Copy to China

中国第一批互联网公司的成立时间，几乎都在千禧年前后，这并非偶然。

1994年，华人杨致远和搭档大卫·费罗在美国成立Yahoo！（雅虎）公司，这是全球第一家提供互联网导航服务的网站，也是当时最有影响力的搜索引擎，它最重要的竞争对手Google（谷歌）公司，则成立于1998年。无独有偶，中国的第一家具有搜索功能的门户网站搜狐公司于同年成立，搜索引擎巨头百度公司则成立于2000年。同样是新模式，同样基于互联网，同样面对海量的消费人群，海外的公司通过原创和市场探索，将一种具备生命力的模式固化，数年后在庞大的高速增长市场——中国就会出现一家同样模式的初创公司，这似乎成了一条创业的捷径。

层见叠出，类似的故事在许多领域一再上演：全球最大的在线旅游公司Expedia成立于1996年，是微软的子公司；旅游电商公司Booking，隶属于美国Priceline Group，也成立于1996年；而中国的携程公司成立于1999年。世界第一家购物网站美国eBay（易贝）成立于1995年；而中国的淘宝网成立于2003年。作为互联网最早经营电子商务的公司之一的亚马逊，成立于1995年；而中国的京东商城成立于1998年；当当网成立于1999年。1996年11月，三名以色列青年发布了ICQ的第一个版本，被公认为第一款社交软件诞生；1999年，腾讯发布了一款无论在功能、界面还是产品名称上都与ICQ十分相似的现象级产品——QQ。国内企业对标境外企业成立时间，如图1所示。

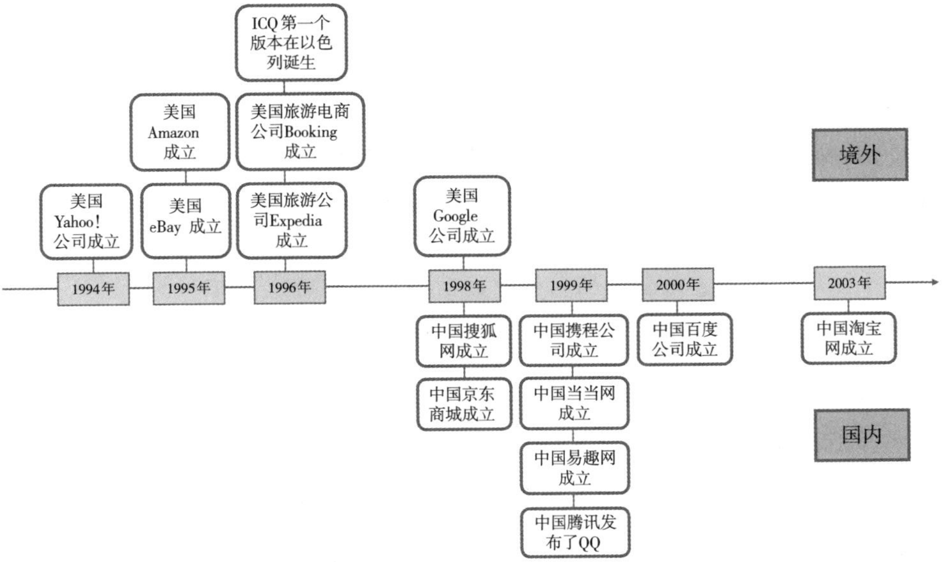

图1　国内企业对标境外企业成立时间

显然，中国早期的互联网创业企业是有一定规律的。首先，已有一个成熟的、领先的商业模式在美国创业成功了，而中国恰好还没有这样的模式，于是第一个敢吃螃蟹的人就把它复制过来。谁复制得早，谁就具有了模式的领先优势。随后，在中国市场，这些公司跟随当时互联网的快速扩张，迅速发展成为一家行业内的巨头企业。这个模式被戏称为"C2C模式"——Copy to China。需要强调的是，侵权有罪，模仿无过，在创新相关领域专门有学者研究"知识的溢出"。说到底，商业模式又不能申请专利，互联网公司在当时主要关注基于网络效应的模式创新，还没有所谓后台、大数据、算法乃至长期顾客习惯等防御壁垒，模仿起来那是相当的“方便”。世界是公平的，这样的快餐固然能够很快获得满足感，但为十余年后更大规模的资本泡沫埋下了伏笔，这是后话。在当时扛着互联网大旗“跑马圈地”的狂热下，谁先大胆模仿，谁就占据了某个细分市场的先发优势，如果面对投资人，还可以用另一个更加高大上的说法，叫“占据了顾客的心智模式”。好吧，让这一波抢占互联网红利的浪潮来得更猛烈些吧！

不可思议的是，这些互联网创业企业在中国为什么没有遇到类似的“互联网泡沫”呢？其中有几个有趣的原因：其一，在那个时代，中国的资本市场不如美国发达，这些企业的发展没有机会因为“游资”的追捧而快速扩张，没有机会形成所谓的“泡沫”。其二，这些互联网企业的创新都可以归结为“模式创新”。与“技术创新”相比，“模式创新”没有技术壁垒和专利保护，先天容易被模仿，导致中国企业用Copy to China的方式，快速地成功了。当然这不单单发生在中国，商业模式在全球范围内的模仿与被模仿是个普遍现象。其三，中国的市场跟美国的市场相比，容量更大。一方面，中国的人口基数是美国的4.2倍；另一方面，中国的经济在2000年前后处于快速增长的阶段，中国消费者的需求也正处于快速爆发的节点。正因如此，中国极大的市场体量顺理成章地吸纳了这些创业公司提供的、以互联网为基础的、新商业模式所带来的供给，在当时，那些互联网企业采用的C2C模式成为它们成长的重要路径。

移动互联网的接力

iPhone的出现彻底改变了互联网时代商业竞争的法则以及企业的竞争结构。曾以跨界和免费为武器，在三个月内一扫存在20年杀毒软件市场的360安全卫士，在从桌面端向移动端转换的过程中，却没能跨越转换的壁垒。可见，在原有的桌面互联网时代领先的企业，未必能适应移动互联的时代，它们逐渐失去了领先的位置。相反，另一些企业，却成功地利用移动互联技术，更加多元化发展，逐渐壮大自身的影响力，这些企业最具代表性的当属中国第一代的互联网巨头——BAT（百度、阿里和腾讯）。

BAT的成长，与它们在桌面端互联网时代建立的基础仍有着千丝万缕的关系。百度作为国内搜索引擎的巨头、重要的信息端口，早已在桌面端市场坐稳了江湖老大的位子；但是，随着移动互联时代的到来，消费者的核心需求发生转变——从搜索、办公等以工作、功能性需求为主的桌面端，转向了以社交、休闲、娱乐、生活为主的移动端，导致搜索软件的使用频率下降。为了搭上移动端快速发展的顺风车，百度发现，地图导航软件是一个重要的切口。虽然在移动互联时代，百度没有延续其原有的强大竞争优势，但是所幸它的多元业务之间存在相关性，接力棒从搜索引擎到百度地图，总有一个赛道可以转型成功，参与角逐。

相比百度，阿里从桌面端转移到移动端则顺畅得多。阿里手握淘宝、天猫和支付宝三大支柱，把原有的网上购物顺利转换为移动购物；再通过支付宝进一步打开局面，拓展新的移动端场景，提高使用频率，让购物体验更加顺畅，从而消费需求也越是高频。无论是使用时长，还是打开频次，都高于桌面端时代。

在此轮转换中，获利最大的无疑是腾讯。时代背景已然从功能性的桌面端时代过渡到社交型的移动端时代，而腾讯本身做的就是社交软件。在十年前，电脑桌面上的QQ远没有如今集工作、社交、娱乐、购物、学习于一身的微信受到用户青睐。当今，在中国人使用的手机中，微信这款应用的时长占比早已超过50%，竞争优势无可匹敌。

由于BAT本身所处的跑道不同，它们原有的多元业务有很大的结构差异，使得它们在从桌面端转向移动端的这场世纪大接力当中，呈现出来的竞争优势亦此消彼长。最终，它们在移动互联时代进一步向跨界、多元化发展，变得更加强大。

不仅如此，移动互联的时代，还迅速催生了一些新的企业，这些企业被称为中国的第二代互联网巨头——TMD（今日头条、美团和滴滴）。TMD在BAT所谓“互联网流量垄断”的情形下依然能破茧而出，与它们独特的业务定位以及对移动互联手段格外的依赖，有着直接关系。移动互联时代已经彻底改变了消费者使用互联网的场景——从固定场景转化为移动场景，变得无所不在，且碎片化。只要有一分钟的时间，地铁上、电梯间、会议前后、等餐时，哪怕上洗手间，都可以随时随地刷手机。移动互联的时代，人与人之间、人与物之间的连接变得更加高效、密切。

由此可以看出，在中国互联网发展的20多年里，桌面端打造出了BAT，移动端打造出的则是TMD。

“伞型战略”

无论是第一代还是第二代互联网巨头，它们都有一个非常明显的共同成长路径特征，那就是，在创业之初聚焦在某一个细分的顾客需求，抑或是某一个聚焦的市场当中。比如，百度专注于搜索引擎，腾讯聚焦于社交软件QQ，阿里起初打造B2B的阿里巴巴，尽管后来转战淘宝C2C模式，但是依然聚焦在电商这一商业信息匹配领域；今日头条做自媒体平台，美团从外卖起家，滴滴就是打车软件。这六家互联网公司在创立的早期都将精力集中在某一个点上，把市场做透，最后形成全国范围内的影响力。然后在打通市场的基础上，它们再根据自己现有的业务，做相关扩张。相关扩张的关键在于，新业务要和已有业务产生战略协同，即在原有客户的基础上，对相关需求形成充分的战略支撑。一旦相关扩张成立了，有了2~4个核心的业务，它们就会在此基础上面向顾客的其他衍生需求去构建自己的互联网生态圈，进行全面的扩张覆盖。

我们清晰地看到，那些代表中国20多年来互联网发展的第一个时代和第二个时代的知名企业，它们做的几乎都是以商业模式为主的创新。这种创新对于本地市场有着极大的依赖性，即与本地消费者的需求、市场的增长速度、较大的人口总量都有着密切的关联。这些企业要想走出国门，再去复制这个模式，它们的竞争优势就不如在中国那么显著。因此，它们不约而同地采用了同样的发展战略。这个路径体现为三个阶段性的特征：第一，在一个聚焦的顾客需求上，做到全国市场份额最大，本书称之为“单点渗透”。第二，在此基础上，围绕同样顾客的相关需求，进行衍生开发，建立第二、三级的相关业务极，可称之为“相关互联”。第三，一旦相关互联成功了，它们会在这个市场上进一步做衍生的开发来建立自己的产品生态，形成自己的产品生态圈，即“全面扩张”。比如阿里巴巴的“大中台，小前台”[①] 的模式和微信的小程序生态。

20年“跑马圈地”，中国消费市场在互联网和移动互联的两轮加持下，通过早期的迅速复制，那些互联网新贵能够通过“单点渗透”去获得海量用户，然后在协同效应的推动下进行本土化的“相关互联”，最后在资本的追捧和裹挟下向更多的行业领域“全面扩张”构建生态圈。以上路径在商业模式创新这个赛道中对各传统行业的边界展开了摧枯拉朽的颠覆，并迅速形成一批具备垄断优势的巨头。福祸相依，因果轮回，这一战略发展模式既成就了一

① 阿里巴巴在2015年12月进行组织升级，即“大中台，小前台”的模式。主要的思路是打破原来的树状结构，小前台距离一线更近，业务全能，这样便于快速决策、敏捷行动；支持类的业务放在中台，扮演平台支撑的角色。所谓的业务中台就是通过制定标准和机制，把不确定的业务规则和流程通过工业化和市场化的手段确定下来，以减少人与人之间的沟通成本，同时还能最大限度地提升协作效率。中台的目标，即减少沟通成本，提升协作效率；中台的实现手段，即制定标准和规范；原则是，集中管控，分布式执行。

时豪杰，也为未来的残酷竞争和挑战者的二次颠覆埋下了伏笔。这些互联网企业经历了过去20年的跌宕起伏和残酷“厮杀”，逐渐在不同需求的基础上，编织出若干个巨大无比的产品生态，犹如数把巨大无比的“伞”，覆盖了全体消费者。接下来，本书将从这个角度，来总结提炼梳理出这一独具特色的创业企业战略，且称为——伞型战略[①]。

① 管理学大师亨利·明茨伯格曾在1985年于*Strategic Management Journal*上发表的“Of Strategies, Deliberate and Emergent”一文中，与詹姆斯·沃特斯共同提出了“伞形战略”（the umbrella strategy），指组织的最高管理者放松对于中层管理者和普通参与者的严格控制以及对于环境的严格控制。管理者为组织成员设定行为的一般准则，并界定清楚边界，像撑起一把伞，参与者可以在伞下的范围内自由操控和决策，有一定的自由度但不能越界。明茨伯格等提出的“伞形战略”与本书所述之“伞型战略”的概念名称恰巧相似，但内涵迥异。

第 1 章

边界消融下的战略新情境

互联网大潮，来势汹汹，诸多行业受到或强或弱的冲击：有些被颠覆，如社交、电商、游戏，有些被改变，如教育、出行、旅游。在这个攻防转换的过程中，并不只有所谓新旧势力的交替，更有互联网巨头的“跑马圈地”、相互倾轧。一个个传统行业的边界在这个过程中被逐渐瓦解消融。当商业模式发生革命、消费行为逐步扭转、企业竞争斗转星移，以原有边界为约束条件的战略竞争态势发生了前所未有的变化。一场以摧毁边界为特征的跨界竞争大幕徐徐拉开……

互联网的出现带来了什么

互联网起源

20世纪60年代，美苏冷战，核毁灭的威胁成为人们街头巷尾的热议话题。在美国联邦经费的刺激和公众恐惧心理的双重影响下，“实验室冷战”也拉开帷幕，似乎谁能保持科学技术上的领先地位，谁就能赢得这场胜利。1969年10月29日，世界上第一个计算机网络——阿帕网（Advanced Research Projects Agency Network，ARPANET）在美国国防部高级研究计划局（ARPA）诞生了。

最初的阿帕网仅设置有4个节点——斯坦福大学、犹他州大学、加州大学洛杉矶分校和加州大学圣塔芭芭拉分校，它创造性地利用了无限分组交换网与卫星通信网，但还无法实现“网络互联”。设计者们为此伤透了脑筋。直到1974年，阿帕网的研究人员罗伯特·卡恩（Robert Kahn）和文特·赛夫（Vint Cerf）制定了一个“简单但非常灵活的协议”——传送控制协议/互联网协议（TCP/IP），终于实现了信息的远距离传输。

1975年，阿帕网由美国国防部通信处接管，标志着计算机网络开始“拓展”它的“通信”功能。进入20世纪80年代，资本逐渐注入互联网的其他商业扩展项目，世界范围内出现越来越多的新网络技术。

1990年前后，万维网（WWW）和Gopher协议的诞生，直接催生出Archie（现代搜索引擎的鼻祖）、Netscape（网景）、Yahoo!（雅虎）、Amazon（亚马逊）和eBay（易贝）等一系列产品和技术型公司。再之后，就是大家这些年所经历的互联网时代了：从MSN、BBS、QQ到Blogger（博客）、Facebook（脸书）、微博和微信，从桌面端到移动端，互联网技术的商业应用发展得如火如荼，各类“互联网+”的商业模式创新此起彼伏，新经济如洪流般深入各行各业和生活的方方面面，走出了华丽的增长曲线。

以美国为例，新经济潮流在20世纪90年代已表现得势不可当。在1995—2000年的5年间，百余年历史的老牌巨头GE和可口可乐公司市值分别翻了近4倍和2倍，而创立仅30年左右的年轻科技公司微软和英特尔的市值分别翻了4.5倍和10倍。惊人的是，从无到有的互联网公司雅虎，实现了由0到1280亿美元的市值增长，堪称前无古人的几何级数飞跃！

商业模式之变

1994年，杨致远和搭档大卫·费罗正在斯坦福大学的校园车库里鼓捣“大卫与杰里的万维网指南”，他们一定做梦也没想到，这份正投身的“事业”会在短短几年后的新旧世纪交替之际，成为市值1280亿美元、具有划时代意义的互联网公司——雅虎，并且伴随着不可思议的市值增长，杨致远以10亿美元的身家入选《福布斯》高科技百名富翁榜，列第16位，成为高科技圈的华人首富。

当时的雅虎和杨致远可谓风光无限，全球瞩目。人们很快从这个互联网神话的背后发现了其新颖且可以广泛复制的商业逻辑：“内容免费+广告收费”，我们称为广告模式。其中，免费的内容可以迅速扩大用户数量，庞大的用户成为广告收费的基石，广告收入作为间接收入形成核心的盈利来源，而互联网正是其中最为关键的技术支撑体系。

互联网打破了时空限制，让用户随时随地都能零时滞、零成本地轻松接触来自世界任何角落的信息，这个过程打破了太多行业的边界以及陈旧的规则和秩序，建立了一个属于互联网时代的全新商业生态。其中，广告模式扮演了重要的角色。

在过去长期以货币易物的传统商业模式下，顾客产生了某种需求，需要用货币来购买；而被购买的商品在生产过程中会产生固定成本和可变成本，商品的生产者在出售商品时，会要求获得超过固定成本和可变成本之和的货币。例如，纯净水可以满足人们口渴的需求，而生产纯净水需要建设厂房、购买设备、招募员工，因此，哪怕一瓶纯净水都没卖出去，初始投入都已经发生，这部分投入可以简单理解为固定成本；接下来每生产一瓶纯净水，都需要投入一定的原材料和包装成本，而这部分成本与产量成正比，因此是可变成本。一般而言，只有商品定价超过单位固定成本和可变成本之和，生产者才能获得利润；可是这样的定价把一些没有足够支付能力的顾客给挡在了外面，从而降低了销售量，如图 1-1 所示[①]。

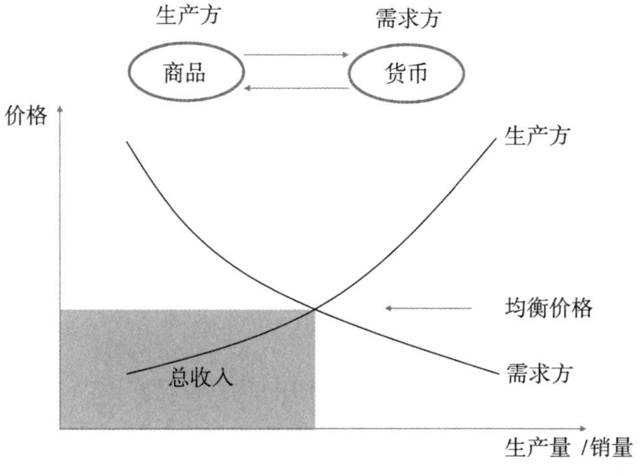

图 1-1 “以货币易物”的商业模式

① 商品定价越高，生产方越愿意提供更多的产量；商品定价越低，需求方越会产生更大的需求。在供求关系的作用下，最终市场会达到某个有效的价格均衡点，具体参见微观经济学中关于供给和需求的相关理论。

广告模式则颠覆了上述模式。依然以刚才的假设为例，如果每个人都需要喝纯净水，而纯净水的瓶身本身的空间是空白的，同时大部分喝纯净水的人都有可能饮用茶饮料，且茶饮料的价格比纯净水要贵。恰好某个企业刚开始生产茶饮料，迫切需要让大家知道这个品牌，纯净水厂就可以考虑与该企业合作，在纯净水瓶身的空白空间上做茶饮料的广告，利用纯净水巨大的销量迅速提升茶饮料的知名度。在极端情况下，如果每瓶纯净水获得的广告费收入补贴能够超过单位固定成本和可变成本之和，这瓶纯净水就可以免费赠送给消费者。由于免费，市场需求大大增加，从而纯净水厂可以更多地生产纯净水，更多的消费者可以免费喝到纯净水，而茶饮料企业迅速提升了知名度并带来了销售的增长。这样一个三方合作的模式相对原先以货币易物的模式显然具备更强的竞争优势和更大的活力，如图1-2所示①。

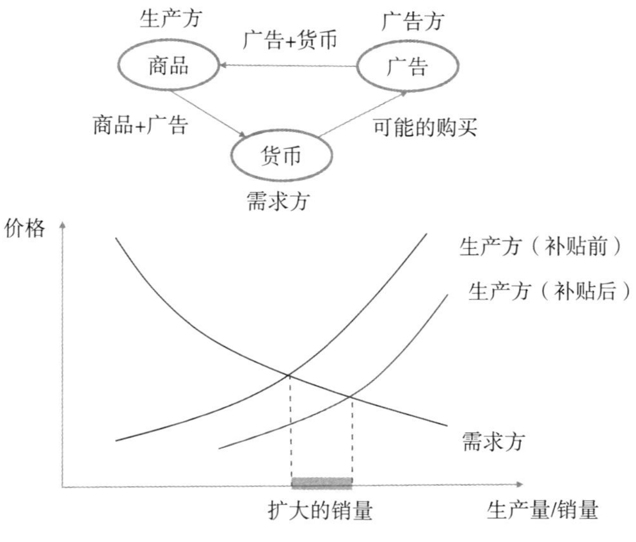

图 1-2 “广告模式”的商业模式

互联网技术为这样的商业模式应用提供了强大的技术支撑和巨大的想象空间，犹如多米诺骨牌，广告模式迅速在互联网领域蔓延。更让人意想不到

① 广告收入补贴会降低生产方的成本，暨市场供给曲线右移，均衡价格降低，产量扩大，具体参见微观经济学中关于供给和需求的相关理论。

的是，这个模式在拓展到中国以后，变本加厉，异业融合乃至跨界“打劫”成为常态，行业补贴及“流量为王”的竞争愈演愈烈，这是后话。

互联网思维的经济学特征

一般而言，互联网能够带来三个显著的经济学特征：边际成本趋零、用户社群化和非连续性。

边际成本趋零

在互联网出现之前，人们接收信息主要依靠大众媒介，包括报纸、杂志和电视等，这些都是收费的。然而有了互联网以后，海量的信息在互联网上可以零时滞地传递，信息传播过程几乎是零成本的。

所以最早出现的互联网企业，都是以信息整合为载体的门户网站，如雅虎、百度、谷歌、新浪、亚马逊。边际成本趋零带来的是边际价格的显著下降，于是这些企业就具备了提供免费服务的条件。它们将信息分门别类，让用户自己查找和搜索，然后赚取点击量和广告收入。正如前面所举的纯净水的例子，这已经彻底颠覆了传统企业的成本结构和盈利模式。相对于传统企业，互联网公司具备了更加强大的竞争优势。新闻、传媒、出版等线下广告模式的行业首先受到了冲击，电视、电影、教育、娱乐、游戏等更多的传统行业被颠覆。

用户社群化

基于边际成本趋零的特点，互联网产业爆发式增长，1996年1月，全球网站数量就已达到10万个；到2010年，全球域名总数已接近2亿个。与产业成长相匹配的，是互联网用户数量的几何级裂变，这些互联网用户后来被称为“网民”“网虫”。他们往往带着相同的目的或兴趣，在网上聚集和互动，逐渐“扎堆”，形成了一个个线上社群。

线下社群，比如跳广场舞的大妈组成的小分队、羽毛球俱乐部等，其产生和活动都会受制于时空，因此活动频率较低，成员积极性也易受影响；而线上社群，通过互联网连接全世界任何一个角落，无处不在的信息流彻底突破了时空限制，因此活动可以随时随地开展，人们不会错过任何精彩的信息和过程。

线上社群迅速发展壮大，打破了以往线下社群的社交结构、成本结构和活动形态，从而造就了互联网行业的“新热点”——2000年以后，社交软件在全球范围内全面兴起：有来自美国的MSN、脸书、Twitter（推特），有来自中国的QQ、微信，韩国有LINE、KakaoTalk，瑞典人创立了Skype等。伴随社群化需求的进一步演化，后来又逐渐出现了更多面对细分市场的社交软件，比如，职场社交平台——Linkedln（领英），分享知识、共同学习的社区——豆瓣、知乎，针对年轻人群的潮牌网购平台——得物、识货，专注陌生社交的开放式平台——陌陌、探探，以女性为主要受众群体的购物分享平台——小红书、考拉海购，等等。互联网上的社群越来越细分和多元，呈现出个性化发展的态势。

非连续性

对企业而言，互联网非连续性特征不仅体现为增加一个网站或网页那么简单，更体现为企业以往的内在价值链和业务流程的巨大变革，甚至是以一个全新的面貌出现，彻底打破原有的价值链，构建全新的商业模式，从而形成新的竞争优势。

在互联网世界，被打破的边界、被取代的旧有商业模式，不胜枚举。以阅读书籍为例，原先读者阅读一本书的产业链流程大约是这样实现的：作者创作书稿→联系出版社→出版社编辑出版印刷→图书发行→书店购买→读者一个人挑灯夜读。在互联网世界里会怎样呢？你也许不需要再涉足书店，有了亚马逊、当当网，一个网络订单就会有人把你心仪的书送到家门口；或者，你无须购买纸质书籍，一台kindle在手，海量的电子书可随时随地下载查阅。如果你没时间从头至尾读完一本书，没关系，“樊登读书会”等App可以把每本书的精华呈现给你；甚至是，你徜徉在简书、豆瓣、起点中文网等社区，可以在很多书问世之前就读到了，因为有大量优质的作者在这些社区发布内容，他们写着写着就吸引来出版商，探讨合作出书了。这些读书、购书、出书的方式彻底颠覆了以往书籍的出版和销售流程，传统出版行业被互联网非连续性的企业一点点地蚕食着商业地盘。甚至本书的完成过程，也是一边创作，一边在网上发布，并结合网友们的读书心得进行完善，最后再通过出版社出版。这更像是一个与读者群相互交流、共同创作的过程。

类似的例子俯拾皆是，利用互联网思维走得更远的还有拼多多、小红书。

淘宝和天猫作为一个销售商品的中介和平台，将买家、卖家聚合到网络上进行交易，就已经省去了交易的时空成本；而拼多多却能通过对供应链的整合，让若干生产端的厂商，直接对接消费者，以需求聚合为手段向厂商直接订购，然后再进入生产环节，生产完之后直接销往用户，这其中省去了更多的中间环节（进货、仓储等），最大化地节省了成本，彻底颠覆了以往商品销售的流程，这类模式称为C2M（从顾客需求到生产）。

小红书的“内容+社交”模式是全新的C2B模式，先通过培养用户发布高质量的内容，稳固一批忠实粉丝，再建立自己统一的供应链，这种模式被人戏称为“电商负责赚钱养家，内容负责貌美如花”。小红书的“买手文化”，精准地对焦消费者对购物体验的高期待和女性对个性化的高需求，其建立用户黏性的策略是极其高明且有前瞻性的。2021年11月，小红书完成E轮融资5亿美元，融资后估值达200亿美元。

边际成本趋零、用户社群化和非连续性是互联网思维实践于商业领域产生的主流变化，其间催生了一大批互联网公司，然而，互联网思维是万能的吗？互联网思维能颠覆所有传统行业吗？

互联网思维的局限性

20多年过去了，互联网思维虽然推动了大量新创企业的成长和传统企业的革新，但是随着企业的发展，这三大特征所带来的竞争优势的贡献开始出现边际效用递减的趋势。

例如，边际成本趋零的优势下，即便能让顾客零时滞、零距离地接触到所有信息，然而消费者的时间和关注总是有限的。选择从零到多是一个进步，然而海量的选择也造成了信息冗余。消费者面对过多的信息时，用什么样的标准去选择最适合自己的内容，就逐渐成为一个难题。因此，如何降低顾客需求满足过程当中的总成本，而不是仅仅从生产端去考虑企业的边际成本趋零，成为摆在这些企业面前的一个新的难题。简而言之，在需要的时间、以需要的形式、精准地呈现消费者需要的产品，降低顾客的心理成本，而避免沦为垃圾信息的推送方，将成为互联网企业下一步获取竞争优势的重要路径。

同样，社群化虽然满足了用户的社交需求，人的有限精力却难以应对过度社交的负荷。无论在熟悉、半熟还是陌生社交领域，如何进行精准的适配，为顾客进一步创造社交价值而不是沉迷于对用户时间的简单占用，在有限的用户关注时间内提升社交效率，成为社交互联网企业所面临的挑战。

最后，再看看那些通过非连续性发展起来的企业，由于大多采用平台发展模式，它们在相关领域里逐渐呈现出赢家通吃、寡头垄断的格局，使得更多创新型企业越来越难以生存和发展。曾几何时，坊间传闻“腾讯抄你怎么办”成为投资人面对新创互联网企业的“终极一问”，这就是一个缩影。当然，今天的腾讯相较当初已经越来越开放，但现有的互联网巨头如何促进下一阶段的创新、创意的产生，探索创新路径的发展，并与创业的实施相结合，成为创新的推动力而不是阻力，依然值得深思。

互联网技术正如人类历史上许多其他重要的发明和技术一样，都会走过边际竞争优势从无到有、从有到强、从强到弱、最终衰减这样一个完整的生命周期。所以，对互联网思维，我们既没必要神化它，也无须盲目打压，而应准确地认知和客观地面对它完整的成长路径。此刻，我们应该更多地思考，在互联网技术的基础上，如何从为顾客的需求做加法转向通过精准的适配为顾客的选择做减法。此部分内容，在“伞型战略的局限性”一章中将会进一步详细解读。

世界到底是不是平的

全球化的背景

《纽约时报》专栏作家托马斯·弗里德曼（Thomas L Friedman）早在2005年之前就曾三次获得美国普利策新闻奖，也是美国公认的最有影响力的新闻工作者。他在2005年更是推出了享誉全球的经济学著作——《世界是平的》，该书奠定了弗里德曼大师级的地位，并使他成为普利策新闻奖的终身评审。

《世界是平的》一出版，即占据《纽约时报》《商务周刊》和亚马逊图书排行榜榜首，是2005年英国“FT/高盛”财经书大奖得主。比尔·盖茨对它赞誉有加，认为“这是所有决策者和企业员工必读的一本书”，甚至很多商学院要求新生入学报到前必先读过此书。作为理解“经济全球化”的基本读物，该书恰恰击中了人们当时在全球化背景下重新审视国家、社会、公司和个人的若干痛点，一时成为现象级畅销书，风头无两。

的确，我们生活的这个世界，20年间已发生了翻天覆地的变化：从奶粉、服装到日用品，普通老百姓可以轻轻松松买到进口货；“中国制造”销往全世界的每一个角落，哪怕是非洲最偏远的村落；节假日里，说走就走的旅行，那些海角天边的美丽城市，吸引了越来越多不同国家、不同民族的游客；跨国公司，全球业务，不胜枚举。地球越来越像“地球村”，成为一个高度全球化的世界。

那么，高度全球化的世界是如何形成的呢?

国际商务理论的发展与经济全球化有着千丝万缕的联系。从宏观视角出发，全球化的形成可以从国际贸易理论，或从经济学的角度去解读；而本书作者更感兴趣的是微观视角，即企业如何通过国际化发展路径来改变这个世界。

折中范式

所有权优势

提到企业全球化扩张，有一个非常著名、不可不提的理论——折中理论（也称折中范式），是由英国经济学家约翰·H 邓宁（John Dunning）在1977年出版的《贸易、经济活动的区位与跨国企业：折中理论的探索》一文中提出，并在1981年出版的《跨国公司与全球经济》一书中系统阐述的理论。约翰·H 邓宁总结出，决定企业从事跨境增值活动的三个基本的要素是所有权优势（Ownership）、区位优势（Location）、内部化优势（Internalization），即OLI模式。

所有权优势是指一个国家的企业从境外获得的他国企业不能得到或不能以如此便利的条件得到的特定资产，这些资产对于所有者母国的公司是独一无二的。所有权优势可能是内生的（例如，通过产品多元化或创新获得）或是从外部获得（例如，通过并购或与其他企业签订合同获得）[①]。直接投资和并购往往是企业进行国际化的主要形式。随着世界范围内资本的流动性越来越强，一些企业用直接投资和并购的方法拥有了境外企业的股权，从而进入一个全新的市场和国家。

1999年，一位刚刚结束在波士顿咨询公司工作和哈佛商学院MBA学业的中国人——邵亦波，选择了回国创业，他与哈佛商学院同学谭海音一起，

① 约翰·H 邓宁，萨琳安娜·M 伦丹. 跨国公司与全球经济 [M]. 北京：中国人民大学出版社，2016：87+91.

创立了中国最早做二手物品交易的网站——易趣网。在当时，易趣网的出现，揭开了中国电子商务发展史的重要一页，并填补了中国电子商务C2C的空白。短短不到半年的时间，易趣就摘得“国内拍卖网站之冠”的称号。在中国互联网络信息中心（CNNIC）2000年1月发布的第5次《中国互联网络发展状况统计调查》中显示，易趣网以最高票数位居国内拍卖网站之首，成为当年最受国人欢迎的拍卖网站。易趣网在中国市场异军突起，成功地引起了全球大佬eBay的注意。

作为当时全球最大的电子集市，eBay在1998年上市之后就大举进击全球市场，先是占领澳洲市场，随后在2000年分别在加拿大、德国、法国和奥地利开设了站点，2001年又在拉丁美洲、韩国、意大利、新西兰、瑞士、爱尔兰以及新加坡进行了投资。在2002年eBay收购了PayPal这个网上支付系统的佼佼者之后，如虎添翼，继续进行全球性扩张以及服务平台的改进。eBay在2003年的全部交易额为238亿美元，净收入22亿美元。也就是在这一年，eBay看中了易趣，以1.5亿美元100%控股易趣，决心在中国市场开疆拓土。后来，故事的结局大家都知道了，eBay和易趣的强强联手没能赢过马云的淘宝网。在2005年，eBay易趣在中国的市场份额为29.1%，而竞争对手淘宝网是67.3%；2012年，eBay彻底退出中国市场，仅保留了一个开展国际业务的办公室。

由此可见，eBay在做全球化扩张之时，为进入中国市场，它们直接收购了易趣。其中优势显而易见：通过拥有某个企业的所有权，可以一次性地进入某个国家的市场，并且拥有了所在国的市场份额、现成的管理团队、当地企业的原始积累和资源。这是企业在做国际化扩张中一个非常典型的手段，即通过并购当地企业进入新市场。然而eBay为什么会在中国市场节节溃败，以至于最终退出呢？这里暂且留个悬念，在下文中会再次提到。

在经济全球化发展日新月异的当下，中国企业也不断对外投资扩张。寻求海外扩张的中国企业，无一例外都是通过直接投资或并购的方式获取了海外公司的所有权和经营权。

区位优势

在国际化过程当中，约翰·H 邓宁认为，决定企业对外扩张的第二个因素，是区位优势。区位，就是所处的环境；区位优势是指投资的国家或地区对投资者来说在投资环境方面所具有的优势，它包括直接区位优势（东道国的有利因素）和间接区位优势（投资国的不利因素）。

在改革开放之初，我们国家的劳动力成本特别低，人均月工资区区几百元，这与发达国家相比，就像是一个局部的洼地，而由于我国人口总量特别大，所以就形成了一个巨大的盆地。于是，低廉的劳动力成本吸引了世界各国的资金，它们纷纷涌向中国这个巨大的盆地。这就是中国当时具备的独特区位优势。

所有的区位优势，都是一种“先天”的资源禀赋，是其他国家想学而学不到的。除了上文提到的劳动力成本，还包括自然资源、市场潜力、贸易壁垒和政府政策等。所以，南非盛产钻石，北海布伦特有原油，马六甲海峡作为重要港口和能源运输通道，这些都能形成区位优势，吸引资金涌入，使地区经济快速增长。

国内有一家名不见经传的手机供应商——传音公司，这个绝大多数中国人闻所未闻的国产手机品牌，在非洲却随处可见。成立于2006年的传音公司，在2008年就把目标定位到了非洲，全面启动品牌战略。公司在尼日利亚、肯尼亚、坦桑尼亚、喀麦隆、加纳、埃及等地设立了办事处，更是在埃塞俄比亚建立了工厂，现已成为国际新兴手机市场的中坚力量，是全球主要手机供应商之一。这就是发挥间接区位的优势，避开国内市场的激烈竞争，寻求空白市场的策略——在十年前的中国，手机供应市场已被诺基亚、摩托罗拉、LG、三星、索尼爱立信等外来品牌分割掉半数以上的市场份额，国内联想、华为和中兴崭露头角的时候，传音公司毅然将目光投向了消费水平更低的非洲，从而开拓了新的天地。甚至它们选择在埃塞俄比亚建立工厂，也是看中了当地更为低廉的劳动力成本。可见，企业在对外扩张时，要避开自己所在国家的劣势，追求被投资国家的优势。

内部化优势

企业全球化扩张的第三个因素是内部化优势。但凡企业进入一个新的国家，都会因为是一个新进入者，受到一些歧视，在研究当中被称为“新进入者的劣势”。无论在西方还是在中国，企业对外投资，都需要努力构建与当地相适应的商业网络，把自己融入当地的商业网络之中，让自己迅速成为一个“内部人”。这个过程称为“内部化”。

要想发挥“内部化”的优势，直接投资成为控股公司，拿到所有权，实现内部化，这是一个捷径。但是，并购的风险非常大。前文提到，eBay在2003年收购了易趣之后，eBay易趣却面临着市场份额逐年减少的窘境，仅仅是因为淘宝的竞争吗？的确，淘宝推出了诱人的免费政策，固守本土市场，铺天盖地的户外广告，即时沟通的淘宝旺旺，以及更加安全便利的支付宝，这些都是易趣没有的。但是，打败易趣的不是淘宝，而是易趣自己。美国公司eBay主导下的eBay易趣缺乏对中国本土市场的深入研究，未能及时迎合本土市场的需要，在淘宝每轮竞争“出招”之时，易趣都高傲、矜持、低效地慢了半拍。所以，eBay易趣是实现企业“内部化”的一个反例。

来自瑞典的企业国际化理论“乌普萨拉模型”，率先提出了“心理距离”的概念，这与“内部化”优势有相通之处。“心理距离”被定义为“阻碍或妨碍公司了解和理解国外环境的因素”,其本质是开展国际贸易的交易成本①。该模型认为，投资国和东道国之间文化和语言的差异会决定对外直接投资的模式，投资国与东道国之间文化距离越大，企业就越有可能选择合资或新建投资，而不是收购。类似eBay收购易趣的例子，如果能更多地放权给本土的管

① 约翰·H邓宁，萨琳安娜·M伦丹.跨国公司与全球经济[M].北京：中国人民大学出版社，2016：83.

理者或决策者，也许就不会出现“拥有最聪明的人、最多的钱、最好的技术，却输掉了整个市场”的狼狈局面。

与易趣恰恰相反的，是前文提到的在非洲大受欢迎的传音手机，它是如何开拓非洲市场的呢？为了贴近当地消费者，传音手机不断地提升、改进功能。比如，非洲消费者大多有数张SIM卡，却没有消费多部手机的能力，他们就率先在非洲推出双卡手机；研发团队通过大量搜集非洲人的照片，对脸部轮廓、曝光补偿、成像效果进行多重分析，还特意研发了适用于黑肤色用户的美肌模式，让非洲年轻人拍出更加满意的照片；新款手机Boom J8主打音乐功能，它随机赠送了一个定制的头戴式耳机，迎合了非洲人经常跳舞的生活习惯；防汗、防滑、开机时音乐似乎永远不结束，来电时铃声大到恨不得让全世界都能听到，这些符合非洲人民使用偏好的小设计让传音手机牢牢占领了非洲市场。

具备以上三个优势之后，企业面对全球化扩张就游刃有余了。就中国而言，改革开放后，我国吸引外商和对外直接投资大幅增长，2020年我国对外投资跃居世界第1位，吸引外商投资保持在世界第2位。2003—2020年中国对外经济合作情况，如图1-3所示。

在互联网技术蓬勃发展之际，全球化出现更多全新的形态。比如，商品的流通比以往更加自由，商品的选择比以往更加丰富，技术的平台更加完善，催生了大量的海淘、微商、代购业务，甚至成为一些人谋生的手段。根据联合国贸易和发展会议（UNCTAD）发布的数据，2019年全球电子商务（EC）交易额比上年增加4%，达到26.7万亿美元[①]。以中国为例，2020年，全国网上零售额11.76万亿元，比上年增长10.9%，增速高于全社会消费品零售总额增速[②]14.8个百分点。2020年，我国跨境电子商务进出口总额实现1.69万亿元，比上年增长31.1%[③]。

① 联合国：全球电子商务销售额急剧增长，2019年跃升至26.7万亿美元.2021-05-24. https://new.qq.com/omn/20210504/20210504A02CTW00.html.

② 国家统计局数据显示，由于新冠疫情等原因，2020年国内全社会消费品零售总额比2019年下降3.9%。

③ 商务部《中国电子商务报告（2020）》，2021-09-15.

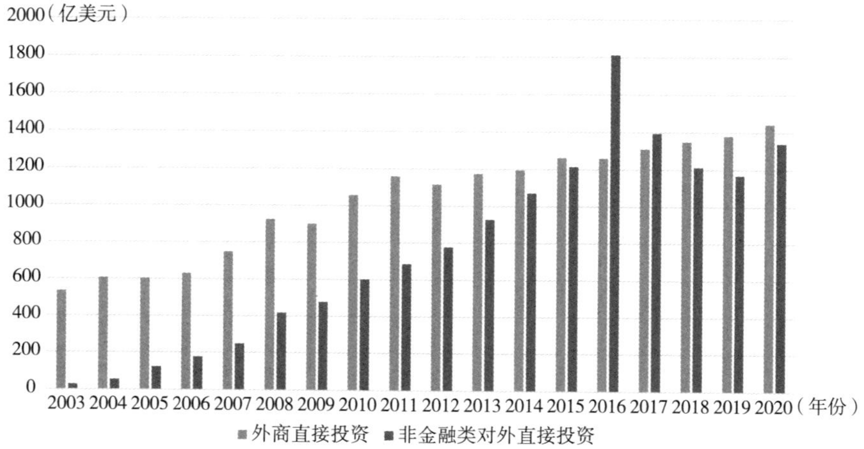

图 1–3 2003—2020 年中国对外经济合作情况

数据来源：国家统计局。

经济全球化的缺陷与挑战

经济全球化都是正面、积极的吗？不一定。对中国企业来讲，全球化缓解了中国的产能过剩带来的对其发展路径的限制。在过去，企业只面对部分国内市场，但随着全球化的加剧，企业生产的产品可以便利地销往世界各地，满足全球市场。这样的后果，一方面使得中国以往的简单加工、扩张规模这条路进一步延展；但另一方面让这些企业在微观的战略层面更加倾向于选择成本领先的战略，忽视了技术的研发。大部分中国制造的企业在过去几十年间，都因为国际化的发展和外贸出口的快速增长呈外向型增长，但同时，它们对于自身研发实力和产品竞争实力方面的投入不够，在差异化战略方面的投入显然存在着缺陷。

哈佛大学商学院教授迈克尔·波特将促使企业从成本领先、差异化和聚焦三个基本点获得竞争优势的战略，称为企业的一般战略。成本领先战略强调以非常低的单位成本向对价格敏感的顾客提供标准化产品，就是扩大规模再生产，降低单位成本；差异化战略是指向对价格相对不敏感的顾客提供产业范围内的独特产品与服务，这就对企业提出了更高的要求，需要它们更多地关注产品的“质”而非“量”，更多地关注产品的原创水平、竞争力、毛利率等。由于我们现在探讨的是面对一个庞大市场时的公司决策，所以暂时忽略聚焦战略。

当中国参与全球化到一定程度，“中国制造”销往全世界后，中国企业会迅速遭遇新的瓶颈，随之而来的是企业竞争力的下降。第一，是产品同质化；第二，在海外竞争中同室操戈；第三，中国产品的创新水平和技术研发水平难以得到提升；第四，容易受到海外竞争对手通过贸易战等方式对中国经济造成影响。尽管经济全球化带来了许多好处，但大部分企业在利用全球化所带来的优势去发展壮大时，也为企业战略结构集聚了诸多风险。中国企业亟须在从事基础研发、提高产品品质、增加产品特色、强调品牌建设等方面去提升，走差异化发展路径。

经济全球化，本质上是要打破国与国的边界，消除贸易壁垒，实现商品与资本自由流动，世界变成“地球村”，而这与当前各国迥异的政治情况、薄弱的国际协调机制存在一定的矛盾，从而导致经济全球化发展到一定程度，遭遇了限制与阻碍。国内经济市场通常受到国家法律与政治制度的支持，即使是最落后的国家，也有一个政府维持着经济秩序，但是全球市场只有松散且无强制执行力的国际组织和各类贸易协定在调和各国利益。哈佛大学肯尼迪政府学院教授丹尼·罗德里克指出：“没有全球反垄断机构，没有全球最后贷款者，没有全球安全网……全球市场存在管控薄弱的问题，因此极易陷入不稳定、缺乏效率，以及欠缺民意合法性的窘境”①。

经济全球化让区域间贫富差距进一步扩大。工业革命之初，全世界最富裕和最贫穷的地区差距只有2∶1；今天，差距已经达到20∶1。② 中国改革开放40多年以来的成果，提供了一项颇具说服力的证据，全球化可以极大地

① 丹尼·罗德里克.全球化矛盾——民主与世界经济的未来[M].中国台湾：卫城出版社，2016：13.

② Angus Maddison, Growth and Interaction in the World Economic: The Roots of Modernity (Washiongton, DC:American Enterprise Institute, 2004), Table 2.

帮助落后国家实现经济增长，持续缩短与发达国家的距离，但综观全球，成功做到这一点的国家屈指可数。反观曾经是发达国家的阿根廷，20世纪90年代热切推行过包括国有企业私有化、开放贸易、吸引外资、金融自由化、减少政府干预等全面开放的政策，企图利用全球化为本国经济释放强大的发展推力。虽然短时间内投资、出口等经济数据得以迅速增长，但由于未因地制宜进行制度跟进，开放过快，仅仅到20世纪90年代末期就遭遇了经济危机的悲剧，至今仍在“中等收入陷阱”中难以自拔[①]。

2016年特朗普政府上台后，美国退出了11个世界组织，且频频扬言要退出WTO；尽管4年后，拜登在宣誓就职美国总统后几小时内就签署了重返《巴黎协定》的行政令，但短期内美国“退群”带来的负面影响仍难以弥补。为什么特朗普政府对全球贸易国疯狂开战，吵嚷着要退出各种国际组织？在全球化过程当中，各个国家都有投入和产出，当自己国家经济增速放缓，一部分人就自然而然地把“锅”甩在经济全球化头上，认为自己国家在国际贸易中吃了大亏。于是反全球化的论调就此传播开来。贸易保护主义、单边主义有可能向民族主义进一步发展，经济全球化也许正面临着前所未有的挑战。

2020年春，新冠肺炎疫情在全球蔓延，严重冲击了世界经济的发展。世界卫生组织认为，新冠肺炎疫情可被称为“全球大流行”，目前仍不知疫情将至何时结束或得到有效控制。世界卫生组织总干事谭德塞曾表示：“我们以前从未见过冠状病毒引发的大流行，我们以前也从未见过得到控制的大流行。”受到疫情影响，全球主要经济体均出现不同程度的停工停产，全球贸易也在相当程度上陷入停滞，各国经济普遍陷入衰退或者萧条。更为严峻的是，全球化遭遇的国内外政治、社会阻力也会被全面强化。

① 参考文章：https://finance.sina.com.cn/zl/china/2018-11-13/zl-ihnstwwr4003679.shtml?cre=zl&r=user&pos=3_5，https://xueqiu.com/1107854878/133696445.

独一无二的中国市场

过去40多年，尤其是互联网技术得到迅速发展和充分应用的20年，中国市场发生了翻天覆地的变化，各种商业模式应运而生，如雨后春笋般兴起，孕育了一大批互联网企业。无论是大浪淘沙后存活的互联网“王者”，还是没有经受住市场考验的“青铜”，都曾经或正在改变甚至颠覆着我们的生活习惯。这一切与中国市场的特点密不可分。

本节从宏观、中观、微观三个维度，共九个方面对中国市场巨变的原因进行分析，如图1-4所示。

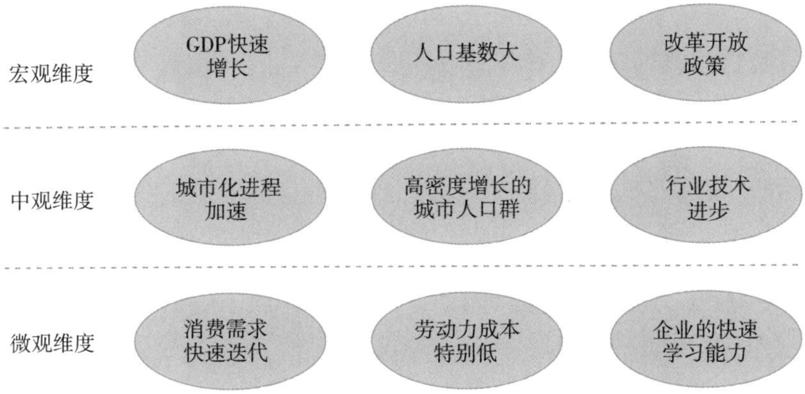

图1-4 独一无二的中国市场的诞生背景

宏观维度

2015年，韩剧《请回答1988》风靡中国，讲的是1988年在韩国首尔双门洞，一个胡同里3家人的故事。电视剧以家族关系和邻里感情作为主轴，围绕5个年轻人展开剧情，让一大波70后、80后观众集体陷入“回忆杀”。每个人似乎都看到了自己小时候生活的场景：每天，爸爸上班下班；妈妈和老阿姨坐在家门口择菜拉家常，街头巷尾家长里短那点事儿，传播得特别快；一群小伙伴聚在一个房间里看录影带，一起上学、一起回家；做饭用的是蜂窝煤，做了好吃的差遣孩子给邻居送点尝尝。那是1988年韩国首尔双门洞一条巷子里的生活，竟和如今中国许多中年人曾经的记忆一模一样。

但是，这里引起情感共鸣和市井回忆的“我们”，恐怕不能包含刚刚成年或尚未成年的2000年以后出生的年轻人。无论是在韩国还是在中国，20世纪80年代的那些生活场景早已沧海桑田。对中国人来讲，感受特别深的是，过去40多年间，我们的生活环境发生了天翻地覆的巨变，这个巨变的根源是什么呢？可以说，古今中外的消费市场从来都没有过如此巨大的爆发式增长，然而在中国出现了。

为什么会这样？

19世纪之前，全球人均GDP增长极为缓慢（见图1-5），人类在这1000多年中几乎没有飞跃式发展。那么，之后发生了什么呢？三次技术革命：18世纪末、19世纪初，第一次工业革命发生，机械生产和蒸汽动力开始被采用，以机器代替手工劳动，显著提高了生产效率；19世纪中期，第二次工业革命，电力的发明和广泛应用使人类进入“电气时代”，进一步提高了自动化水平；然而当历史的车轮驶入20世纪中叶，随着信息技术和电子工业的建立，第三次科技革命爆发，生产力以及经济发展几乎呈指数级增长。可见，整个人类的人均GDP发展在最近的200年是以加速度在增长，人类的经济发展速度越来越快。

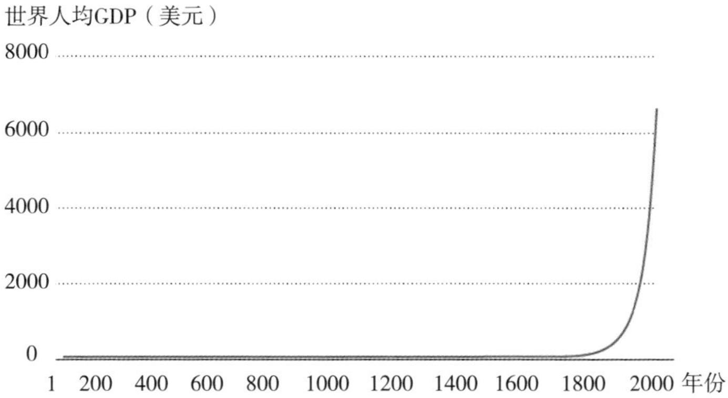

图 1-5　世界人均 GDP 增长曲线

图片来源：Visual Capitalist[①]。

从人类技术发展史来看，每一次的重大技术革新都显著推动了经济和人类文明的进步，而距离我们最近的一次，是互联网以及随之出现的移动互联时代。几次标志性技术革新带来的改变，如图1-6所示。

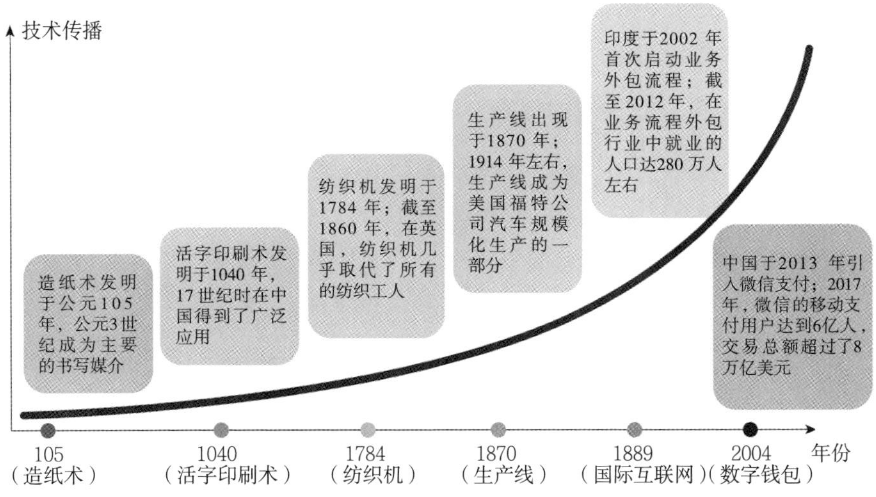

图 1-6　几次标志性技术革新带来的改变

资料来源：《2019年世界发展报告》工作组。

① https://www.visualcapitalist.com/2000-years-economic-history-one-chart.

《1988年世界发展报告》的数据显示，中国的GDP在1973—1980年间平均增长5.4%，在1980—1987年间增长10.3%，1985年经济增长达到了12.7%的峰值。中国的年平均人口增长率保持在1.6%的相对较低水平，人均GDP增长异常迅速。40年前，在世界经济加速发展的大背景下，中国经济一枝独秀，40年中国经济巨变的宏观背景是造就独特中国市场的第一个宏观因素。

第二个宏观要素，是中国的人口基数。1985年中国人口已占世界总人口的1/5以上；2021年第七次全国人口普查结果公布，中国总人口达到14.43亿人。与此同时，中国的中产阶层数量快速增长。2020年中国人民银行前副行长朱民表示，过去十年，中国中产阶级从原来1亿人增加到4亿人，这个数据还会再次加倍。由于中国拥有如此庞大的人口体量，在经济增长速度较快的背景下，一个空前巨大的消费市场就这样具备了它生根的土壤。

第三个宏观要素，是国家经济体制的不断深化改革。实行改革开放政策，从计划经济体制到社会主义市场经济体制，彻底解放了生产力。中国人均GDP从1979年的423元上升到2018年的65 081元，成功跻身中等收入国家行列。因此，随着人们收入的提高，老百姓手上渐渐有了“闲钱”，购买力也与日俱增。

中观维度

在以上三个宏观背景下，中国大地上还出现了一些新的趋势。

第一个趋势，是城市化进程加快。大批农民从农村涌向城市，城市化率已从1980年的19.39%，提高到了2021年的64.72%，近20年间中国城市化的年均增长率约为1.35%。自20世纪90年代中期以来，城市化进入国家发展战略。这些数据向我们展示着城市化的快速成长，同时城市化是一个单向的过程。1949—2014年中国城市化进程曲线，如图1-7所示。

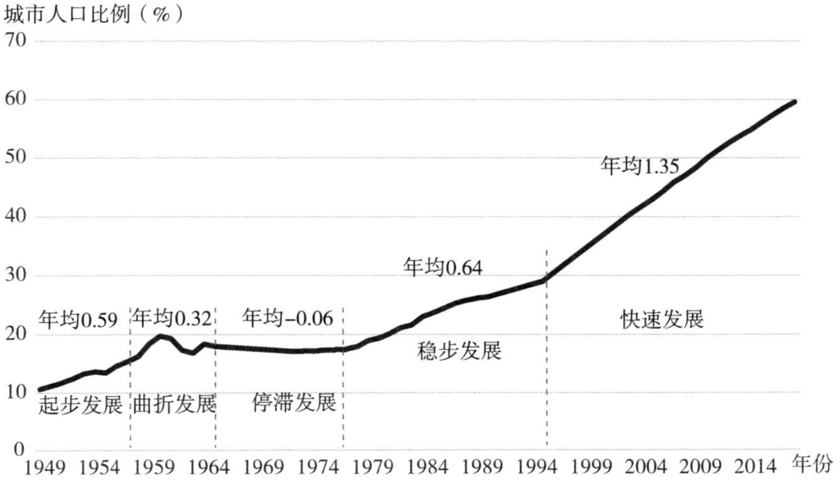

图 1–7　1949—2014 年中国城市化进程曲线

数据来源：同花顺 iFinD。

第二个趋势，是城市化进程增加了城市密度和城市人口密度。从全国来看，不仅人口总量在增加，密度也不断在增大，一、二线城市那些鳞次栉比的高楼大厦即是最好的佐证。目前我国已经形成长三角城市群、珠三角城市群、京津冀城市群等若干高密度城市群，高人口密度城市不胜枚举，且在继续增加，这为互联网经济的规模效应提供了土壤。

第三个趋势，是国内技术飞速进步。在实行改革开放之前，中国在全球的技术水平是相对落后的，国产商品远不及进口商品紧俏。一块手表、一个进口收音机，都是特别值得炫耀的物件，真可谓物以稀为贵。物资匮乏的背后是生产力的落后，是科学技术全方位的落后。改革开放让中国和世界融为一体，无论是科学还是技术、政策的变化让中国进入了快速成长的跑道，很多行业实现了跨越式发展，后发优势体现得淋漓尽致，加上我国的体制优势，很多领域的技术已经位列全球前沿。行业的技术进步渐渐缩短了与发达国家的差距，是中国 40 多年发展的第三个趋势。

以上三个中观要素，促成了中国这个巨大市场的兴盛。

微观维度

除了宏观、中观要素之外，中国市场之所以增长潜力特别大、增长速度特别快，还因为具备以下三个微观的要素。

第一，高GDP增长和城市化进程带来的消费需求的快速迭代。我们已经无法细数改革开放40多年多少事物曾经引领潮流，但是生活告诉我们，那些潮的物件、元素抑或思想，其周期越来越短，“不是我不明白，这世界变化快”，直到今天，甚至有时候似乎我们自己也不知道自己需要什么，但是我们确实有所需求，我们带着需求惯性期待着新的变化。消费需求的快速迭代为互联网经济的蓬勃发展提供了市场，互联网经济又刺激着新新人类追求更多元的需求。

第二，巨大的人口总量带来了人口红利，相对而言劳动力成本特别低。简言之，就是“人多、人密、人便宜”。互联网的人口红利指的是互联网用户不断增多，企业可以用较小的成本快速获得流量。在互联网人口红利爆发期，中小平台和品牌可以借助这股红利，用小成本快速扩张流量。反之，互联网企业获客成本很高，不利于企业的成长，尤其对于新进入者，如何实现冷启动，也是个巨大的挑战。

第三，具备快速学习能力的中国企业家，有改革开放的政策支持，有技术进步的推动，他们拓宽了眼界，迅速接收到了新鲜的事物，从而向欧美发达国家的知名企业学习、复制、模仿、成长，甚至超越。例如，2003年诞生的淘宝网，在2010年之后迅速崛起（见图1-8），依靠网络技术并以其“分布在220个国家之中的900万个在线商户”的全球扩张，在市场覆盖率方面遥遥领先于分别有57年和76年历史的美国沃尔玛公司和瑞典宜家集团。

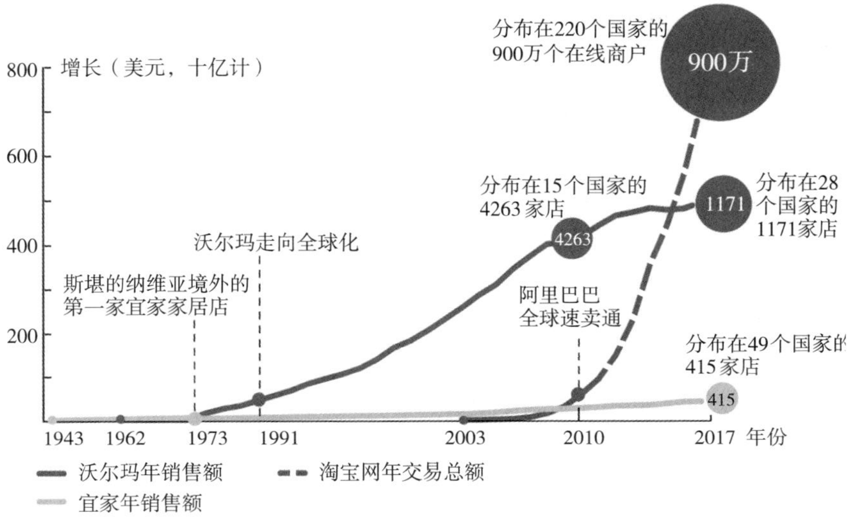

图 1–8　技术进步加速了企业的市场增长

资料来源：《2019年世界发展报告》工作组根据沃尔玛年度报告、statista.com、IKEA.com和NetEase.com的数据总结。

在以上三个维度背景的全方位支撑下，古老的中华大地生机勃发，成为世界第二大经济体；而面对着如此独特的市场机遇，一代互联网创业者将展开波澜壮阔的造富历程，摧枯拉朽地撕破一个又一个传统行业的边界。中国经济的新生力量就此形成并对全球发展带来深远影响。

新情境下的商业模式创新

什么是商业模式创新？中国经济从高速增长阶段转向高质量发展阶段之后，企业的技术创新和商业模式创新开始成为新的竞争手段和增长极。商业模式创新是改变企业价值创造的基本逻辑以提升顾客价值和企业竞争力的活动，既可能包括多个商业模式构成要素的变化，也可能包括要素间关系或者动力机制的变化[①]。2003年前后，互联网的兴盛、经济全球化的冲击、技术变革的加快以及商业环境变幻莫测，这些因素使得商业模式创新被认为更能带来战略性的竞争优势，是新时期企业应该具备的关键能力。

一般来说，商业模式创新是对组织的战略、流程、资源、顾客需求、市场和盈利模式等，进行一系列的调整和重组，从而获得市场竞争优势的一种创新手段。有别于技术创新，商业模式创新更多依赖于管理手段的提升。所以从这个角度来看，商业模式创新先天就没有专利保护的技术壁垒，更加容易被模仿，这是其特征一。特征二是商业模式创新在资本的支持下，能够发展得更快。由于有了外部政策的推动和巨大的市场，商业模式创新成为过去30年中国的互联网企业高速成长的不二之选。百度、阿里、腾讯，都是在创业之初选择从商业模式创新入手。

当然，商业模式创新并不是完全没有技术含量，这是两个不同的概念。区别是商业模式创新的出发点和切入点是从市场需求着手，而不是先从技术研发着手。在商业模式创新发展的过程当中，也会牵涉到技术的运用，如客

① 陆雄文．管理学大辞典［M］．上海：上海辞书出版社，2013.

户数据的处理、商业数据的运算、工器具原材料和新产品的开发等，这些都是商业模式创新的组成部分，与技术创新没有非黑即白的边界。商业模式创新和技术创新的更多差异将在后续章节中详细阐述。

正是因为商业模式创新没有专利保护的壁垒，特别容易被模仿，只要有资金注入，它的成长速度就特别快，所以商业模式创新成为和中国的市场特征特别适配的一个战略选择。这其中有三个主要原因：第一，中国的消费市场经历一个从低端向高端成长的过程，所以商业模式创新早期的“快速迭代”属性跟中国这个独特市场具有先天的契合点。第二，由于中国市场的容量特别大，所以当商业模式创新在被模仿之后，并不会旋即发生在小市场范围内常见的那些直接、面对面的激烈竞争。即便雷同的商业模式很多，大家也能相安无事，企业创立初期都可以顺利存活下来。第三，平台型市场的兴起允许技术以前所未有的速度对更多的人口产生影响，个体和企业只需要宽带连接就可以在在线平台上交易商品、信息和服务。信息的零时滞和人员的高度流动性，促使采用商业模式创新的企业成长速度特别快。

中国的消费市场连同商业模式创新的企业，共同形成了过去几年我们所看到的个中商业现象，催生出若干个“元年”：2010年是移动互联网的元年、团购元年，2015年是共享经济元年、海淘元年，2016年是共享单车元年、直播元年，2017年是新零售元年、短视频爆发元年，2018是区块链元年，2019是5G商用元年……这些说法不一而足，除了赚足眼球，还从侧面说明它们的生命周期都相对较短，很多新概念经济转瞬即逝，也是因为模仿起来容易，一哄而上但风口突变，如过眼云烟。

但需要强调的是，从根本上来讲中国仍然是一个发展中国家，仍然走在追赶发达国家的发展道路上。在商业领域，发达国家的大型跨国公司都是采取技术创新和商业模式创新齐头并进的战略，如此才能走得更加稳健、长远。比如，美国有一大批技术创新的公司，在机器人、生物、医药等领域注入了大量的研发资本，也投入了相当长的时间去培育和孵化，这些是中国很难迅速赶超的领域。中国深圳从劳动密集型的低成本制造业向高技能、技术密集型生产的转型，展示了工业化的后来者所面临的挑战①。

在商业模式创新的领域里，美国乃至其他欧洲发达国家出现了互联网公司主流的三大跑道——社交、电商和搜索。无独有偶，中国企业也因此出现了市场的三巨头——BAT，它们也分别来自电商、社交和搜索，这不是偶然，这是人类的学习本能和前进动力。我们将于下一章开始提炼BAT这些巨头公司，在它们成长的过程中采用了何种战略发展逻辑。

在互联网背景下，面对独一无二的中国市场，中国企业正在实践哪些新的策略呢?

“能低端，不高端”

在以往的企业成长历程中，一旦出现一个全新的行业、技术或市场机遇，企业采用的往往是高举高打、从上往下走的策略。假如整个市场是一个符合正态分布的金字塔市场，那么在这个市场之中就必然存在着高端、中端和低端的用户。过去的企业往往先瞄准那些最具有支付能力的高端用户，通过建立品牌的影响力，让最有钱的客户先去购买，从而获得非常高的产品溢价。在建立了一定江湖地位之后，再用品牌影响力向中端和低端渗透，这种做法在古今中外屡见不鲜。

实行“从高到低”策略最典型的是汽车行业。如中国汽车市场的高端品牌常年为奥迪、宝马和奔驰所占据，并且这三大品牌首先进入中国市场的是进口高端车型，然后通过国产化逐渐向中低端市场下探。奢侈品领域“从高到低”策略也非常常见，比如世界知名奢侈品品牌阿玛尼。1975年由时尚设

① 世界银行. 2018年世界发展报告.北京：清华大学出版社. 2019：27. 来源：https://www.worldbank.org/en/publication/wdr2018.

计大师乔治·阿玛尼（Giorgio Armani）创立于意大利米兰的阿玛尼品牌，除了服装业务，还经营百货公司，货品涵盖男装女装、鞋履、香水乃至眼镜饰物等。阿玛尼的品牌定位清晰，包含主线乔治·阿玛尼（Giorgio Armani）（高端定位，面向上层社会的有钱人；1975年至今）、副线安普里奥·阿玛尼（Emporio Armani）（前卫，针对年轻人；1981年至今）和A|X Armani Exchange（年轻、潮流化，快时尚定位；1984年至今）等，从主副线的创立时间即可看出，阿玛尼的品牌系列是由高到低逐步推出的。在以往的商业情境中，这种市场推广方式司空见惯。

然而，在中国这个快速成长的消费市场，从高到低的产品推广已不再是企业发展的最优路径。边际成本趋零的互联网特征，导致企业往往选择从低端入手，快速迭代地打磨产品，并且迅速形成网络效应。在本章第一节详述的互联网三大特征中提到，人越多越能产生网络效应；人越多，边际成本趋零的优势才能发挥得更加显著。在互联网时代，只有快速“跑马圈地”，才能对竞争对手形成相对的竞争优势。所以在此时此地，企业的战略视角变了，摒弃了传统的从高端到低端的路径，而是选择从低端向高端进军。直白地说，能做低端，它们就不会做高端。这是中国市场下企业策略的第一个特点——“能低端，不高端”。

“能做轻，不做重”

在互联网时代，产业链已发生大范围的解构，企业往往可以聚焦在某一个环节上展开竞争，而不必像工业时代那样去构建整个价值链——研发、采购、生产、销售、供应链、售后服务以及内部职能等。企业和企业之间的交易成本，因为互联网的存在大幅下降。正是基于此，企业在轻资产的模式下可以发展得比以往更快，借助和其他企业的合作、结盟以及契约关系，来实现以往一个多职能的大企业才能完善的商业闭环。

创建于2013年的VIPKID是一家先进的在线教育企业，通过1对1实时在线视频学习平台，将中国的20万学生与北美的3万名教师进行匹配，从而建立了虚拟的、1对1的英语学习课堂。这与罗纳德•科斯最初在《企业的性质》中描述的企业界限已迥然不同。

正是聚焦“做轻”的方式，能够让一些企业在某个局部领域里一飞冲天，成长速度疾如旋踵。这种轻资产模式受到互联网公司普遍追捧。这是互联网情境下企业策略选择的第二个规律——“能做轻，不做重”。

“能to C，不to B”

1993年，由美国经济学家乔治·吉尔德提出的“梅特卡夫定律”认为，一个网络的价值等于该网络内的节点数的平方，而且该网络的价值与联网的用户数的平方成正比。简言之，由于互联网信息传递和网络效应的存在，用户数目越多，传递的节点数量越多，网络效应就会越强。但是消费者和企业在面对同一需求时，他们的决策流程是不一样的。消费者的决策流程相对来讲更加简单、高度趋同，还会受到其他社会舆论和企业宣发等的较大影响，所以互联网企业往往选择从消费端入手。由此，企业第三个策略选择是——“能to C，不to B”。

过去20年中国互联网企业的成长，大体都符合以上三个原则，我们称为“互联网企业的战略选择三原则”，即“能低端，不高端；能做轻，不做重；能to C，不to B”。

与1988年相比，中国互联网从无到有，人均GDP快速增长，共同促成了日新月异的变化。这些新型互联网企业，其发展路径一般都遵循着以上的特征，这与以往传统企业的战略情境迥然有异。如果还恪守着旧有的企业发展思路，那就一定会错失互联网技术带来的巨大机遇。

这三个原则仅仅是对当下互联网公司创业的简单提炼，事实上它们的发展和成长，从一个创意发展到自己的商业帝国，走过的都是单点渗透、相关互联、全面扩张的完整路径。这三个步骤共同形成了中国互联网公司独特的企业战略，即“伞型战略”。

第2章

单点渗透战略

迄今，这个边界消融下的新世界，面对着行业边界被打破、人们需求加速提升的情境，那些互联网巨头如何在从无到有、强力聚焦、单点渗透处发轫，最终建立一个个庞大的海量单品市场呢？本章将详述“伞型战略”第一步，抽丝剥茧地梳理在成立伊始，互联网企业如何通过“聚焦”的种种策略，实现单品市场的快速扩张。

寻找新痛点

改革开放40多年来，诸多领域爆出了无数炫目的火花。这些火花，从星星之火渐成燎原之势，建构了中国红红火火的内需市场。其中，互联网技术是至关重要的“东风”：信息传递的零时滞和零距离，让地球上随处发生的事可以刹那间传遍全球，为人们带来纷繁信息的同时也带来了更多的选择，唤醒和释放出消费者需求，把中国这个巨大的市场激活了。

人类源源不断的需求中蕴含着无限商机。互联网企业所做的每个战略抉择都不是靠拍脑袋，而是经过深思熟虑，即“击中用户的痛点”。“痛点”已成为互联网界一个炙手可热的营销术语，实际上“痛点”就是“需求”，一个当前尚未被满足、未来有庞大增长潜力且价格相对刚性的需求，就是一个“痛点”。那么，这些“痛点”当往何处寻觅?

人类的原始欲望

人的需求是分层次的，马斯洛需求理论将人的需求从低到高依次分为生理需求、安全需求、社交需求、尊重需求和自我实现需求。国内早期的互联网创业所聚焦的“痛点”，都停留在生理需求等人性最基本的阶段。

这些对人类有史以来最基本欲望的概括，成为商家深挖的一个个“痛点”。人性最根本的欲望一旦被频繁地触及，便汹涌地释放，自然水到渠成带来一个个巨大的市场。

饕餮是中国古代神话传说中一种神秘的怪物，贪吃到连自己的身体都吃光了，可见其贪婪和暴食。人类也同样好吃，同时还兼具懒做的本性，于是美国有了Yelp公司，中国有了大众点评、美团、饿了么，这些企业都对准了人类的好胃口，提供信息给那些懒于下厨烹饪的人。围绕着人们的需求，“美食+外卖”行业在当下中国已成为一朵明艳的奇葩，并且用户数量仍在持续增长，用户范围不断扩大。截至2021年6月，我国网上外卖用户规模达4.69亿人，较2020年12月增长4976万人，占全国网民的46.4%[①]。2015—2021年中国在线外卖用户规模及网民占比，如图2-1所示。

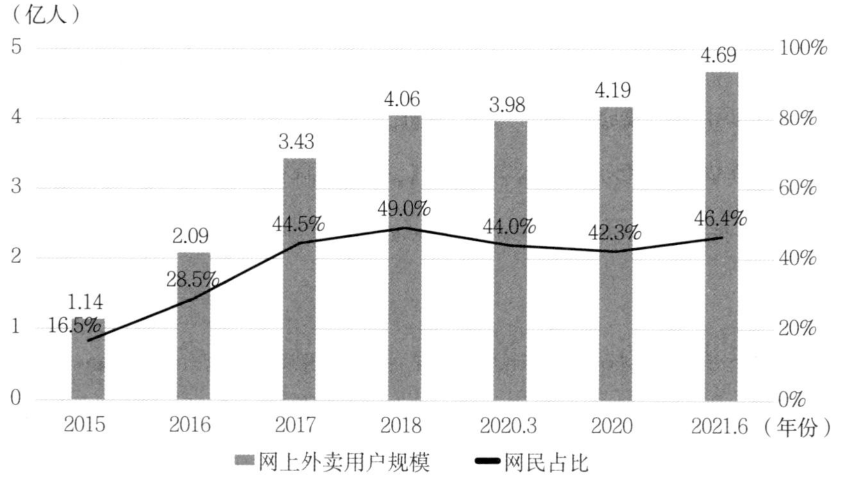

图2-1　2015—2021年中国在线外卖用户规模及网民占比

数据来源：中国互联网络信息中心《中国互联网络发展状况统计报告》第45次、第48次。

外卖行业在中国的蓬勃发展，主要得益于互联网技术、移动互联网络的普及以及巨大的人群市场。消费者在网站或App上即刻浏览铺天盖地的信息，旋而根据个性化需要进行检索和选择，最终精准无误地满足了自我欲求。谁

① 中国互联网络信息中心第48次《中国互联网络发展状况统计报告》. 2021/09/15. http://www.cnnic.net.cn/hlwfzyj/hlwxzbg/hlwtjbg/202109/P020210915523670981527.pdf.

能预见街头那些看似不起眼、顾客寥寥的低端连锁美食店、小吃店、大排档，每天的流水竟有50%是外卖订单贡献的。当懒惰遇上饕餮，就自然形成了一个空前发达的外卖市场。

在《孟子·告子上》中，告子去和孟子辩论，提出了这句广为流传的“食色，性也”。意思是说，食欲和性欲都是人的本性。国内互联网行业发展早期，可谓鱼龙混杂，不少社交软件存在着朦胧晦暗的轻色情现象；而视频软件亦如出一辙，无论短视频、长视频还是直播平台，涉黄现象屡禁不止。

出生于1980年的王欣，于2007年第二次创业之时，搭上了P2P技术的快车，开发了视频播放软件“快播”，短短四年之后，快播就发展成为全国市场占有量第一的播放器；但是，这位“播放器老大”春风得意还不到两年，就开始频频惹上官司，2014年，快播公司由于传播淫秽信息被查封，随后迅速被吊销增值电信业务经营许可证，而创始人王欣也锒铛入狱。2018年王欣出狱之后，又推出名为“马桶MT”的App，主推陌生人社交，可惜这个新产品还没来得及扑腾出水花，就被各个渠道以“涉黄”为由封杀下架。

相对于传统的循规蹈矩、按部就班的互联网公司，打色情擦边球的做法，能够让一些企业在早期获得爆发式的增长，能轻而易举地获得关注、流量和转发。然而这种冒险的做法时刻面临着惩罚，可谓饮鸩止渴。

看日剧，刷综艺，如果没了弹幕会怎样？就好比一盘秀色可餐的八珍玉食端上来，尝了一口却发现没有放盐。在一些重度爱好者看来，弹幕的重要性甚至已经到了“无弹幕不追剧”的程度，“弹幕之中出人才”已成为弹幕圈的共识。为什么弹幕如此受人追捧并能带来暴涨的流量呢？如果注意一下弹幕的内容，不难发现，主要是吐槽和评论，准确地说，吐槽远大于评论。除了热热闹闹的参与感，观众在弹幕中还能尽情宣泄情绪，可赞扬、表白、痴迷，亦可讽刺、挖苦、打击、咒骂，弹幕的这些功能恰恰迎合了人暴怒、嫉妒和傲慢等本性。对此，除了早期受到规制的少数公司已有管制措施之外，在当前许多大视频平台、直播平台以及社交平台的留言和评论中，依然存在着大量对他人贬损和侮辱的行为。

傲慢本意是自高自大、目空一切，也包含看不起别人、对人不敬重、骄傲无礼的意味。在人类傲慢本性的驱使下，社交软件发挥了更多让人意外的“功效”。从最早的BBS、论坛、博客、微博、微信，到如今炙手可热的朋友圈、抖音，人们以文字、图片、短视频等各种形式在这些公共社交平台上公开发表自己的观点、言论、状态，初衷都是希望展现自己最光彩的一面，获得别人的赞美和掌声，或赢得更多的理解和认同，这都是人类积极传播自我的正面诉求。然而有些境况却事与愿违，互联网以同样的倍数放大了人类的恶意，于是网络暴力也层出迭现，形成社交软件发展的另一面暗影。

以上提及的这些人类的“欲求”，如果没有法制和道德的约束，就如同被打开的潘多拉魔盒，会沉沦、失控。

先行者的洗白与后来者的炮制

中国早期的互联网先锋，针对人类的个中欲求，实行了一系列迎合策略，甚至他们每天都在思考：人类还有哪种欲望没有得到充分的满足？一旦他们找到一个新的痛点，在规制没有完善、政府没有干预的前提下，就会先行一步、抢占先机，通过创造相关互联网产品，充分释放人类的某种负面欲求，并不计后果地将之无限放大，最终形成一个宏大的市场。这个过程我们称为“三原色战略”，包括假冒伪劣的“浅灰”，轻色情的“浅黄”，还有无聊的、负面情绪宣泄的“浅蓝”。显然，他们的行径未必合法，更不合乎道德，因此，这个战略终究不是长久之计，可谓“见光死”。这些企业赚取第一桶金之后，纷纷“洗白”，转换业务跑道。

与此同时，大公司的“洗白”丝毫不能阻挡心怀造富梦想的创业公司前赴后继地围绕着一些人的“欲求”，如法炮制着所谓“三原色”战略。

政府规制与“三原色”的升级

随着互联网行业的发展，尤其是移动互联网的普及，近年来政府规制的速度和力度都有了很大提升，这有利于整个互联网环境的净化、市场的规范以及企业之间的良性竞争。越来越多的企业慢慢地意识到，应该采用更加健康、积极与正面的关键词去搜索新的痛点，健康、关爱和快乐成为“三原色”战略的升级版。

随着人们物质生活水平的提高，健康保健意识也持续增强，而国内的资源分布不均。例如，北京、上海、广州的专家门诊一号难求，欠发达地区更是医疗资源匮乏；民营医院曾爆发“莆田系”等一系列经营乱象，不仅收费高且公信力差，而公立医院超负荷运转，老百姓“看病难”成为现实的问题。与此同时，国内社区医疗及保健服务体系发展起步晚，各项配套仍不健全，居民营养保健等咨询服务需求无法得到满足。因此，近年来，一些互联网创业者聚焦这个痛点，各种大健康类App如雨后春笋般不断涌现，有预约挂号类的微医、就医宝，也有线上咨询问诊的平台，还有运动健身的Keep、咕咚，以及解读体检报告的优健康、帮你买药的康康买药、移动智能检测和定制化健康管理的心云健康等，掀起了新一轮互联网创业和投资热潮。

在生活科技化和节奏快速化的现代社会，人们更加渴望心灵的交流。关爱犹如一场春雨、一湾清泉，是人类社会文明进步的标志，也是做人的道德要求。关爱体现在方方面面：在家庭中，向下养育，对上孝贤；在社会中，“老吾老，以及人之老；幼吾幼，以及人之幼”；关爱困难群体、共建和谐社会；等等。在苹果公布的2018年App Store全球精选榜单中，“关爱”成为年度关键词。例如，一款诞生于杜克大学行为经济实验室、名为Fabulous的

App，就是用科学的方法帮用户培养更积极的生活方式，如多喝水，给父母打个电话，等等，让生活“更健康、更幸福”。国内市场有关人性关怀与爱的App也崭露头角，例如，以“员工关爱”为切入点，帮助员工放松减压并提供心理辅导的关爱加加App，以及针对自闭症儿童，提供专业康复计划和特殊教育服务的微关爱App，等等。

此外，各类趣味性的、舒缓减压的、幽默搞笑的App也层出不穷，从糗事百科到皮皮虾，从笑话盒子到搞笑大师兄等，而得到、混沌、喜马拉雅等知识付费类App也成为互联网企业的一条新的发展赛道。

当假冒伪劣、轻色情以及无聊、负面情绪宣泄的“三原色”逐步升级过渡为健康、关爱、快乐有趣的“三原色”，国内互联网行业从早期的野蛮生长走向成熟期的有序发展，对用户痛点的捕捉也顺着马斯洛需求层次理论由低向高发展。

庞大市场中的“单点渗透”

综观全球，中国拥有更高数量级的人口和更高速增长的经济水平，人们的需求无论是数量还是种类，都在迅速扩张。利用互联网技术零时滞、零距离的优势，旋即把大量信息呈现在消费者面前，恰恰是互联网企业的核心竞争力。需要强调的是，虽然中国市场庞大，需求形成了举不胜举的痛点，但是企业在做战略选择时，却无须也不可能覆盖全部痛点。尤其是在企业发展早期，理当集中精力攻克某一个突出的痛点，只有如此，才能在极短时间内快速“跑马圈地”，充分渗透整个市场。因此，企业一旦确定针对某个新的痛点“进攻”，就得做减法，而不是加法。先有聚焦，获得巨量用户，在此基础上挣得更多流量而不是利润，因为流量才是互联网企业发展早期最重要的可变现资产。

2010年，中国的智能手机市场，诺基亚占据半壁江山，其次是三星、索尼爱立信、HTC和LG，智能手机的核心竞争力已渐渐体现在系统的优势上。雷军等人看准机会，成立了小米科技有限责任公司（以下简称小米公司或小米），决心进军手机市场。“为发烧友而生”是小米的经营理念，他们创造了用互联网模式开发手机操作系统、发烧友参与开发改进的形式，小米很快就有了一批“死忠粉”，并完成了第一代MIUI系统的开发。他们对产品有极致的追求，不断提高小米手机的性能，同时更是提高了性价比。2014年，小米销售手机总计6112万台，荣登中国手机市场份额第一。

雷军有“专注、极致、口碑、快”的七字诀，核心就是：在一个点上做聚焦，形成压强，心无旁骛，极速迭代产品，让产品性能在市场上有充分的竞争力，从而在人群中很快建立稳固的江湖地位，形成独特的品牌——小米。小米后来也涉猎其他产品，表面看来似乎什么都做，其实内里始终秉持着“聚焦”战略，聚焦于统一的价值观大旗下——所有产品都要符合“海量单品低价”的策略。

互联网的下半场与下沉市场

事实上，蓬勃的中国市场不仅庞大，还具备明显的梯次特征。当一、二线城市已被互联网新贵们按照人类的根本欲求，以及健康、关爱、快乐等升级版的“三原色”，进行过一轮“跑马圈地”，给每一个欲求都找到了相应的产品或者模式来应对和满足之后，市场很快达到了饱和。可以说，中国移动互联市场经历短短十年已进入下半场。

下半场是怎样的情境呢？不仅有对一线市场的进一步深耕，更要有从一线市场到下沉市场的梯次市场转移。由于需求和产品早已相对成熟，企业也积累了较为丰富的经验，早期的风险和障碍已被一一克服和扫除，因此，梯次市场转移的过程相较于一、二线市场的初始成长，速度更快。当企业在下沉市场更快地成长，企业间的动态竞争会推动市场和用户更早地呈现出疲态，形成一个生命周期被急剧缩短的一、二线市场的翻版。因此，互联网公司在下沉市场的发展，将以快速的渗透、扩张、饱和、过剩和转型为显著特征。

梯次市场转移的进程如此之快！企业越快发展，用户越早疲劳，政府更快出手规制，市场飞快达到饱和，这就是下沉市场的脉络走向。率先聚焦下沉市场的“趣头条”，就是在这个周期里更早地面临挑战，因而也要更快地应对规制。

案例

趣头条——内容资讯的兜售者

在快节奏的一线城市，几乎没人能理解花费8~10小时、阅读200篇文章只为赚取1元钱的吸引力有多么大；但在移动互联网下沉市场，一家名不见经传的资讯企业——趣头条却凭借此核心营销逻辑，以黑马的姿态将20年前PC互联网野蛮生长的故事重现：打着“看新闻能赚钱”的旗号，以“现金返利+邀请收徒”等玩法瞄准了一批未被市场开发的“小城青年”。但正是这批拥有闲暇的“小城青年”实实在在地拉着趣头条在上线短短27个月内登陆纳斯达克，并在上市当天股价五次触发熔断，收盘时市值达到46亿美元，创造了拼多多之后的又一个“下沉奇迹”。

趣头条，一个直接定位于三、四线市场的新生代内容资讯App，由上海基分文化传播有限公司于2016年开发，通过“阅读奖励”这种独到的商业模式来吸引用户，逐渐达到近两亿元的体量。其创始团队来自盛大、百度等领先的互联网企业：董事长谭思亮是连续创业者，公司技术团队的核心成员大多来自BAT等知名互联网企业。他们不仅对互联网和技术领域有深刻的理解和洞察，还深谙经营之道。据趣头条2019年5月21日发布的2019年第一季度财报，趣头条在营业收入与用户数量方面都有跨越式的增长：这一季度的净营业收入超过11亿元，同比增长373%；季度平均月用户超过1亿人，日活用户超过3700万人，平均每日使用时长也突破了60分钟，各项指标都较上一季度增长了200%。趣头条的发展历程，如图2–2所示。

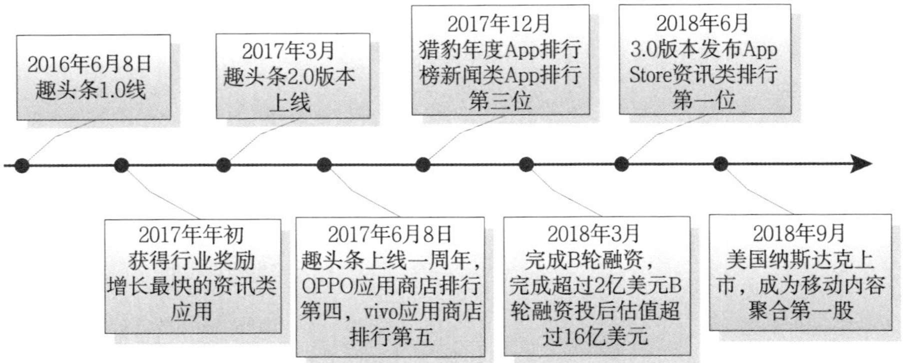

图 2-2 趣头条发展历程①

从40个月前初出茅庐的无名小卒，到现在坐拥2亿用户的资讯界排头兵，趣头条的发展历程充满了神秘色彩。无论是一个月内被《人民日报》两度点名、入选“2018年度中国品牌案例”，还是被业界冠以“一飞冲天”“抢夺未来”的名头，这家公司在体量上的成长与其被资本不断“投票”的速度一样令业界瞠目结舌。

何以爆发

从零到曾经占据App Store的资讯类排行榜第一位，趣头条的成功之道不难溯源：差异化的定位、独具一格的获客方式、平方式的裂变增长，使得这家新锐互联网公司在下沉市场中站稳了脚跟。

精准的战略定位——下沉市场

随着中国基础建设和互联网的飞速发展，三线及以下的城市与农村地区的消费需求日益增长。根据国家统计局2018年发布的数据，农村居民在2016年、2017年两年的人均可支配收入的增速达到10.7%，都高于城镇居民，同时在消费支出的增速上也超过了城镇居民。除此之外，下沉市场中的消费者

① 趣头条官网. https://www.qutoutiao.net.

还有一些共同的特点：他们普遍工作压力较轻，房贷车贷的压力较小，日常消费和物价水平偏低，缺少实体的文娱活动场所。这些消费者拥有较大比例的剩余资金，其文化娱乐的消费需求尚未满足。较低的支出水平，使这些三、四线城镇及农村地区的消费者拥有比一线城市的“白领一族”更大的消费潜力，前有快手、拼多多的成功范例，各大互联网公司纷纷下场，将“五环外人群”视为互联网产业的第二波流量红利。

当然，除了巨大的消费需求与市场潜力，下沉市场的消费者通常具有更高的忠诚度，但对内容质量和消费体验的要求并不高。对于这些接触智能手机和互联网产品“慢半拍”的消费者来说，掌握一个互联网产品的诸多功能，通常需要耗费更长的时间，从一个平台转换到另一个平台的迁移成本非常高，这使他们相对一、二线的消费者来说具有更高的黏性及对产品的忠诚度。从另一个角度来说，这些消费者普遍文化水平较低，而对价格因素更为敏感，他们有更多的空余时间和更强的分享欲望，在对内容质量没有达到“挑剔”标准的同时，又很容易被蝇头小利所诱惑和激励。

趣头条正是看到了这样一个尚未被互联网巨头瓜分的“蓝海”阵地，先行一步瞄准和占领这块“阵地”，既避免了在一、二线市场中激烈的竞争，又在具有发展潜力的成长型市场中迅速拔得头筹。“现在二、三线以下市场还有10亿用户，我们装机量还不到2亿，即便在这个市场里面，我们的渗透率还不够，所以我们还是要把这个主场吃透。”趣头条CFO王静波在上市前夕的采访中说道：“长期来看，我们会向一、二线城市发展，但是短期内还不是我们的目标。”

据趣头条2018年在中国品牌论坛中所做的报告，70%的趣头条用户都来自中国三线及以下的城镇与农村地区。这些消费者虽然消费的“爆发力”不够强，但由于数量庞大也能积累出“长尾效应”的结果：看似少量而零散的需求，在需求曲线上形成一条长长的“尾巴”，但与数量相乘，就形成了一个比主流市场更加可观的庞大市场。这是一群容易被忽视的消费者，他们较为充足的时间与空白的文娱方式相互撞击，趣头条等互联网阅读产品在下沉市场中迸发出无限生机。

独特的获客方式——裂变

除了规避锋芒定位在新兴市场，趣头条的获客方式也另辟蹊径。考虑到下沉市场中消费者价格敏感的特性，趣头条主要采用现金回馈的奖励机制来培养用户的使用习惯：一是“登陆就有红包”，在趣头条的页面上，跳动的红包图案随处可见——阅读，写评论，拉新人注册，观看短视频，做日常任务，都可以获得平台中虚拟的“金币”。用户每积攒超过1万金币就可以兑换人民币1元钱，这对一些中老年用户有着极强的吸引力。二是“师徒机制”，“师傅”拉“徒弟”注册，师徒二人都可得到金币奖励；徒弟再拉徒弟注册，师傅和两个层级的徒弟都可以得到金币奖励；师傅还可以通过短信或外部链接的形式“召唤”徒弟上线完成每日任务。三是“组团收徒”，作为团长在自己及以下层级的用户收徒时，团长可以得到更高额度的奖励。不仅如此，收徒的情况会直接展示在“收入排行榜”中，收徒最多的用户拥有4万多个徒弟。这种金钱激励的方式在趣头条的实体广告中被总结为“在路上看趣头条，赚点零花钱”“下载趣头条，赚点小酒钱”“在趣头条，走路、刷手机都能赚钱”。给阅读的用户奖赏，引进流量，增加吸引广告客户的筹码，向入驻平台的广告商收取广告费用再补贴给用户，形成完整的商业闭环。

通过直接返现的方式激励用户完成阅读任务、社交任务，趣头条的用户自发地进行推广且以平方级的速度不断裂变，在不到三年的时间内达到2亿用户的巨大体量。相较于传统广告，这种自发的裂变大大降低了趣头条的推广成本，但这种方式也给趣头条带来了诸多非议：这片蓝海市场之所以能被发掘，是因为趣头条找到了下沉市场中消费者的新需求——将自己的空余时间和线上活跃度量化并变现。看似为用户提供资讯，实则收割时间，趣头条利用金钱激励机制激发人的“贪欲”，这一做法被业内媒体戏称为“时间杀手”。

垂直领域的深耕——优质内容

在趣头条的金币激励方法初步奏效后，很多企业纷纷效仿，微鲤看看、惠头条、东方头条、钱咖、随时赚等软件都推出了一套现金激励机制。趣头条CFO王静波在接受采访时说道，“后续跟随者的这些补贴模式，目前来看并不太成功，原因在于他们的内容和产品体验没有针对下沉用户进行优化”“其实现金补贴的方法也许没有大家想象中那么容易”。如果说在新的市场里找准自己的位置并收割第一波用户群体还算简单，那么如何在市场中站稳则是这个激烈竞争时代中每个企业都需要思考的严峻问题。作为资讯类平台，想在众多竞争者中脱颖而出，在消费者心智中获得稳定的地位，持续不断的创造力以及垂直领域内容输出是趣头条的不二法宝。趣头条内容创业签约计划，如表2-1所示。

表2-1 趣头条内容创业签约计划[①]

趣头条“快车道”系列签约计划——内容创业最后的快车道			
计划名称	快车道	放心看	合伙人
适用领域	全领域	健康、育儿、养生	全领域
适用作者	优质原创作者	专业机构和权威专家	地方特色内容创作者
作者类型	个人、群媒体		
签约数量	1000个	100个	300个
保底收入	3000~30000元/月	5000~20000元/月	5000元/月
更多权益	各频道优质作者曝光资源倾斜；平台榜单、认证标识等背书；推广包装，帮助作者打造个人品牌；优先适用金币双向流通系统；趣头条平台的一对一运营服务		
作者义务	每月完成合同约定数量原创内容手动发布，配合平台运营活动，具体合作形式及作者义务以最终签约合同为准		

① 趣头条陈思晖：“快车道”计划作者月入最高达3万 . 2019-01-08. https://www.qutoutiao.net/report.html?id=report_0115_002.

腾讯于2011年首次提出“泛娱乐”的概念，趣头条对自身的内容定位是主打轻阅读和泛娱乐内容，在内容创造的体系中，趣头条签约了20多万的内容作者，其中不乏人民网、新华网等“大V”，除此之外，趣头条还制订了“快车道”“放心看”“合伙人”三个内容创业的签约计划，培养平台中的自媒体。其中，“放心看”计划鼓励专业机构和专家输出健康、育儿、养生方面的内容，受众直指趣头条第一批用户——宝妈群体；“合伙人”计划鼓励地方特色内容创造者发掘更多有趣、有价值、有地域特色的本地内容，使“小城风光”也为大众所感知，这也为趣头条的核心用户群——下沉市场的消费者提供更“接地气”的阅读内容。在信息资讯大爆发的时代，大量重复又低质的内容充斥在用户周围，趣头条意识到内容建设的重要性，只有垂直化、专业化的内容才能从众多的信息提供者中脱颖而出，真正吸引用户。没有选择网红IP，也没有选择明星光环，趣头条展示给用户的是更加贴近生活和真实需求的内容，培养平台自媒体、打造独特的内容生态，现阶段用户的留存与高忠诚度是趣头条在这一内容领域内持续深耕的结果。

未来隐忧

趣头条在下沉市场的成长速度快到令人咂舌，却并非一路凯歌。有媒体评论说：“趣头条似乎还没完全做好准备，就已经赢了一场赛跑。”过快速度崛起的趣头条式运营模式饱受非议，在下沉市场中过快的成长速度使市场和用户更早地呈现疲态，作为先锋者的趣头条也会率先面对行业与政府规范的制约。

早在2018年5月，《人民日报》就调查了“刷新闻赚现金”的App[①]，一方面直指这些App存在虚假宣传、诱导分享的情况，“赚不到钱才是赚钱App的

① 人民日报. 人民日报调查“刷新闻赚现金”App：亟待监管. 2018-05-03. https://baijiahao.baidu.com/s?id=1599405245385699601&wfr=spider&for=pc.

实质，而App利用奖金诱导用户发展下线拉人头的行为涉嫌传销”。从内容方面，《人民日报》也指出一些以“刷新闻赚钱”为噱头的App存在“内容低质、鸡汤变味、涉黄违规”等问题，虽未点名，但也给现有的现金激励引流的资讯类App打了一剂预防针。现金引流虽然给资讯类平台带来了巨大的流量，但此类传播方式也给不健康内容的扩散提供了土壤。在此之前，也有下沉后的短视频App因为散布危险、低俗的内容而被责令整改的情况。

在应对上，趣头条吸收了各方面的批评，组建了内容审核团队，严格对原创内容进行把关，将虚假传播的博主进行封号处理。CFO王静波在2018年下半年接受采访时表示：“可能还会有人批评我们的内容低俗，但我们相信如果跟6个月前比，我们已经有很大的改善了。”在实际操作中，由于平台中新资讯生产量巨大，单日就可产生20多万条不同领域的文章，虚假和低俗内容仍未销声匿迹，可见内容矩阵的建设与升级是资讯类平台未来的必修课。

差异化的定位、独特的获客方式和内容的建设给趣头条等第一批投身于下沉市场的企业带来了流量红利，给了它们迅速爆红、一飞冲天的机会。但在风光过后，如何规范行业市场，如何在红利期的潮水退过后留存用户，对存量的持续运营仍是趣头条们需要进一步思考的问题。

2021年3月4日，趣头条发布2020年第四季度及2020全年财报。数据显示，趣头条在2020年实现营业收入52.85亿元，净亏损为11.05亿元，同比收窄58.9%。在非美国通用会计准则下，趣头条2020年第四季度经营性利润实现上市以来的首次季度盈利。业绩改善的同时，趣头条挖掘了新的增长点，其旗下产品“米读小说”获得C轮融资。

打造客户基础

透过人类林林总总的欲望，创业者们找到一个个新的“痛点”，并开始思索：这个新需求将带来怎样的市场发展？应该开发什么样的产品或服务？什么样的用户会愿意为我们的产品和服务买单？我们可以通过打造客户基础的四个步骤进行层层剖析，如图2-3所示。

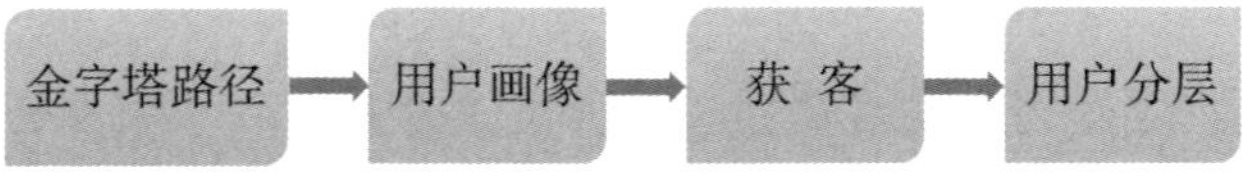

图 2-3 打造客户基础的四个步骤

金字塔路径

在消费类市场，用户[①]结构一般呈金字塔形。简单归类，用户可分为高中低三个层次：高端用户往往数量少，支付能力强，对品质挑剔，对品牌敏感；低端用户正相反，数量多，看重性价比，对产品质量较宽容，不关注品牌；中端用户介于二者之间。除此之外，也存在其他结构形式，如“柠檬形市场”[②]，由于该情形较少见，在此不做赘述。

在做下沉市场品牌调研时，我们发现361°和鸿星尔克这两个运动品牌的市场占有率很高，但这两个品牌在上海很少见。它们最早是给大牌运动商做

① 本书提到的“客户”“用户”“顾客”三个词语，不做概念上的详细区分，统一理解为企业产品或服务的目标受众、使用者和消费者。

② “柠檬形市场”也称次品市场，在该市场中，卖家对产品的质量拥有比买家更多的信息，买卖双方信息不对称，极端情况下，好商品遭受淘汰，劣等品会逐渐占领市场。

代工的，为什么自己做的产品不能也变成大牌呢？因为它们的产品品质还没有达到高端市场的要求，只能走中低端市场。那么，企业要推出的新产品或服务，应选择从金字塔顶端入手，再向下扩展，还是反其道行之，先占领低端，再向高端进军呢？两种路径大相径庭。

为回答上述看似简单的问题，我们需从四个维度进行评估和判断。

市场进入壁垒

所谓“进入壁垒”，是指进入某个行业的阻碍因素，如技术、专利、资源条件、法律制度、政府行为以及消费者偏好等。高昂的壁垒将绝大多数竞争对手阻挡在行业之外，使行业内部竞争显得相对有序和从容，这时企业若从高端市场做起，自上而下，则具备若干先发优势。通常先建立一个良好的品牌形象，再引领中低端市场；当高端用户已充分体验产品的品质性能并产生反馈后，再从高到低，顺流而下，这样阻力更小。若行业壁垒较低，就会加剧业内竞争，速度变得尤为重要。企业在此时已没有更多时间和精力打磨高端产品，须从低到高，眼疾手快，先抢占地盘、扩张规模为上策；待低端市场占有率持续提升后，再进攻高端市场。

先发优势

先入场的企业相对后进入者具有某种优势，此为先发优势，如资源渠道、客户忠诚度、产业链上下游的协同、稳定的供应商等。在先发优势更明显的领域，后来者和追随者挑战行业领先者的地位需面临更大的难度，这时行业领先者大凡采用高举高打、从高端到低端的策略。相反，如果在某行业，挑战者能轻易追赶甚至反超先行者，那么在先发优势不明显的境况下，企业更适用从低端往高端走的策略。

规模效应

随着企业规模的扩张，是否能获得以成本下降为代表的独特优势，也决定了企业的市场策略。高端市场因其规模有限，很难获得规模效应，而低端市场反之。因此，规模效应越强，越适合从低端向高端进攻；若规模效应不显著，则可采取从高到低的路径。

技术的成熟度

如果一项技术或产品在推向市场之时已然十分成熟，那么该产品先天就适合高端市场。因为高端用户对产品很挑剔，产品功能、品质、形态都要很完善，否则高端用户难以接纳。例如，新上市的药品往往价格昂贵，一个新药的研发需经过无数次的实验，周期较长，成本巨大，只有该新药被监管部门认定安全可靠才能对外销售，因此，一经推出就往往会走高端市场。若某项技术尚在开发早期，需不断发展和完善，此价廉物美之产品更应推广到用户众多的低端市场，大范围增加使用—反馈的频率，以便快速更新迭代。

如果通过金字塔路径评估得出的结论是，产品应该从低端走到高端，那么就可以用伞型战略的单点渗透战略进行业务布局，这也符合第1章第4节商业模式创新中提到的“互联网企业的战略选择三原则”，即“能低端，不高端；能做轻，不做重；能 to C，不 to B”。如评估结论是先做高端产品，则不适用伞型战略。用户金字塔的路径评估维度，如图2-4所示。

	进入壁垒	先发优势	规模效应	技术成熟度
高/强	▲↓	▲↓	▲↑	▲↓
低/弱	▲↑	▲↑	▲↓	▲↑

▲↓ 从高端到低端　▲↑ 从低端到高端

图 2-4　用户金字塔的路径评估维度

用户画像

一旦确定市场路径，“用户是谁”这个问题的答案便清晰明了。下一步则需具体剖析，核心用户有哪些特征，即构建用户画像。

“用户画像”概念最早由交互设计之父Alan Cooper提出，他认为，“用户画像是现实用户的抽象表示，是一种建立在真实数据上的用户标签模型”。企业将用户的每个具体信息抽象成标签，再利用这些标签将用户形象具体化，从而为他们提供有针对性的服务。

我们将从以下五个维度，逐一丰富“用户画像”。

人口特征

人口特征又称人口统计学变量，包括性别、年龄、民族、教育、健康、婚姻、亲属状况等信息，以定性、定量的描述，刻画用户的基本轮廓。例如，用“90后的已婚女性”“汉族的单身男性”等词语可以描述某类用户的属性特征，给用户进行简单分类。

经济特征

经济特征体现了用户的购买力：他在一线城市还是下沉市场？他是企业家还是工人？他的支付能力是强还是弱？顾客的经济特征能够轻轻松松地帮企业判定，他们的消费层次与企业在金字塔路径当中选取的优先路径是否吻合。

消费习惯

消费者一个时期内稳定的消费偏好，可通过观察他们每天各类需求是由哪些产品或服务来满足的，了解他们各类消费的频率、上瘾的程度，这些无不体现着他们个性化的消费习惯。支付习惯也可见一斑，付款时选择现金还是信用卡，用微信还是支付宝，甚至还有人坚持用Apple Pay，这些信息皆大有可观。

心理特征

心理特征是更深层次的影响因素，有人激进、有人保守、有人冷静、有人易感，这些都是用户心理特征的维度。心理特征难以用客观数据直接度量，但可以找到间接的指标来判断。积极开放、喜欢创新的人的行为会集中呈现某些特征，在线旅游服务平台中就可以用喜欢自由行或喜欢跟团游来辨认。如果一个创业公司要找新奇冒险的用户，就可以与专门做自由行的网站建立联合营销。有趣的是，那些极易受到舆论影响和旁人教化的，具有感性、从众特征的消费者常常是互联网公司重点关注的对象。

场景

场景是用户消费活动的场所或情境，具有时空和人的独特性，可以是某个具体空间，也可以是消费、服务、支付的环境，例如打车、健身、旅游等不同的场景。在特定场域中，用户的某些需求得到充分的满足，这时企业须深入探究在该场景下消费活动是如何发生的，用户的核心诉求是什么，受到哪些变量干扰，是否可重建类似场景以刺激更多消费行为发生。

上述五个特征可帮助企业对用户有更深入、立体的理解，将其一一汇总勾勒，最终完成细致传神、不拘一格的用户画像。

艾瑞咨询曾在《2021年中国在线旅游平台用户洞察研究报告》中，用数据详尽描述了“去哪儿”网的用户画像。从人口特征来看，“去哪儿”用户平均年龄为26.4岁，21~35岁用户占比77.7%，具有年轻化的特点；未婚人群占用户总数的比例为63.7%；本科以上学历用户达70.3%；职业分类中，企业员工及中高级管理人员共占比46.8%。这些人群具有提高生活品质的强烈需求。从经济特征来看，“去哪儿”用户家庭收入实力较强，体现“能挣能花”的特征，家庭月收入1万元以上用户占比65.8%，平均个人月收入9501元，为其出游度假、消费理财提供强大的经济支撑。从心理特征来看，“去哪儿”用户乐于分享，注重品质，购物、看电影、拍照等，愿意为高品质付费，体现出年轻人尽情享受生活的一面。所谓同一个圈子，就是认同同一种文化的人群。

2014年“滴滴、快的”之战硝烟四起，从当年1月到5月，为疯狂占领市场份额，双方烧掉近20亿元，堪称惨烈。如此疯狂的竞争，究其根本，都是为争夺市场覆盖率，因为他们两家的用户画像几乎一模一样！中低收入、为出行方便而打车的工薪阶层“白领”，其共同点是对价格敏感，热切追逐平台发放的红包和返现优惠，加之人数多、密度大的特点，增强了网络效应，于是补贴政策极大地提高了获客和裂变的速度。滴滴、快的之战最终以2015年情人节牵手合作告终，不久“快的”就杳无音信了。

几乎同时，2014年3月，美国打车应用Uber（优步）进入中国市场，强调“共享经济”的概念，认为自己与中国其他打车软件不一样，是科技与生活方式的结合。Uber的广告创意总是让人耳目一新，似乎一直想告诉消费者，它不只是专车：一键呼叫CEO，用Uber找工作、找对象、送外卖、领养小动物，这些都是Uber曾经展开的营销活动。有个著名的段子：若一个老板想招一名优秀的IT工程师，不妨在Uber上注册成为网约车司机，深夜12点专门等在张江接乘客，那些12点下班的员工之中一定有他要招的人。Uber始终强调其更丰富的社交形态，靠社交属性来给用户创造更大的网络效应和衍生价值，所以Uber的用户画像多了社交、创新的需求，他们接受新生事物的能力更强，对乘车时的社交场景期望值较高——司机和拼车乘客来自各行各业，司机的审核更为严格，其中不乏行业精英与意见领袖，用户有机会经由Uber获得更多交流机会，扩展自身人脉圈。虽然不到三年的时间，Uber在2016年年底就退出中国，却给打车软件市场留下了浓墨重彩的一笔。

神州专车自2015年上线以来，采用“专业车辆，专业司机”的B2C运营模式，不同于滴滴的开放平台，神州专车是自有司机，主打中高端商务用车服务市场，吸引了众多更注重安全、服务品质、乘车环境的用户。它的用户画像是高收入、稳重进取的商务“白领”，使用神州专车的主要目的是接送机及接送小孩、老人。这些人同时也是中国房产、汽车、时尚、奢侈品等高端市场孜孜以求的消费群体。神州专车的绝对订单量，显然不如依靠私家车打天下的滴滴快的、Uber，但由于用户消费能力和意愿更高，神州专车能够跳出补贴烧钱的泥沼，在专车市场中独树一帜。神州专车2016年已作为全球专车的第一股上市，市场份额虽然有限，用户满意度却是最高的。

携程网2018年另辟蹊径，进军网约车市场，只做黄金订单，即携程专车只在抵离交通（接送机、站、酒店、景区）范畴内开展，确立如此战略的重要原因在于，这样能最大限度地与携程主营业务产生协同[①]。这个交通范畴内的客单价非常高，所有司机都想抢去机场的订单，因此携程自然就吸引到了大量的供应商。如果用户在携程上订好机票，就会出现“一键约车”的按钮，携程掌握了机票、乘客人数等出行信息，乘客只要一键确认就可以对接到司机，非常方便。这是非常典型的借助场景去跨界抢别人“蛋糕”的做法。

获客

认清用户是谁之后，企业如何获得他们呢？在互联网世界，获客已越来越难，越来越贵，从早期平均获客成本几元钱，到后来几十元，现在甚至超两百元，互联网获客竟成一件费钱费力的不易之事。

企业获客的手段花样迭出，我们举几个常见例子。

1．试用

买护肤品有试用装，使用电脑软件有试用版，线上培训课可以先试听。在

① 携程“摇身一变”成网约车新玩家，滴滴要小心了. 2018-05-08. https://www.iyiou.com/p/71959.html.

试用阶段，企业使出浑身解数给予用户最好的体验，促使消费者心甘情愿地刷卡购买。一般来说，用户对某个线上产品或服务在一段时间内连续使用三次，且体验良好，就会形成习惯并愿意为之付费。互联网产品的试用期往往根据用户的使用频率来计算，究竟从哪一个时点开始计费是合理且顺其自然的？

2. 地推

最初企业是在街头、商场或超市进行推销，以发传单、卡片的形式地推，如今软硬件升级，既可扫码加微信/微信群，又能在移动端直接注册成为会员。地推是一个传统而古老的营销推广手段，在互联网时代到来之前就已被广泛采用；但在移动互联时代到来后，相对线上获客的便捷高效，地推曾备受嫌弃；再之后随着互联网获客成本的水涨船高，地推手段的优势重新凸显，现在地推再次成为线下低成本获客的一个优质选项。

3. 网络营销

随着智能手机的普及和大数据技术的发展，以互联网为传播媒介的网络营销成为当今热门的获客方式。网络营销有多种方式，且不断推陈出新。例如"网红"带货，创业公司可以通过制作并分享专业化、娱乐化的原创内容，吸引网民的注意力，建立起个人品牌，也可以与已有众多粉丝基础的"意见领袖"合作，影响消费者的购买行为。淘宝知名主播李佳琦在2021年淘宝"双十一"购物节期间，凭一人之力就交出了创造115亿元交易额的完美答卷，当天直播间人数高达1.6亿人次，点赞数超过2.5亿人次，评论超过2.4万条，打破了直播带货的历史纪录；淘宝第一女主播薇娅在全网共拥有近1.2亿粉丝（不去重计算），2021年"双十一"预售期间，直播间单件商品最高引导销量4.90亿件，直播带货的销售业绩一次又一次地刷新了大众们对直播电商的认知上限。

4. 资源交换

资源交换通常发生在不同的商业平台，主营业务不存在竞争关系却相互关联，甚至产品形态互补，这在自媒体上屡见不鲜。比如，一个喜爱厨艺的妈妈同时需要兼顾孩子的教育，于是一个关注美食、厨艺的自媒体和另一个关注亲子教育的自媒体携手合作，以添加对方的链接、推介对方的产品、扫码关注等方式，实现用户资源的交换。这种交叉获客的路径在新媒体平台上备受推崇。

5．从B端到C端

获客范畴内如果仅考虑单一客户的获取，那么成本肯定会比面对一批客户要高，集体获客将显著降低获客成本，所以一些企业把目光瞄向了企业端（B端），通过在企业内部提供免费的服务或活动来广泛获得C端用户的关注，形式包括演讲、展示、互动、竞赛、招聘等。例如，一家亲子教育培训机构到幼儿园开一场免费的讲座，演讲内容是甚为流行的蒙氏育儿方法，演讲者把如何培养孩子的数学思维讲得鞭辟入里，吸引大批家长添加企业二维码，甚至直接有家长报名那家机构的试听课，一场演讲活动轻而易举地成为从B端到C端获客的重要渠道。

6．团购

团购成为众多互联网公司增加客户尤为常见的路径。他们在设置团购规则时，故意营造一个价格差异，团长更为优惠，目的显而易见，让老客户更有动力去推行“老带新”策略。不管三人成团还是五人成团，企业在核算财务收益时一律采用人均价格。朋友圈集赞，老客户获得推荐优惠的同时，也提高了品牌曝光度，这都是移动互联时代网罗新客户的惯用手段。

7．免费

用免费获取关注度/流量，再将流量变现，是互联网企业的主要盈利模式，在前文已多次提到。用户免费享用的服务，付出的是关注和时间，在此契机下，企业赢得了与用户接触、相处的机会，这其中大有文章可做。对于新闻网站、知识分享类的知乎和豆瓣，以及视频网站和直播平台，都是实行免费浏览和使用，同时赚取广告点数收入的盈利方式。

8．积分模式

积分模式是免费模式的升级版，用户不仅免费享用产品或服务，还进一步地从中获取收益。积分奖励模式大多应用在传媒类平台，以趣头条为代表，还有今日头条、极速头条等。互联网企业往往一开始免费赠送给用户一定积分，后来用户付出自己的时间和关注，积累使用时间和阅读量可获得更多积分反馈，积分再经特定的规则换算成现金，用户最终能够提现。其本质依然是售卖广告，以流量变现，但吸引力更大。因此，积分模式不仅是获客方式，也是留存客户的有效手段。

获客方式很多，然而任何一种方式都有其成本，企业则需根据时间变化动态调整获客方式的组合，本书将其称为获客方式的组合演化。在互联网发展早期，免费的方式最行之有效，获客最容易，可是由于变本加厉地占用客户更多时间，渐渐失效。在搜索领域，百度搜索一贯免费使用，搜索结果却穿插了大量的广告，给用户的体验非常不好；而谷歌的高明之处在于精准推荐，把搜索页面分成左右两栏，左栏显示搜索结果，右栏则根据用户搜索习惯推出有针对性的广告。尽管谷歌的广告数量显示不多，但精准适配的广告投入也变相提高了广告的效益。

获客的组合方式多种多样，地推常常和试用、免费等方式组合，达到获客效果最大化。时移世易，企业要依据自身特点和发展目标适时调整，随时应对瞬息万变的市场环境。

用户分层

依照前文所述，先构建用户的金字塔路径，然后明确用户画像，再通过多种途径获得客户，最后把流失的客户召集回来，一轮周期之后，已形成稳定的用户基础。但是，所有用户并非同质的，而是分成三个层次——核心层、基本层和外延层，企业应采用不同的培养策略差异化对待。用户分层示意图，如图2-5所示。

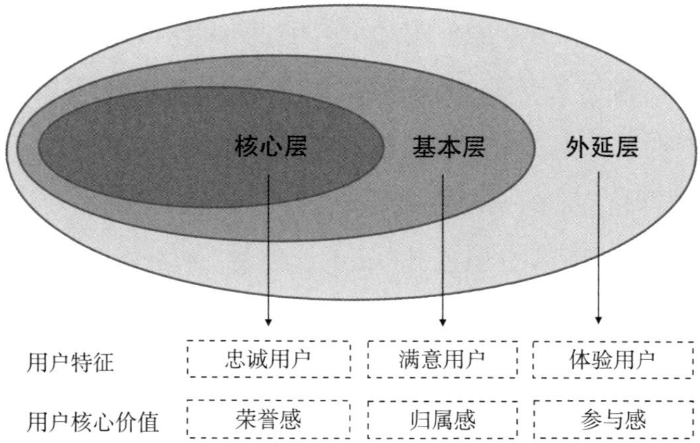

图 2-5　用户分层示意图

核心层是最忠诚的一批用户，他们完全认同企业文化和品牌声誉，充满荣誉感和自豪感，甚至已成为公司文化的一部分。比如，小米的“发烧友”、铁杆“果粉”，豆瓣话题小组的组长，知乎上的知名答主，都是忠诚度很高的用户。他们愿意为产品和服务建言献策，参与试用新产品，积极传播口碑，主动成为KOL（关键意见领袖）。企业构建核心层用户，须依靠并提升他们对企业和品牌的荣誉感。

基本层是对产品满意度较高的用户，对品牌认知度高。他们在体验、享用产品或服务时，会产生某种情感链接，对产品或服务报有深深的认同。例如，星巴克用户群体就具备情感维系的特点。面对基本层用户，则需建立归属感。

外延层是体验型用户，指的是使用频次不高、还没有建立情感维系但有一定消费潜力的用户。针对外延层用户，应增强他们的参与感，增加与他们互动环节的设计，以此提高他们的满意度，增强参与感和认同感，从而把外延层用户升级为基本层用户。靠社群模式起家的小米，2010年年底推出手机实名社区米聊，以社交凝聚用户的力量，既让公司及时地把握市场需求，又降低了公司的营销和运营成本。小米也对其论坛用户进行着分层管理，其论坛用户构成，如图2-6所示。

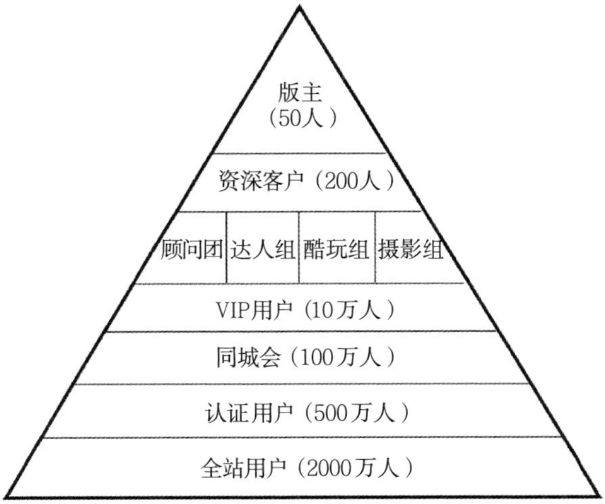

图2-6　小米论坛用户构成

资料来源：黎万强《参与感：小米口碑营销内部手册》，中信出版社，2014年出版。

案例

易到用车——缘何从“自大”到“恐慌”

凌晨一点半，一架从北京飞往上海的飞机刚刚降落在浦东机场，出差归来的Lisa还没等飞机停稳，就打开手机找到约车软件App，“一键呼叫出租车”，不到1分钟，司机赵师傅的各项信息就传到了她的手机。提取行李，还没走出机场大厅，短信发来：“您好，我已到达约定地点。”路上很顺利，平稳到家后，Lisa拿出手机支付完刚才的订单，又点开顺风车页面，顺手预约了相邻公司的冯先生一起拼车上班……

上班路上的顺风车、网上预约的出租车、机场等候的网约车，如今，“打车软件”填补了各类出行场景的市场空白，大大方便了乘客的出行。但若把时间轴拉回到2010年，“分享出行”还是一个全新的概念。

“易到用车”创始人周航，是一位连续创业者。1994年大学毕业后刚刚迈入社会，他就和哥哥一起创办了佛山天创电子企业有限公司（以下简称天创），从亲戚处借到的几万元初始资金做起，创立专业音响品牌。2003年，天创与松下合作组建“联动08”，携手进军奥运建设。随后的三年，周航又连续创立三家公司，将业务范围扩大到北京、上海、香港，与欧、美、日等十余家著名厂商建立合作关系，一时声名大噪。

一次偶然的经历，给周航打开了一扇新的大门——创办“易到用车”，进军线上出行领域。周航不止一次讲述过建立易到的初衷：“有一次我去上海出差，在虹桥机场等了近一个半小时的出租车。”“另一次更惨。排长队，费了半天劲，终于排上了，结果被告知排错队了。”想着要让“每个人不需要购买车辆，也能在每个城市享受专车待遇”，周航决定进入租车市场，但在当时的情况下，传统出租车市场高成本、低效率的问题已经暴露出来，理想的产品一定是在出租车行业与互联网的接合点上。

2010年，在线租车平台“易到用车”诞生，大大早于网约车市场的几位后来者。在易到用车App上，乘客发布用车需求，司机就可以接到出车订单。在上线伊始，易到用车专业化的司机团队、网络上便捷的订车通道、个性化的行程安排、精准的计费方式，使得这个领先行业的理念颇受追捧，在一线城市中即刻引领了“网约车”的潮流。

然而，“颇具情怀”的创业思路使得易到一直沉浸在“精致”的自我定位中，忽视了消费者真正的需求和市场的风向。定位误判和消极应战使得易到从行业老大掉到了第三、第四甚至可有可无的尴尬位置，短短几年内经历三度易主。

易到为什么迎来这样的结局？

定位偏差

易到的生死困局，与创始团队最初过于理想化的产品定位和过分保守的战略选择有着莫大关系，力图打造“小而美”的产品在后来激烈的竞争态势下反而错失了大众市场更关注性价比的巨大机遇。

易到用车初上线时，就以高端商务出行用车做产品定位，“让在乎品质的人、在乎感受的人出行变得更美好一点”。所以在发展的早期，易到主打的是“体验牌”。易到用车是唯一上线了社交功能的网约车软件，用户与司机之间可以用车产生更多的连接，司机也可以享受一定的自主权，达到双向选择，以体验为先，而非效率至上。“根据不同的需求，你可以享用不同司机提供的服务。就好像，你不需要购买，却能拥有不同的专车，用于不同的场合，用在不同的城市。当一个司机被不同的用户收藏上百次后，他就不再担心自己的生计。”周航说：“司机和用户之间也不是冷冰冰的租车关系。当一个司机被你收藏后，你们打招呼的方式可能都发生变化了，像朋友一样。”他们对于产品的原始想法“完美而迷人”，再加上彼时正处于共享经济的萌芽时期，易到用车的竞争对手只有传统的出租车公司。一切发展得顺风顺水，直到2013年易到用车还在以行业领先者自居。

谁知这样的光景才过一年，网约车行业内新的玩家就带着大量资本进场，展开了第一轮搏斗。乘车就有补贴，滴滴和快的打车一进入市场就认准了易到用车没有占领的“市内用车”领域。市内用车旅程短、时间零散、客单量大，拥有着to C端业务的全部特征，这个市场在当时易到用车的掌权者看来不值一提。而后大量资本涌入，网约车成了移动支付竞争的前沿阵地，滴滴和快的分别拿到了阿里和腾讯的7亿~8亿美元的资金支持，开始大打价格战。对每一个下单的乘客和接单的司机都进行直接补贴：“1元打车”“0元佣金”。滴滴一上来就将补贴额度定在了每单11元人民币，而快的更是定在了每单12~13元，号称提供的补贴“永远比对手多1元”。

强调体验优先、高端定位的易到用车并没有立刻跟进市内用车的领域，在激烈的价格大战中，易到选择了“以不变，应万变”。创始者周航在2018年出版的《重新理解创业》中针对这一阶段的竞争态势写道：“当时我看别人，就会觉得别人是晚辈，入行晚、估值低，融资拿得比我们少，没什么商业模式，团队也不如我们高级。不自觉地，我就有了一种俯视的心态，这直接导致在面对竞争的时候，我的心态发生了很大的变化。”这种先行者、高端定位的自信，让易到忽视了网约车市场上潜力巨大的散客需求，在竞争对手为扩大市场份额出尽底牌的时候，易到用车的创始者们还在享受着“创业的乐趣”，先后拒绝了多次融资机会，专注提升服务和体验。

然而事实证明，补贴的方式虽然是个“亏本买卖”，也确实不能作为持久竞争的方法，但在短期的抢占市场阶段起到了非常大的作用，在快的打车上线一年后的2013年，就做到了行业内的第一，占据了超过40%的市场份额。就在价格战的节骨眼上，2014年的易到用车进行C轮融资只拿到了1亿美元，在这之后的一整年时间里，易到也没有再引入新的投资方。这一年，Uber带着全球市场的资本进驻中国市场，新一轮的价格战又一次打响。原本坚守的高端商务服务阵地不停地受到对手们的“优享服务”“专车服务”的层层挤压，易到因为错过了第一轮的价格战而难以与当时的对手们在同一量级内展开新的竞争，从龙头位置顺势跌落到行业的边缘。

艰难转场

“血腥、残酷，冰天雪地般寒冷”的2015年专车市场到来，易到迎来了生死攸关的转机——乐视向易到抛出了橄榄枝。10月20日，易到宣布让出70%的股权，接受乐视7亿美元的投资，易到用车因此被纳入“乐视生态”中。乐视接手易到用车的这一年，正是“乐视生态”概念炒得最热的一年。在布局汽车领域之前，乐视已经在运作超级手机、乐视体育等子生态系统，乐视CMO、时任易到总裁的彭刚说道：“即使不收购易到，乐视本身也会做专车业务，这是乐视汽车生态中很重要的一块业务。”易到用车作为乐视生态的“入口”，为乐视提供销售和推广渠道，乐视为易到提供发展资金，“易到+乐视”的组合在这样的背景下令人耳目一新。

接受投资后的易到吸取了之前“佛系竞争”的教训，预备着掀起新的补贴风暴，一雪前耻。几个月之内，易到就一改先前的消极竞争姿态，豪掷60亿元人民币对用户进行补贴，打出“充多少返多少”的口号，更在乐视硬件免费日提出“充值送超级手机”的大力度奖励活动。除此之外，易到与乐视还联手打造了一个闭环的生态：“用户在乐视电视上看着电视剧却因为出门计划而不得不打断时，由于数据的贯通，可以在易到的专车上继续观看。”烧钱补贴的效果依旧非常显著，在易到用车进行充值返现的200多天内，平均每个用户的充值金额达到了600多元，每日客单量也从几万单跃增为近一百万单，累计金额超过了60万元。截至2016年6月，易到用车的市场占有率达到行业第二位。

但是，不计后果的烧钱在当时越发显得不合时宜：缺乏对原有用户的了解，商务人士普遍对服务的要求较高，对价格的下降并不动心；引入新流量的效果较差，与乐视用户群体并不重合，业务闭环很难圆满；预先宣传的车上电视与无线网络配套设施不过关，无缝衔接的服务蓝图也难以展现；行业结构已经稳定，大额补贴获得的新用户在补贴结束后就悉数散去。过低的价格、后知后觉的散户市场、与宣传不相匹配的服务，这些都与开创6年来易到精心营造的“小而美”“高端而优雅”的定位背道而驰，也与创始人团队的创业初衷相去甚远。易到选择了早期自己嗤之以鼻的竞争套路：为了市场放弃质量。

后知后觉的烧钱结局不难预料，到2016年年底，易到就出现了资金危机。大股东乐视陷入了盲目扩张的迷局，已是自身难保，对易到的资金支持力度也大幅减少，随后易到陷入了信任危机——媒体报道易到用车已拖欠多家供应商费用达5000万元，同时出现了大量车主和用户的投诉，之后陷入司机转投其他平台、乘客叫车无人接单的恶性循环中，司机和乘客的数量均以惊人的速度大幅减少，大批司机将账户金额提现，导致易到资金链彻底崩溃。

2017年4月，易到用车创始人周航在媒体上宣布与合作者乐视决裂，称乐视挪用易到13亿元资金，导致易到经营不善。对此，乐视控股发布声明予以否认，直指周航涉嫌诽谤，更用“现实版农夫与蛇的故事”予以回应。最终易到创始人集体出走，两个月后韬蕴资本收购易到用车，易到的故事曲终人散，以闹剧收场。

对需求与定位的模糊，对战略局势的误判，使这个先声夺人、曾一路凯歌的先行者失去了最佳的竞争地位。低价和高品质的结合本就不易，易到又难以实现与乐视生态的“化反”，在弱肉强食的商业版图上，被后来者远远地甩在了后面。

超常规发展

近十年来我们看到，大量互联网企业自PC端向移动端转场之后，其发展速度风驰电掣、狂飙突进：成立于2015年9月的拼多多，于2019年2月在美国MSCI成功上市，历时41个月；趣头条成立于2016年6月，短短27个月后，即挂牌纳斯达克交易所；趣店集团成立于2014年3月，于2017年10月在纽交所上市，历时43个月；而成立于2015年5月的电商品牌云集，也于2019年5月在纳斯达克上市，共历时48个月。与之相对应的是，联想集团历时10年才上市，京东从成立到上市长达16年。

足见，在当前互联网环境下，企业正在践行超常规发展路径。

超常规发展的大前提是用户体量巨大。随着越来越多初始用户被企业收入囊中，继而如何形成他们的用户黏性、培养其使用习惯、保持用户活跃度，并在此基础上实现用户的持续裂变增长，攻守兼备之下带来新一轮成长和盈利，成为摆在企业面前的新课题。

二次激活

当“新”用户变成“老”用户，甚至变成“睡眠”用户之后，面临用户的低频或流失，企业须专门针对他们实行“二次激活”。与全新获客相比，这些客户的数据和信息早已掌握在企业手中，便于企业主动出击，采取一系列措施接触、召回“老”客户。

企业对其可采用精准促销、定向激励等策略，如赠券、延长试用期、优惠活动提示等，设定一个时限，力争把“真”用户拉回来。

若上述方式无效，则应扩大范围，采用社群奖励的方式，唤醒沉睡的客户。所谓社群奖励，是根据用户的社交信息找到他们周围有影响力的人，靠周围人的力量将他们激活，再给予激活者相应的奖励。比如，在师徒机制当中，借由师傅把徒弟二次唤醒；在其他社交网络中，请活跃用户将缄默的好友二次唤醒；针对有贡献的角色和用户，增加他们的积分或给予赠品、奖券等激励。

在启动“激活”措施之前，需达成一点共识：并不是所有已获得用户都是企业真正的客户，其中鱼龙混杂，难免会有一些“假”客户混入。针对“非客户”用户，无须激活，而应驱离，也就是Demarketing。鉴于已有数据和用户的消费行为，企业能迅速识别那些误入者，甚至麻烦制造者，可采取措施将他们清理出局。所以二次激活也要同时做好用户筛选。

用户留存

在互联网行业中，用户涉入某个平台或应用之后，能遵循一定频率持续不断地访问或使用，被称为用户留存。一旦用户活跃度下降，就意味着用户的离开或流失。上一节曾提及，互联网企业的获客成本一路飙升，有人称，获得一个新用户的费用比维护一个老用户高7倍，用户留存率每提高5%，公司的盈利将提升25%~95%，在某些行业，该数值甚或更高。如果用户快速增多之时却伴随着迅即削减，那么企业根本无法持续增长。可见，用户留存变得越发关键。

追根溯源，用户为什么会流失呢？从产品设计角度来看，有如下可能：一是界面操作繁杂，二是没有感受到产品价值，三是使用时有失败或失望的体验，四是选择其他替代产品。针对以上四点，我们提出五种企业惯用的用户留存方法，即路径优化、算法推荐、社群设计、游戏化和设置退出壁垒。

路径优化犹如面试时的一套正装。在第一次进入、使用产品或体验服务时，用户执行一轮基本操作的流程，简单还是复杂，含糊还是明确，冗长还是明快，将直接影响用户的“邂逅体验”。这第一眼的感觉，如同求职者给面试官的第一印象至关重要。为了降低用户的使用成本，需对产品实行路径优化。从平台构建伊始，企业就应竭尽全力关注产品的便捷性，削减菜单层级，减少点击次数，缩短查找路径，此为一次优化。只要用户在平台上留下了使用痕迹，那么二次优化就得到了改进依据，技术人员可遵从其操作足迹，对用户首页施以个性化的二次优化。比如，用户应用最高频次的服务，应置于最便利、最显眼的位置，其他服务模块也依照优先级重新设计和推荐，以全新的排列组合形态呈现在用户面前。无论是一次优化还是二次优化，目的都是节省用户在使用过程中的时间成本和精力成本，以最快速度让用户获得目标产品和服务。路径优化重点在于优化，大刀阔斧地改变也许会让忠实用户找不到北，给其带来不便，反而影响用户体验，过犹不及。

算法推荐是精准挖掘目标客户的利器。事实上，互联网的用户足迹是一个信息量极大的宝藏，其中的细枝末节值得企业深度挖掘。有了用户留存的线索，技术人员可据此对他们进行算法推荐。算法推荐这门学科其内容虽纷繁复杂，但简单来讲，可采用相同用户推荐和相同产品推荐两条路径。

相同用户推荐从贴标签入手，根据用户的浏览兴趣和习惯，实行标签编码，形成包括年龄、性别、性格、角色偏好等个人属性的标签；再对相同标签属性的人归类，找到高度相似的一类人群；由于他们的背景相同，因而需求也趋同，这给算法推荐提供了凭据。例如，用户Ａ和Ｂ都热衷于财经新闻，均被贴上“财经”的标签。当我们看到Ａ选择了《第一财经》作为业余读物，这时可主动把《第一财经》相关的广告或内容推荐给Ｂ。如此一来，对《第一财经》杂志的推荐，其用户精准度大大提升。简单推荐算法举例——用户归类与内容归娄，如图2-7所示。

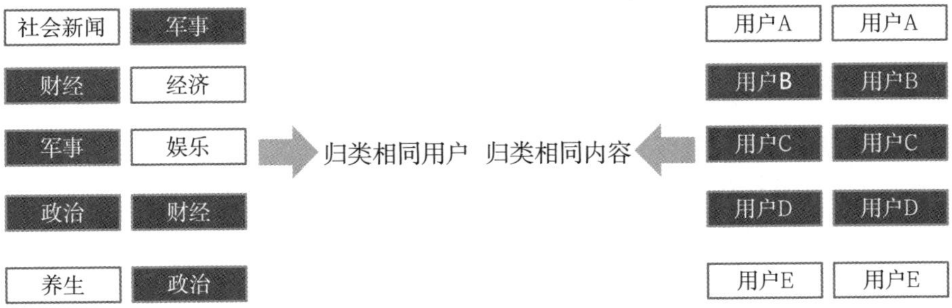

图 2-7　简单推荐算法举例——用户归类与内容归类

如何理解相同产品推荐呢？你也许有过此类经验：在新进入某个平台时，会有一个跳转页面，让你自行选择符合自身气质或兴趣的标签，比如“美食”“旅行”“金融”“摄影”“时尚”“科技”“体育”“影视”“家居”等，从此，这些标签在你身上越贴越牢，同类型的信息或产品将源源不断地推送到你眼前。此外还有另一种推荐形式，在浏览新闻网站积累到一定的时间和频次后，会出现一个个性化栏目叫作《猜你喜欢》，这时平台推荐给你的产品或新闻都跟你之前的浏览内容相关，可能比你更懂你，这就是相同产品推荐。可见，产品之间也有类似的属性，也被贴上标签分门别类。如果在标签体系中口红D与口红E有高度相似的用户群体，那么已购买口红D的用户将很快接收到关于E产品的推荐信息。所有采用复杂算法的平台，一旦用户点开了某个新闻或信息，接下来屏幕上将会出现越来越多的同类资讯，这就是算法的效用。于是不难解释，为什么一个精致女“白领”的淘宝首页，横幅广告图上推荐的是彩妆和包，而一个全职妈妈的首页促销活动充斥着奶粉和童装。算法推荐轻而易举地降低了用户的使用成本，让用户在使用过程中越来越精准地留存、采纳。简单推荐算法举例——基于用户或内容的推荐，如图2-8所示。

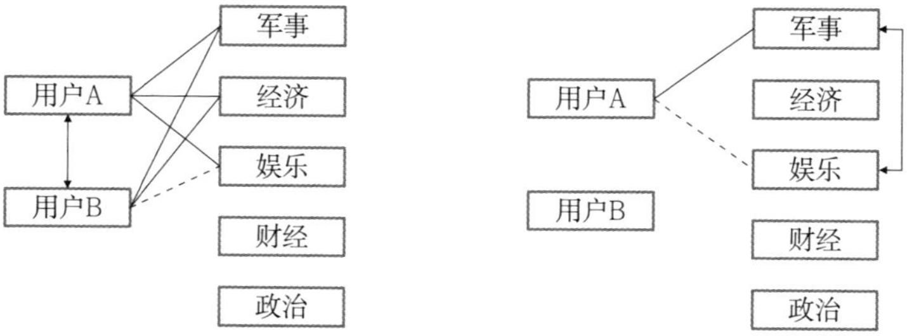

图 2-8　简单推荐算法举例——基于用户或内容的推荐

“物以类聚，人以群分”，社群设计实质上就是设“圈子”，让“圈子”里的人相互连接，谁都难以脱离。当圈子把拥有共同志趣爱好的人圈到一起，他们就具备了双重身份——既是用户，也是生产者。圈子内部的互动、留言、点赞、打赏、推荐等，形成浓厚的社群氛围，作为其中一员，久而久之也背负了维护该社群的责任。尤其是社交软件的群功能，微信群、QQ群、陌陌群、豆瓣小组、百度贴吧等，用户涉足越深，归属感越强烈，就越难说“再见”，用户黏性自然愈加牢固。除了社交软件本身，任何产品和服务都能利用社交平台建立自己的主题群，例如妈妈群，通常由母婴店会员组成，商家在其中推荐母婴产品，此外也有基于社区的民间公益性组织；保险群，一般借由线上保险知识培训建群，商家推销保险产品或服务；吃鸡群，游戏《绝地求生》的玩家群，通常由资深玩家或粉丝创建，成员相互支持和提醒，充分提高游戏活跃度；驴友群，商旅平台把拥有共同目的地的旅者拉入群聊，在答疑解惑的同时，推荐旅游产品或服务。当前，群组已深探到我们生活的方方面面，每个人或主动或被动地深陷到大大小小的群聊之中难以自拔。近几年，甚至全球职业社交平台领英都不得不放低身段，开通群沟通与线下沟通的方式增加用户黏性。

为了让用户拥有更好的体验，不舍得离开，也许还需要更多刺激点和兴奋点。留存用户的方法还有游戏化，借鉴游戏设计中的分层激励、积分、反馈等机制，以及疲劳度的掌控，让产品或平台本身呈现娱乐性的炫目效果。

一款产品做得有趣，充斥着互动和惊喜，将大大增强用户黏性，让用户乐此不疲，提升其在用户心中的价值感，从而产生更长时间的滞留。往往游戏化和社群化还会生成一定的联动，新奇好玩的东西极易引来转发分享，比如，组团杀价、砍价，你一刀我一刀，正是游戏化和社群化交叉在一起的体现。某培训机构推出的课时费砍价活动，如图 2-9 所示。

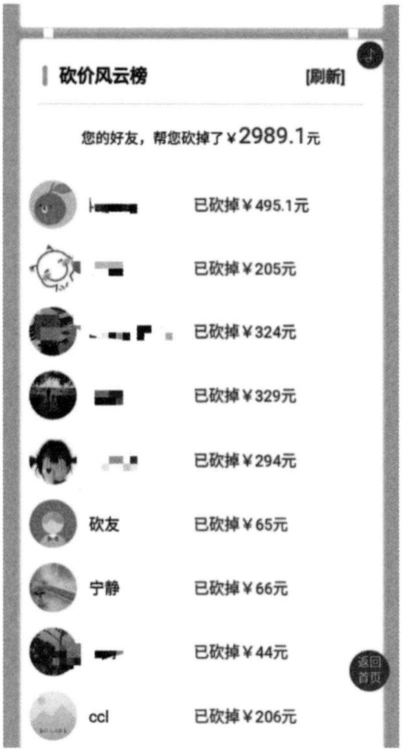

图 2-9　某培训机构推出课时费砍价活动

最后一个留存手段是高筑退出壁垒，这是在产品设计之初就应兼权熟计的环节。用户使用的进入壁垒低、退出壁垒高是互联网产品一贯的做法，路径优化用以降低用户进入壁垒，而高退出壁垒该如何设置呢？积分奖励机制，积分兑换礼品或福利，已有的社群黏性，互补性产品的推广以及产品生态圈，用户经年累月的数据，获得的专有知识，等等，皆可成为设置退出壁垒的参照系。倘若用户受到以上退出壁垒的影响，他们转向其他平台/产品的可能性就会大大降低。

综合运用以上五种方法，企业千方百计地留住顾客，让他们在现有的平台和产品中持续体验和消费，积累更多的用户数据，进而更精准地了解用户，更好地服务用户，从而防止客户流失。

用户裂变

随着用户数量暴涨，由老用户带动产生更多新用户的过程，称为用户裂变。用户裂变也是一种低成本获客的方法，是在原有用户积累之上的额外增殖，用存量找增量。

用户裂变常见方法有五种。

第一个裂变方式是二次衍生，以老带新。获客过程中充分利用现有客户，凭借现有客户拥有的社交网络、信任背书去吸引、挖掘、关联、获取新用户，此为二次衍生。二次衍生的方法，包含推荐优惠、师徒机制、拼单、砍价等；朋友圈集赞，老客户获得推荐优惠的同时，也提高了品牌曝光度，这都是移动互联网二次衍生的常用手段。网络的快捷传播加快了衍生速度，举手之劳的支持影响着我们的选择，企业的适度让利成为二次衍生的获得成本，较传统的广告推广形式，这样的裂变更加高效精准。

第二个裂变方式是推荐奖励，利益刺激。比如以“头条系”为代表的资讯类平台，几乎全部采取推荐积分奖励和师徒机制，推荐所获积分可兑换现金，最高奖金高达几万元。刺激之下，七大姑、八大姨不知道使多少个家庭全家总动员，时间久了，既然每天总归要看新闻，看视频的同类用户被牢牢地转移和锁定在熟人推荐的App无法自拔。神州专车推出“分享有礼”的活动，以老带新，一旦新用户成功使用，老用户将获得价格不等的优惠券。相比初期启动时给种子用户无条件发放优惠券以获得初始用户，企业将营销成本在裂变阶段利用得更加高效，获客单价也得以降低。

第三个裂变方式是算法优化，精准制导。企业通过分析已有客户的数据，套用分析现有用户的行为，从而主动引导他们，把现有的产品推荐给他周围的潜在用户，获得新用户的增长。该方法主要依靠口碑传播，相比传统意义下口口相传式的口碑传播，互联网环境下的传播更加高效、迅捷、精准。算法优化的技术手段让企业更精准地找到裂变的突破口，同时也为找到促成有效裂变效果的方式和手段提供了依据。不是所有滴滴用户都愿意发朋友圈来获取潜在的优惠券，因为这样的信息发布对朋友的打扰很可能拉低自己的人设；不是所有的年轻人都愿意拖着自己的女朋友排很长的队去体验一杯喜茶，或许他们觉得书店的书香、阳光和咖啡才配得上他们圣洁的爱情。算法优化就是让企业找对裂变点，否则企业的裂变手段就是一颗“哑炮”，看似投入很大，实则收效甚微。

第四个裂变方式是设置爆点，趣味引导。用内容或者形式集聚关注，发布具有轰动效应的新闻，或采用极易吸引眼球的标题，生成爆款营销文，被用户自发转发。频繁的分享提高了产品的曝光度，造成大规模用户裂变。味全每日C的CMO在办公室可能不会想到，很多报考MBA的同学面试前购买他们的产品，把它作为吉祥物或者赠送朋友，因为这样的情境下C意味着面试优秀的美好祝愿，而不仅仅是补充维生素C的功能性需要；而杜蕾斯的小编堪称内容营销抓住大家眼球的老手了，从最初的自娱自乐，到最近与其他品牌各种撩，“城会玩”的“小杜”把内容营销做到了极致，一次次引爆热点，刺激着我们的神经。

最后，让用户的行为固化，直到他们养成某种习惯，其行为会自发地、无意识地运行，还会影响身边人的行为。比如，支付宝的蚂蚁庄园和蚂蚁森林，培养用户打卡、浇水、喂食、偷能量等行为，再施以相应的激励，如喂食一周得到某种道具或饲料，攒够能量可为风沙之地种一棵树，一系列措施全是力求固化用户的行为，促使其养成习惯，日积月累，加上邀请、合作等奖励和游戏刺激，也会引来周边的跟随者，从而促进用户增长。

盈利vs速度

企业对利润的追逐天经地义，在互联网时代，盈利手段更新换代，既有向第三方获取收益的广告模式，又有靠风投去烧钱的“to VC”模式，更有通过流量变现赢得高速成长的免费模式。在趋于超前消费、透支未来的大环境下，企业盈利快慢与其本身发展速度之间，似乎需要寻求一个恰到好处的平衡点。

企业要经营首先需要投入，企业砸钱主要取决于以下四个方面。

首先，整个市场成长的规模。虽然同样是共享经济，共享单车、共享篮球、共享充电宝需要砸的钱肯定不一样，共享篮球相对较少，共享充电宝肯定多一些，这与其面对的人群总量、需求频次、单人单次需求投入的资金等可测算的因素有关，这些因素决定了这个单点渗透的市场容量。

其次，竞争状态。资金投入多少取决于竞争对手。如果竞争对手投入更多，其业务拓展就更快，此时不仅是静态地看市场，还要看竞争对手。也就是说，没有竞争对手，根据自身业务情况决定投入；如果存在竞争对手，需要根据竞争对手的投入相应地跟进投入，此时进入恶性循环。

再次，未来对伞型战略的预测。投资与公司业务总体的布局和可预期收入密切相关，“顾左右而言他”“醉翁之意不在酒”，企业当下业务的进行其实是对总体布局下的其他市场所做的准备，此时投入取决于对另外市场的预测，如果另外市场的预期收益非常丰厚，此时企业会把投入转向另外一个市场。

最后，要关注的是资本市场的供给。当狂热的资本市场出手阔绰、一掷千金之时，企业往往容易融到更多的资金用于业务启动和拓展；反之，则融资规模受限。

对创业企业而言，单客户的营业收入分析至关重要，针对每一位客户的盈利水平进行精准测算，以确定他们是否为企业创造效益。成立于2014年的ofo在创立早期即获得巨额融资，2016—2017年与摩拜在各大城市街头展开了铺货大战，在城市的大街小巷ofo小黄车星罗棋布。

依靠外部投资和大批量采购，企业已经与供应商最大限度地压低了单车的采购成本。单车运维成本在市场饱和以后也将趋于稳定的状态。

盈利＝收入－成本

收入＝单车单日骑行次数×投放量×单价

成本＝(单车采购成本＋单车运维成本)×投放量

此时，只有投放量这个参数可以调整，而投放量与单车单日骑行次数两个参数密切相关，如上述公式所示。产品铺得密度越高，单客户的盈利能力就越低。事实上，当铺设自行车的密度接近某个平衡点时，可实现平均每辆自行车每天被骑行的次数达到最大值，从而收益最大化。经过测算和设计不难得出此最优值，然而随着竞争愈加白热化，企业继续投放，投放数量超过了市场饱和点。ofo没有摆脱囚徒困境的命运，始终把更多精力放在扩张地盘、扩大规模之上，从而降低了现有模式下的盈利能力，最终资不抵债。因此，从本质上来讲，在盈利和速度之间找到准确的平衡点，是企业不容忽视的。

同样，在竞争补贴和市场份额之间也需要一个有效的平衡点。互联网领域广泛流传着一个“721定律”：行业老大占据市场70%左右的份额；老二占20%左右的份额，剩余10%由几家小公司分食。行业老大往往采用成本领先战略，走低端客户的路径，老二一般实行差异化战略，走品质和服务的路线；而10%的份额被规模更小的一群模仿者瓜分。此番言论虽缺乏科学依据，但它从侧面说明，相对市场份额并非越高越好，企业不必追求95%乃至99%的市场份额，而应找出一个最优解。毕竟用户需求无法整齐划一，有离散和分层的特点，所以一定存在某个最佳经济模式。因此，企业应如何善用补贴，探寻补贴的力度和市场份额增长之间的平衡也是举足轻重的。

近年来，无数初创企业纷纷投身融资大战，似乎企业的生死存亡与融资升级唇齿相依，甚至流传着“难逃C轮死魔咒”等言论。其实这全是对融资的曲解，一家企业吸引资本青睐主要取决于它未来的成长潜力。以往在投融资界出现的种种非理性现象，终究会在市场趋冷的寒冬达成理性的价值回归。

互联网平台“赢家通吃”的属性早已人尽皆知，在盈利和速度之间，他们通常优先关注速度，而后再探索盈利。例如某著名咖啡品牌，产品一步步占据用户心智，攻陷用户桌面，成为人们生活方式的一部分，渐具排他属性，实现市场份额第一，达到赢家通吃的局面，最后一步就是市场收割了。企业将抓住机会利用自己的垄断地位，提高价格，直至取得垄断溢价，以此完成市场收割。随之而来的，将是空前巨大的盈利空间。正如在滴滴打车案例中所见，溢价的定价可达成企业的持续盈利，前期烧过的钱事后会经过形形色色的途径挣回，正所谓“出来混，迟早要还的”。

案例

滴滴出行——“超常规发展”颠覆传统路径

2014年2月，春寒料峭的北京，正值年审之际，审计师王远（化名）这天晚上又加班到12点。地铁早已停运，王远打开手机里名曰“出行”的App文件夹，准备仔细斟酌一下如何能“薅到羊毛”：这个应用中可以先领5元红包，再享受晚间打车优惠；那个应用中可以享受新用户折扣，还能得到晚间打车双倍积分……最终他选择了“滴滴出行”，在结算时，原本接近50元的打车费在各种津贴叠加下只需要支付不到20元。最后，王远将领到的红包分享到家人微信群，顺手领取了由表姐分享的补贴红包——一来二去，打车上下班的费用只剩下了十几元钱，比挤地铁省时省力多了。

2012年，快的打车和滴滴打车相继上线并以最快速度完成融资，由滴滴打车率先提出同时提供给乘客和司机大额优惠，一时间，网约车中掀起了补贴用户的热潮。当时的参与者至今仍对这场“薅羊毛盛会”有着深刻印象：各种补贴方式令人目不暇接，乘客打车短途通常只需要几元钱，有的司机甚至在一年内就攒出了一辆小宝马。这场补贴大战重建了网约车市场的格局，几年过后，补贴的力度逐渐降低，网约车行业的风浪也逐渐归于平静。成立一年就接受腾讯投资、与微信平台达成战略合作的滴滴打车最终成为这个行业笑到最后的赢家。

现在，滴滴在中国400余座城市为3亿用户提供出租车、专车、快车、顺风车、代驾、试驾、公交和企业级等全面出行服务。除了极大地改善了人们市内出行难的状况，还提供了超过1000万个就业岗位。滴滴的快车、顺风车产品线，更是将单个车主的闲置资源最大化利用——用户A有乘车需求，用户B有空余车辆，滴滴为二者搭建交易平台，实行“共享出行”。共享出行的方式响应了绿色消费的需求，2015年滴滴的估算数据显示，其业务在年化基础上日均减少了100万车次出行，相当于节约5亿升汽油和1350万吨的碳排放[①]。调用、聚合社会的闲散资源，有效地解决城市出行的难题，创造性的“潮汐战略”匹配需求，通过滴滴打车，共享的价值在移动出行领域得到了最好的释放。

2016年8月，滴滴出行作为唯一上榜的中国企业，被《财富》杂志评选为“2016年改变世界的50家公司”，将移动支付的聚光灯引到了共享出行领域。创办4年有余，滴滴先是吞并了对手快的打车，又战胜并收购了后来者Uber中国，连续PK掉20余家对手，从激烈的竞争中脱颖而出，完成了超常规发展，以迅猛的速度积累了庞大的用户群体，在短短4年内发展到日均订单超过1600万单的规模，成为中国发展最快的“独角兽”企业之一。

硝烟四起

2012年6月，快的打车在杭州上线，同年9月，滴滴打车在北京上线，两家公司都分别携带巨额资本进军共享出行领域，拉开了一南一北的战局。2013年4月，滴滴打车获得腾讯公司B轮1500万美元的融资，几乎同时，快的获得阿里巴巴、经纬创投1000万美元的A轮融资。两大巨头的注资，为本来就同质化竞争的两家企业添加了针锋相对的筹码，大战一触即发。

经过半年多的产品开发及不断完善，滴滴打车于2014年1月10日率先启动乘客车费立减10元、司机立奖10元的促销活动。对于大部分起步价只要十几元甚至更低的城市，这样的政策无疑极具诱惑力，强大的激励政策在互联网时代社交网络不间断的极速传播下，为滴滴打车带来了爆炸性的增长。面

① 滴滴出行入选《财富》“2016年改变世界的50家公司”榜单. 2016-11-08. https://www.didiglobal.com/news/newsDetail?id=164&type=news.

对这样的挑战，快的立刻响应，在10天后宣布了同样的奖励政策，两家企业拉开了这场你死我活的补贴大战。

2月17日，竞争进入白热化，快的和滴滴同时宣布加大返现力度，滴滴返10~15元，快的返11元，滴滴更是祭出新司机首单立奖50元的撒手锏。根据滴滴2014年3月底公布的数据，自补贴开始，其用户数从2200万人增至1亿人，日均订单数从35万单增至520万单，补贴金额超过14亿元，并宣布未来每个月还将继续投入数亿元用于补贴。

然而，随着边际效用递减，双方对于补贴大战的不可持续性达成了共识。2014年5月17日，滴滴和快的同时宣布取消乘客端的补贴，只保留司机端补贴。但实际上，滴滴打车又以两周年庆为名，推出打车红包分享活动，用户通过微信分享，可以抽取红包抵销部分车费。几乎同时，快的也推出了积分抵车费活动。双方的竞争从“明补”变为“暗补”。根据易观国际2014年年末公布的数据，截至2014年12月31日，中国打车App累计账户规模达到1.72亿元，快的和滴滴在出租车行业的市场份额分别为56.5%和43.3%，垄断了国内的出租车打车软件市场。

在共同瓜分出租车市场后，他们又选择进军专车市场。快的于2014年7月推出“一号专车”，随后滴滴于同年8月推出“滴滴专车”。推广初期，“滴滴专车”给予司机1∶1的补贴，即司机每单可以挣双份；而“一号专车”针对司机的空驶路线、等候时间长短来为司机实行动态弹性补贴，补贴手段包括双倍工资、订单完成奖励等。对于乘客，滴滴和快的分别投入10亿元，举办“请全国人民坐专车”的补贴活动，用户使用“滴滴专车”和“一号专车”可享受免起步价的优惠，实际支付价格明显低于出租车价格。

截至2015年1月，不到半年的时间内，滴滴和快的的专车业务月订单数量达到200万单，逐渐建立了国内的专车市场，两者合计市场份额从0跃升到70%。

市场份额既已形成，补贴大战也随之告一段落。2015年的情人节，激战犹酣的滴滴和快的突然宣布实施战略合并。新合并的公司由滴滴打车CEO程维及快的打车CEO吕传伟同时担任联合CEO。据媒体报道，两家仅在2014年上半年合并补贴金额就超过24亿元，而合并后的新公司在2016年3月，由中关村科技园公布其估值则高达165亿美元。尽管合并后的新公司在公司治理、定位、系统、运营模式上都存在大量需要磨合的地方，但尽快结束内战、一致对外的诉求促成了这场“闪婚”。

虽然滴滴和最大的竞争对手快的完成了合并，但市场的竞争并未就此结束。2014年，Uber带着全球市场的资本支持进入中国，网约车领域又开始了新的战争。2015年3月，Uber宣布公益拼车服务“人民优步”降价30%，这意味着此前已经比出租车低的价格要进一步降低，而司机的收入和乘客的所有优惠都由Uber承担，在全球其他地区从不采用补贴策略的Uber一次性预备了10亿美元的补贴。

到了2015年上半年，国内专车的市场格局发生了变化，滴滴快的依然占据70%以上的市场份额，Uber却从2.5%上升至近20%。随后，Uber又展开了新一轮的补贴活动，每单免费金额最高10元。滴滴也不甘示弱，向乘客大量派发5折优惠券，同时开展大规模融资，掀起了新一轮“融资战”。

2015年7月，滴滴宣布完成20亿美元的融资，到了9月，滴滴再次宣布融资，融资吸纳了新的投资者，20亿美元变成了30亿美元，估值上升至165亿美元。9月，Uber在中国的独立注册公司上海雾博（即优步中国）也完成了12亿美元A轮融资。2016年1月，优步中国又完成了约20亿美元B轮融资，双方持续着这场“烧钱大战”。

2016年的2月19日，Uber的CEO卡兰尼克在温哥华参加一场私人活动中承认：“我们在美国是赚钱的，但在中国，我们一年亏损超过10亿美元，这10亿美元的很大一部分是在与滴滴补贴大战中烧掉的。”彼时，滴滴已经在300个城市完成布局，有近5000名员工——超过Uber全球总员工数量，而Uber当时只进入21座城市，员工数量仅有300人，两者差距依然巨大。

再看滴滴，虽然市场份额领先，但其2015年亏损额也达到了惊人的20亿美元，根据在出租车市场的经验，双方都明白旷日持久的补贴大战是不可持续的，为了尽快结束战争，有一方必须低头。

2016年8月1日，出行领域的两大巨头滴滴出行和优步中国宣布合并。滴滴出行将收购优步中国的品牌、业务、数据等全部资产在中国大陆运营。协议达成后，滴滴出行和Uber全球将相互持股，成为对方的少数股权股东。新公司估值将达到350亿美元。同时，滴滴出行创始人兼董事长程维将加入Uber全球董事会，Uber创始人卡兰尼克也将加入滴滴出行董事会。

垄断时代

其实早在2015年，滴滴与快的宣布合并不久，易到就提出两家合并涉嫌垄断，并向国家发展改革委、商务部举报，请求立案调查并禁止两家公司合并；但在2016年，滴滴还是通过吞并优步中国，进入了垄断阶段，成为网约车行业真正的“巨无霸”，除了继续保持在出租车市场的绝对垄断地位，其在专车市场的份额在2017年年底也达到了93%。垄断带来的负面因素往往是消费者最担忧的，滴滴占据垄断地位后，业界关于“收割市场”的非议从未停止。

从乘客一端来看，“潮汐战略”引导的加价叫车方式在客单量巨大的情况下还是难以满足需求，高峰时期的订单全部都需要加价，有时加价至1.3倍依然无人接单；补贴降低，福利期过后乘客乘车消费甚至高于传统出租车；“大数据杀熟”丑闻，叫车次数越多的乘客反而需要承担更高的费用。

对于收割行为，司机方也叫苦不迭，滴滴慢慢成为另一家出租车公司，高比例的抽成加上其他费用使司机到手的收入大大减少。滴滴快车，专车司机端全部采用指派模式，取消了原先的抢单模式，所有司机只能根据滴滴的统一调配，被动接单。总而言之，滴滴“一统天下”后，给乘客、专车司机和出租车司机都带来了不同程度的困扰。

即便这样，滴滴的盈利情况还是不容乐观：滴滴从2015年亏损20亿美元，到2017年整体亏损3亿美元，只在部分城市实现盈利。滴滴用车CEO程维在2018年9月上旬所发布的全员信中直言，“6年来我们还没有实现过盈利”。在2019年2月的月度全员会上，程维宣布公司将做好“过冬”准备，进行较大幅度的裁员。

造成如此窘况的原因在于，滴滴在超常规发展的过程中，步子迈得太大了，在主营业务尚未盈利的情况下进行大额补贴只为占据市场，现在红利期过去，实际上用户黏性并不高，行业的壁垒也没有及时搭建起来。目前，网约车行业内美团打车、首汽约车、曹操出行、享道、T3枕戈待旦，这些行业新锐的商业模式与滴滴并无差别，新的战争一触即发，滴滴第一的位置正如当初其从局外杀入这个市场一样，不知来自何方的局外人觊觎已久。

在吴晓波的《十年二十人》对话系列中，滴滴CEO程维说道，现在乘客与司机的多方抱怨正是“补贴后遗症”，是烧钱大战带来的恶果。“因为你并没有因为技术的进步、效率的提高而使得车费便宜，而是靠补了5块钱产生了便宜的错觉，当你把这个好处拿掉之后，大家会觉得你贵了。”面对新锐企业的虎视眈眈，滴滴也很难有更好的方法进行对抗，毕竟进行技术革新推翻原有的商业模式不是一朝一夕的工夫。“没有一招是可以让你永久地生存并不断地赢得竞争的。上一场战争中总结出来的制胜路径，就是你未来最大的瓶颈。”

2021年6月30日，滴滴在纽约证券交易所低调上市，既没有敲钟，也没有开新闻发布会，公众错愕还不到两天，谜底就来了：2021年7月2日，国家互联网信息办公室（以下简称网信办）对滴滴启动网络安全审查，滴滴停止注册新用户；7月4日，网信办证实，滴滴出行App由于存在严重违法违规收集使用个人信息问题现已被下架；7月7日，国家市场监督管理总局对互联网领域22起违法实施经营者集中案做出行政处罚，其中8起案件涉及滴滴，6起案件涉及阿里巴巴，5起案件涉及腾讯，2起案件涉及苏宁，1起案件涉及美团，国家市场监督管理总局分别对涉案企业处以50万元人民币罚款。此时，50万元的罚款为涉及违法实施经营者集中的顶格罚款；同时《中华人民共和国反垄断法》的修订工作正在推动之中，据悉还将大幅提高处罚额度。2021年，如此大规模、大力度的反垄断监管动作令互联网巨头们措手不及，可谓敲山震虎、惩前毖后。

2022年6月10日，滴滴正式在纽约证券交易所退市。截至2022年6月，滴滴尚未恢复上架。

算法操控

滴滴的"被下架"冤吗？打车软件是否会利用已有的用户特征大数据提供差异化服务、定价并有价格歧视呢？本书作者曾在2020年8–12月，分别选取上海、北京、深圳、成都和重庆5个城市采用分层抽样技术进行实地打车测试，总样本量为821，来自滴滴的样本量为254（滴滴快车为153，滴滴出租车为102），并于2021年春发布了《2020打车软件调研报告》（以下简称《打车报告》）。800多次实地打车的调研数据表明，打车软件的算法也许真的对用户进行了某种筛选和操纵[①]。

是否存在时间游戏

网约车乘客都有过类似的体验：在打车软件上司机接单以后，往往需要等待很长的时间，这个时间总是比平台估计的时间要长。调研数据也证明了这一点，打车平台往往会向乘客呈现比实际要短的等待时长，让乘客保持更高的耐心，从而达到留住乘客的目的。

《打车报告》发现，调研的5个城市中打车时间延误比例均在20%之上，一线

① 《2020打车软件调研报告》调研结果可能与平台真实的算法及策略存在一定的偏差。

城市（北京、上海和深圳）的时间延误比例高于二线城市（成都、重庆）。其中，深圳的时间延误比例高达27.5%（这可能是深圳的绝对值比较低导致的），比时间延误比例最低的成都高6.9%。有趣的是，在这5个城市中，深圳的实际平均等待时间最短，只有4.9分钟，而作为二线城市的重庆则长达10.2分钟，如图2-10所示。

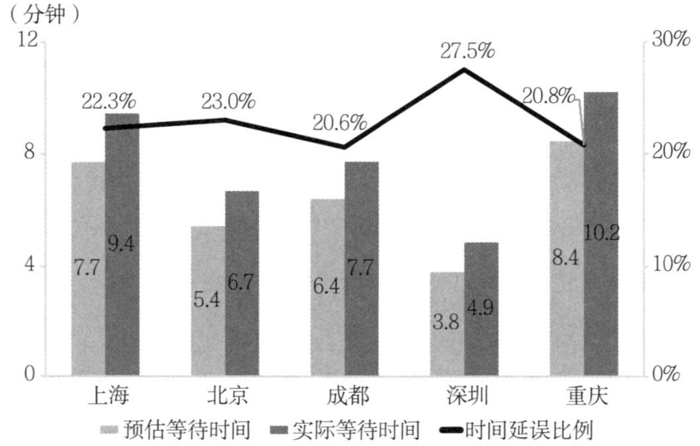

图2-10　5个城市预估等待、实际等待时间和时间延误比例

从图2-11来看，预估等待时间少于实际等待时间的现象在大部分平台都成立，其中，滴滴最为严重，时间延误比例高达33.3%，远高于其他平台。

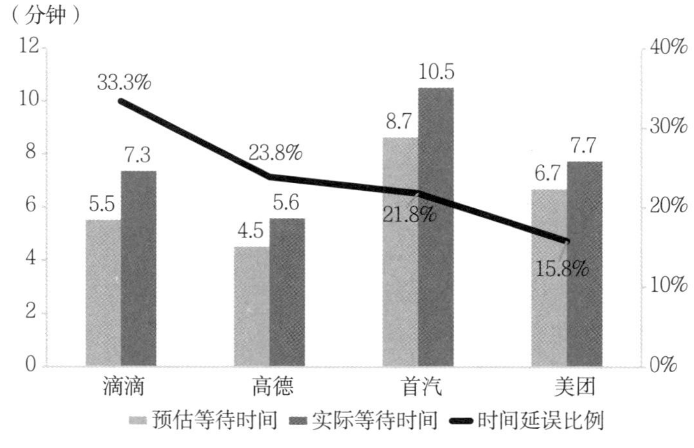

图2-11　各大平台预估等待、实际等待时间和时间延误比例

网约车平台也许会说，是城市交通拥堵导致了对等待时间的低估。然而数据表明，不管是否在出行高峰时间段，低估等待时间的现象都十分显著。调研还发现，滴滴在早高峰的时间延误比例惊人地达到47.4%，是所有时间段中最高的一个（见图2-12）。滴滴作为行业龙头，拥有最丰富的数据及高水平的技术团队，对于这样的系统性时间延误是否涉及“误导用户”甚至“用户欺诈”，不禁让人担忧。

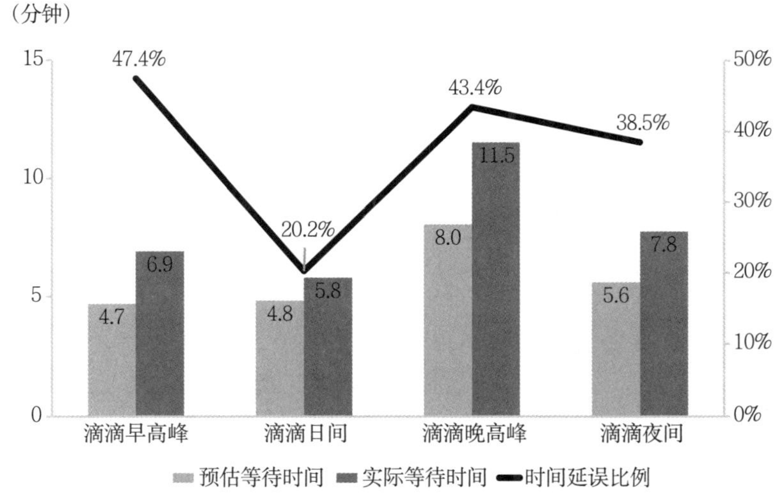

图2-12 滴滴在不同时间段预估等待、实际等待时间和时间延误比例

平台有意低估价格?

如果乘客通过打车软件下单，实际支付价格比软件预估价格高出很多，这时往往会让乘客有受到欺骗的感受。如果乘客同时比较几个平台的估价后根据估价最低的平台做出出行选择，那么就明显存在个别平台有意做低估价进行不正当竞争了。同时各平台开通免密支付功能，大大降低了乘客对于实际支付价格的可感知度。

《打车报告》就打车软件的预估价格和实际支付价格之间的差异做了深入透彻的分析，发现滴滴和首汽都存在明显的价格低估现象（$P<0.0005$），

滴滴平均低估6.7%，而首汽平均低估10.9%。其中，曹操平台的实付价格明显低于预估价格达21.1%，推测可能是平台为了开拓市场进行优惠补贴所致。5个城市打车软件低估价格水平的平台差异，如图2-13所示。

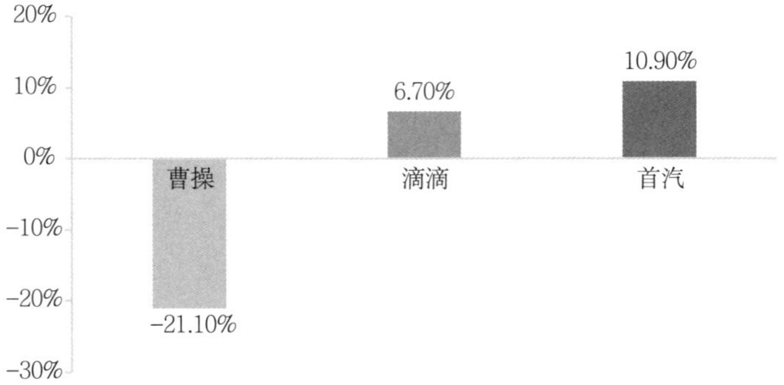

图 2-13　5 个城市打车软件低估价格水平的平台差异

《打车报告》还以上海的滴滴、美团、首汽3个打车软件平台数据对比，发现用户实付价格比预估价格高出很多。其中，滴滴是最高的，实付价格比预估价格高出达18.5%；其次是美团，高出9.7%；首汽排名第三，高出7.6%（P<0.02）。如图2-14所示。

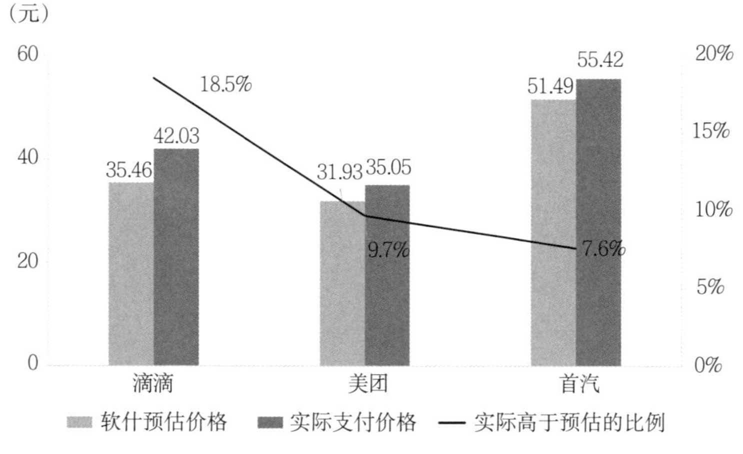

图 2-14　上海打车软件预估和实付价格对比

"苹果税"真实存在?

《打车报告》的数据表明，与非苹果手机用户相比，苹果手机用户的确更容易"被舒适"车辆（比如专车、优享等）司机接单，这一比例是非苹果手机用户的3倍。除了通过手机品牌来识别用户，打车软件平台也可能同时关注乘客手机价格所透露的信息。研究发现，苹果手机和高价位手机都对用户"被舒适"订单产生了正向显著影响。如果乘客使用的是苹果手机，那么就更容易被推荐舒适型车辆；如果乘客不是用苹果手机，那么就要看他的手机价位，手机价位越高则越有可能被舒适型车辆接走。如图2−15所示。

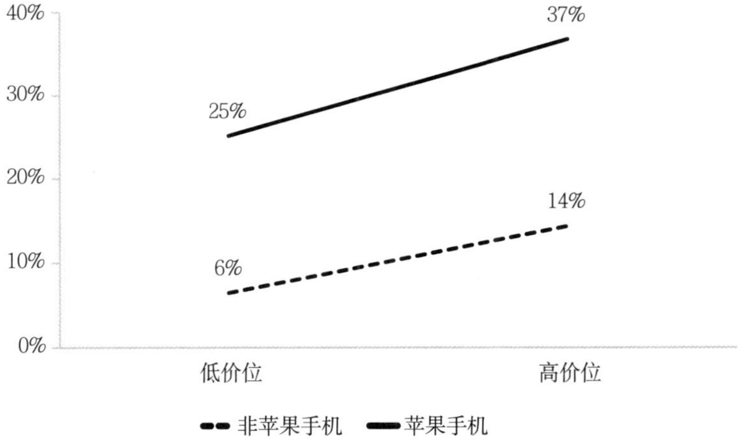

图2−15　用户手机品牌和价位占"被舒适"订单的比例

此外，"苹果税"还体现在苹果用户比非苹果用户享受到的打车优惠更少。数据统计发现，苹果手机用户平均只能获得2.07元的优惠，而非苹果用户平均可以获得4.12元的优惠。这一差异十分显著（$P<0.01$）。

补贴、优惠是真金白银?

无论是滴滴还是其他打车软件平台，隔三岔五就会给用户补贴，或者举办促销活动，这让大家很好奇：平台的优惠补贴是自身掏出的真金白银，还是将乘客的优惠补贴成本转嫁给了司机承担呢?

数据表明，当有优惠的时候，平台的平均抽成比例跌为负值，这可以看出平台确实提供了补贴，此时乘客实际支付价格比司机端价格低4.76%（注：此时平台平均抽成比例约为−5.00%）；而当没有优惠的时候，乘客实际支付价格平均比司机端价格高26.58%（注：此时平台平均抽成比例约为20.80%）。可以看出，平台确实付出了真金白银提供补贴，没有证据表明平台让司机承担了补贴成本。

虽然打车平台付出了真金白银进行补贴，但“滴滴们”依然可以通过“小伎俩”玩伪优惠的游戏。数据分析表明，平台会先提价，再以优惠的方式进行部分减免，这和有些人吐槽商场特卖以及有的网购节“先涨价再优惠”的猫腻是相似的。

如果将司机端价格视为平台每单的成本支出，当无优惠的时候，软件最终计价（优惠前价格）与司机端价格差距平均为14%；然而，当有优惠的时候，软件最终计价（优惠前价格）与司机端价格差距扩大至21%，补贴的感知度被放大了一倍，且其差异性显著（$P<0.001$）。所以，平台存在“伪优惠”现象。通过这一增一减的优惠游戏，平台就用少量的优惠做到了“更多补贴”，或者说，让消费者感受到了“更多补贴”。

为什么打车软件平台会把算法当作自己重要的武器？因为通过获得用户的数据可实现他们的收益最大化。那么数据是如何产生的呢？是每个用户在和平台交易过程中逐步积累而来的。由于数据天然储存在平台服务器上，所以平台先天获得了数据的使用权和所有权。这背后其实是一个需要更深层次探讨的数据治理问题。这些数据资产到底应该归属何方？

第3章

相关互联战略

单点渗透仅仅是企业发轫的重要手段，绝不是终极目的，因为免费模式本身不具备可持续发展的条件，在商言商，企业长期目标永远是盈利。那么下一步，企业该出一张什么牌呢？归根结底，是在海量用户的基础上推荐相关产品，使企业盈利，实现健康发展，这才是企业长期战略的根本逻辑。如何找到具备盈利能力的产品？这张牌我们称为“相关互联”战略。

为了创造利润去寻找新产品、新业务的过程，并不是天马行空地开辟新领域，而应在原来单点渗透的产品基础上，利用先期积累的海量用户优势，进行延伸和拓展。这其中有三个主要的环节：首先，什么样的产品能够产生协同效应，去哪里探寻，我们称为“寻找相关极”；其次，相关极找到之后如何建立与原有业务的关系，实现飞速发展，我们称之为“建立渗透通道”；最后，当第一个相关产品和原有的单点渗透产品建立战略协同之后，还需进一步地“扩大协同”——既要并肩作战，又要拓宽边界和战场，探寻更多新的相关业务。

寻找相关极

相关性在哪里

本书前文曾提到，国内互联网企业通过“伞型战略”，最终编制出若干个巨大无比的产品生态，犹如数把巨大无比的“伞”，覆盖了全体消费者。我们在上一章所讲述的单点渗透，就是铸成一支长长的伞柄穿透整个市场的过程。下一步就是要依据伞柄的形状、性能、属性，延展出若干个伞骨，借用来自伞柄的助力，发散占领相关的市场。显然，伞骨与伞柄有着千丝万缕的联系，其间的相关性不言而喻。如何追寻新老产品之间的相关性，我们提供以下三个思考的角度，共同构成一个立体的思维框架。

产品系列化

企业实现“单点渗透”的产品已经引来了海量用户，在进一步扩展当前市场的过程中，很可能面对似曾相识的新需求。把原有的单个产品通过系列化的方式演变为多个，满足更多相似的需求，以扩展市场的边界，即为产品系列化。

在互联网行业，做产品系列化的例子俯拾皆是。比如，某软件既有经典版，又有简装版，还有light版或极速版，叫法各异，但它们都是系列化产品的衍变。通过产品的系列化，能覆盖用户桌面上的多个App空间，从而产生协同效应。

作为宽带时代的下载工具“迅雷”，自从打响品牌后，先后开发了众多版本，并从桌面端扩展到移动端，进入了影音、直播等新领域，一路高歌猛进，如今还延伸到了金融、区块链、云计算等领域；同时，下载工具作为其核心业务产品一直保持着更新迭代的频率，用户始终处于活跃的状态。迅雷系列化产品图谱，如图3-1所示。

图 3-1　迅雷系列化产品图谱

资料来源：迅雷官网。

除了迅雷，豆瓣的产品系列化也极为典型。豆瓣是一个文化气息浓厚的社区网站，以豆瓣读书为起点，陆续发布了一系列和文化、交流相关的产品——豆瓣小组、豆瓣电影、豆瓣音乐、豆瓣同城等。2017年3月，豆瓣上线了内容付费产品“豆瓣时间”，首期专栏为北岛主编的音频节目《醒来——北岛和朋友们的诗歌课》，可谓与时俱进。不难发现，豆瓣的所有系列产品，都透露着一股浓厚的“人文气质”，简洁文艺的设计界面，苛刻筛选过的横幅广告，用户体验至上的执着理念，共同造就了豆瓣在用户心中的独特位置。

产品系列化是企业风险较小的一种选择，因为面对的用户需求是相同的，根据前期积累的产品经验和用户数据，企业在界面设计、算法思路和市场推广方面都有迹可循，可照抄照搬并迅速迭代。一个产品衍化出若干个相近的影子产品，能提供给用户更丰富的体验，覆盖他们更多元化的需求，同时将他们引向更细分的市场。豆瓣系列化产品图谱，如图3-2所示。

图3-2 豆瓣系列化产品图谱

资料来源：豆瓣官网。

场景共享化

在同一场景下，根据用户的不同需求，在其中寻找对应的相关性产品，这是“场景共享”的逻辑。用户与产品产生链接的场景五花八门，通勤、就餐、旅行、逛街、社交，都可以发生场景的共享。

淘宝网一直对商家和顾客双边免费，随着交易频次越来越多，他们发现，支付手段的安全性是双方关注的一个要点，于是支付宝应运而生。虽然淘宝和支付宝的功能、性质完全不同，但它们共同满足了线上消费这一场景下的不同需求。

2008年成立的驴妈妈，最早主营景区门票在线预订业务，随着同一场景下的业务扩张，随后创立了“酒店+门票+X”的自助游产品服务体系。无独有偶，2004年成立的穷游网，最早只是欧洲的中国留学生分享自己旅行见闻的一个互助社区，后来随着国内出境游兴起，逐渐发展成为最具影响力的国外旅游攻略分享社区，并围绕出国旅游这一场景创立了行程助手，为客户私人定制旅行计划。随着业务的不断扩大，当穷游网掌握了越来越多的用户数据，例如出发到达时间、当地行程安排等，顺势推出了机票、酒店、民宿预订等服务，而对该场景进一步挖掘，发现用户往往有机场接驳、当地自驾等需求，又推出了接送机包车、目的地租车等服务。一般在此场景下，交易成本极低，也极易获得成功。同理，出行意外险、境外Wi-Fi的售卖也是相同的逻辑。

因此，“场景共享”的思路是，当你掌握了顾客在某个场景下核心的需求，并提供了产品之后，可以围绕这个场景进行评估和分析，看看是否还有其他的衍生需求被忽视、尚未开发，从而想方设法去满足它。在这个过程中，新产品大幅降低获客成本，相对于单一业务的竞争对手，将获得明显的竞争优势，尤其是在成长的速度上。

需求迭代化

用户的需求日新月异，我们面对的是一个瞬息万变、不断调整和提升的动态市场，因此，企业要实时做出相应改变，以满足用户的迭代性需求。此时，改变现有的产品结构是不现实的，毕竟有许多老用户的固定需求仍需应对，所以企业常用的方法是，在原有产品的基础上开发出一个更高阶的升级版，或换代版，以满足用户的新需求，此为寻找相关级的又一途径。

从如家到和颐就经历了这样一个过程。以商旅人士为核心目标客户的和颐酒店是如家酒店集团推出的一个高端产品，是在原有酒店服务基础上进行的升级。当商家掌握了大量的用户数据和用户行为之后，不难分析得出用户是否有升级的诉求，甚至通过直接和用户沟通也可以得到相应的反馈。如的确有升级的诉求，他们立刻对用户推荐更高阶的产品。诸如此类的推介，其成功率和转化率一定优于那些只做高端产品的企业。

2008年诞生于PC端的美图秀秀，在2011年搭上了移动互联网的时代快车，美图秀秀手机版自问世即飞速登上App下载排行榜的榜首，至今仍有一大批稳定的用户。随着对用户的了解越来越深，美图公司发现，与其事后修图不如一开始就拍出美图。于是2013年，它们推出了一键美颜的美颜相机App，为爱自拍的女生量身定制，一键美拍，一秒上传，使得美颜相机曾一度超越美图秀秀荣登同行业App下载排行榜榜首。美图公司用美颜相机来填补美图秀秀的市场空白和高阶需求，是迎合迭代性需求、实现相关性扩展的一个典型范本。

综上所述，相关性产品到底在哪里？不妨从以下三个角度去思考：做出一个现有产品的影子产品，形成产品系列化；或结合场景的共享，寻找同一场景下的差异化需求；抑或考虑产品本身的升级迭代，寻找换代性的需求，做高低搭配。三者皆为寻找相关性产品的路径。

战略协同

通过以上的途径找到相关性产品之后，就一定能够形成战略协同吗？未必。接下来我们要从以下五个方面去寻找、测量、构建、强化产品之间的战略协同，如表3-1所示。

表3-1　战略协同的来源与发展流程之间的关系

	流量入口	转化效应	数据协同	供应链延伸	品牌协同
寻找战略协同	√			√	
测量战略协同		√			
构建战略协同		√	√		
强化战略协同			√	√	√

流量入口

当企业已经用单点渗透的A产品获取了海量的用户，如此大规模的用户不停地与企业发生着交易，且保持着一定的频率。由此，商家就能知道这些用户是谁，他们在哪里，他们的行为怎么样，这个过程将形成大量的用户数据沉淀。商家通过对这些数据的分析，有针对性地进行新产品的推介、导入，原产品形成的流量入口在短时间内就能为新产品带来大量的流量。把原有产品的流量导入新产品面前，是最重要的战略协同手段。

转化效应

协同效应，不仅是一个定性的表述，事实上还可以做定量的测量——得出市场的转化率数据。在上一章曾提到，摩拜和ofo的铺货大战已打得你死我活，最后两败俱伤，然而支付宝旗下的哈啰单车，却奇迹般地迎来了春天——在二、三线城市的大街小巷，不但铺设了很多哈啰出行的共享单车，还安置了少量以电池驱动的助力车。虽然助力车的花费比单车贵，但让骑行更省力，体验更高级，且骑行的距离变得更长。显然这实现了一个迭代性的需求——在原来共享单车品牌的平台上，直接添加了新的助力车选项，这一做法给市场带来的转化效率相当高。

这种构建战略协同的内在逻辑在于：首先，企业根据平台数据，不难得出用户的需求是否需要升级或转移；其次，新产品的模块插入门槛较低，容易操作。因此，这是一种几乎无缝的产品衔接，其协同效应一目了然。

同理，在使用支付宝进行淘宝购物的支付时，顺带购买运费险，也是一气呵成的动作，其转化率通常很高；但是，支付宝推出的“白领日记”成为反例，因为二者不存在很强的协同关系，且社交领域还存在微信朋友圈等强大的竞争对手，所以“白领日记”从一开始便寸步难行，转化效应也并不理想。

由此不难发现，如果两个产品本身差异性太大，会导致用户的转化率降低；反之，若用户群体差异不大，转化率往往比较高，相关的例子俯拾皆是。

在易到烧钱的中后期，得到了乐视的资金支持，于是这两家本毫不相关的公司碰撞出了别样的火花。在易到用车平台，它们携手推出了一系列充值返券的优惠活动——充值预存的是打车费用，送的优惠券却是乐视网的某种权益或优惠，比如乐视超级影视会员、乐视超级体育会员、乐视商城券等，期望通过易到用车带动乐视平台的发展。但是，这两类产品的市场占有率均不高，且没有明显的场景关联度，简单而言，二者的用户需求并无关联，甚至未必是同一群用户，联合营销的失败实属必然。反之，百度从搜索文字转化到搜索图片，微信从社交转化到游戏，由于用户群体差异不大，甚至重叠率比较高，取得了很好的协同效应。

数据协同

由于不同的产品应对了用户的差异化需求，用户在不同产品上留下的数据也不尽相同。互联网公司利用大数据抓取到各个产品下的用户数据，再将这些数据充分整合加工，能够得到一个个相对完整的用户画像，这就是典型的数据协同。拥有细节更充分的用户画像之后，商家对用户的喜好和习惯了如指掌，从而可以挖掘出更多潜在的用户需求。

在数据协同方面，阿里和美团都是先行者，具备得天独厚的条件。例如，美团通过整合用户的餐饮、娱乐、出行等数据，针对同一个用户账号，可提供极具个性化的一对一推荐服务，从而促进各个相关产品转化率的提升。

供应链延伸

如果新老产品在供应链的上下游存在一定的相关关系，那么作为供应链的延伸，它们也会产生协同效应。历史悠久、口碑甚好的速递公司顺丰，在2015年启动了“大闸蟹专递项目”，专门冷链运输阳澄湖大闸蟹，甚至设立了“顺丰速运阳澄湖大闸蟹服务中心”——大闸蟹出水后的暂养维护、捆扎、预冷、包装、运输等系列工作均由顺丰负责，有专业的扎蟹人员，提供专业的扎蟹工具、吃蟹工具，以及冷媒、醋料包、泡沫箱、包装纸箱等物料，改变了蟹农与蟹商一贯的松散关系。这项新业务的开发，细究起来并非突发奇想：顺丰长期深耕在速运行业中，拥有完整翔实的用户数据，比如在每年大闸蟹产出的季节，客户来自哪里，运送数量和频次如何，顺丰早已全盘掌握。于是通过对数据的整合分析，顺丰发现了这一冷链商机，介入上游产业链，发展出了新的业务品类。从此，顺丰已不再是一家单纯的快递公司，而是结合产业链把一只脚踏进了电商行业。

品牌协同

一个深受消费者喜爱的产品，大多有其独特的品牌价值，依靠品牌的同一调性，新老产品可以共同产生品牌协同效应。比如，新媒体界的“头部大号”一条，以短视频的形式做生活方式报道、生活良品推荐等，旨在传递“日用之美”，探讨日常生活的幸福感。随后，一条推出电商平台“一条生活馆”，与国内外2500个良品品牌合作，单日最高销售额近1亿元，平台上所有产品都会经过12道选品关，编辑亲身测试、拍摄原创图片、撰写商品介绍和测评内容，再上架销售。由于合作产品均需符合“日用之美”的定位，与新媒体的“一条”相互呼应，用户流量几乎无缝接入，协同效果显著。

相关极的动态管理

寻觅到相关产品并建立了战略协同之后，并不能保证两款产品之间的相关性长期保持不变。事实上，相关性始终是动态的。如何对动态的相关极进行管理，我们可从以下三个角度来分析和执行。

阻止协同衰减

所谓“分久必合、合久必分”，一开始精准适配的协同关系，可能会随着时间或空间、外部或内部、合作或竞争等态势变化，出现协同性下降的趋势，此为协同衰减。这时，企业须密切关注情势，采取策略，以动制动。

已有28年历史的新东方教育集团（以下简称新东方）以出国考试培训起家，坚持以英语培训为核心，在基础教育、职业教育、教育研发、出国咨询、文化产业等方面研发出若干培训体系；同时，在青少年K12培训领域，英语之外还开发了诸如语文、数学等多学科课外培训项目。但随着市场发生变化，尤其是2003年学而思迅速壮大，教育培训市场向专业化、个性化方向发展，学而思的“一对一”教学模式大受欢迎，风头无两，而“大而全”的新东方模式受到了挑战，产品间的协同效应逐渐衰减。彼时，俞敏洪及时调整策略，在原有班级中补充了“一对一”的服务，当班级里的学生跟不上教学进度、需要个别辅导的时候，就可转入“一对一”学习。从财务数据上来看，新东方这个战略决策是比较正确的①。

主动强化协同

当两款产品之间的协同关系表现得若即若离时，企业可实行一系列措施，进行主动性强化。比如，企业品牌的再定位，营销过程中的联合营销手段，甚至调整产品结构，都是强化协同的手段。

高喊“自律给我自由”口号的热门健身App Keep，自2015年上线以来，始终免费为用户推荐课程、记录数据、营造健身社交圈。在每周打卡记录、课程训练之后，Keep会推荐用户做体能测试，并量身定制下一阶段健身的短期目标。为了达成该目标，Keep提供了一系列个性化专业指导、硬件购买和饮食建议等付费服务。最终，在健身这一特定场景下，Keep从免费产品导

① 俞敏洪：学而思的出现倒逼新东方实施两大改变，2020-12-20. https://zhuanlan.zhihu.com/p/338264440.

入，一步步引导用户产生购买的欲望，完成付费，这就是Keep采取的主动性强化策略。如今，当年的一大批健身App都面临盈利困境，而Keep已经通过主动强化协同实现了从免费到收费的跨越。

相关极演化

在竞争环境的影响下，两个产品之间可能发生协同性的衰减或走入不稳定的状态，这时企业可以采取一定的策略去阻止衰减，也可以做出主动性的强化；但从长远来看，某类商业模式很可能发生颠覆性迭代，这时企业就必须用新的产品对原有产品进行弥补或更新。

腾讯旗下的微信可以说是QQ的升级迭代版，微信取代QQ成为社交软件的王者，是互联网从PC端向移动端转移的必然结果。2019年第一季度微信用户数量达11.12亿人，该数值仍有上升的空间；相比之下，QQ最高用户数量曾在2016年年底达到峰值8.68亿人，之后便开始下滑。在微信发布早期，腾讯曾试图在微信上推广QQ游戏，效果并不理想，因为在移动互联时代，微信异军突起，处于飞跃上升阶段，QQ却渐失市场，走入停滞甚至下降的态势，在微信环境中推广QQ游戏显然是不适宜的。很快，腾讯调整了战略，推出一系列微信相关的产品，如微信语音、微信支付、公众号、小程序等。这就是相关极迭代的路径。随着产品的更新换代，相关产品也应动态地做出改变，以维系更长久的相关性。

案例

字节跳动——不断延伸的疆界

“我们是把理想变成现实的务实的浪漫。”字节跳动有限公司（以下简称字节跳动）成立的7周年年会上，创始人张一鸣这样形容自己的创业经历，“空间有形，梦想无限”。

2012年在北京海淀区一个名叫“锦秋家园”的民用住宅楼里，一个年轻的创业团队开着下班前的日常会议，这个会议的主要议题就是“要不要启动个性化推荐”。谁都不会想到，这个内部小会足以影响未来几年内整个互联网行业的发展。当时，年轻的字节跳动团队刚刚发布第一款产品——“今日头条”尚且不足半年，团队对这个新产品的发展方向并不明确，但张一鸣凭借着在五家创业公司（其中有两家是自己创立的）的创业直觉，以及在软件行业摸爬滚打将近十年的经验积累，他察觉到了未来互联网发展的趋势，“越是在移动互联网上，越是需要个性化的个人信息门户。我们就是为移动互联网而生的”。当机立断，今日头条成了第一个拥有信息精准推荐功能的App。没有能力，就学；没有教材，就借；没有人才，就四处招聘。

“当时做类似App的不少。”张一鸣回忆2012年时的创业情境时说，“但真正下决心做推荐的没有几个，即便有也是失败的多。”但就这样，今日头条还是杀出重围，从在一个小小的民宅里开始创业、在小区旁的咖啡馆里拿到第一笔融资的小团队，到现在成为互联网界可与腾讯匹敌的巨头公司，“头条系”的成长可谓野心勃勃。“头条系”的相关产品，如图3-3所示。

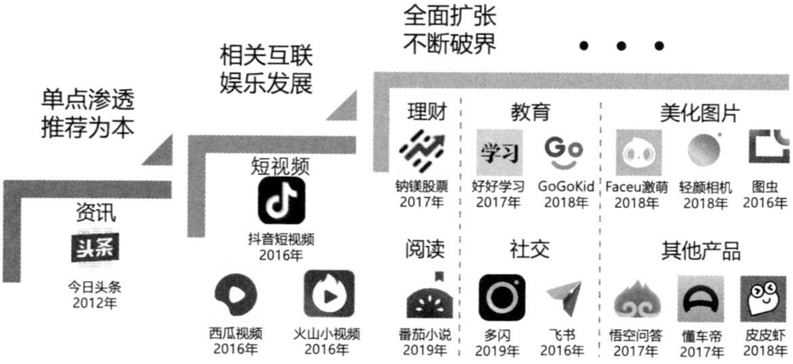

图 3–3 “头条系”的相关产品

海量的数据，精准的推荐，“千人千面”的产品首页，今日头条是信息冗余时代的一抹亮色，成为“头条系”打开市场的第一个通道。随后，抖音、火山、西瓜“小视频三连击”让“头条系”产品一时间声名鹊起。现在“头条系”的业务延展到越来越多的相关领域，构建了一个没有边界的产品矩阵。

长驱直入

2012 年正是互联网时代红利期到来的高峰。人人都开始用智能手机，大量的信息一下子就涌到了人们面前，令人无所适从。面对极大的筛选成本，新一代的创业者们意识到“人找信息”的时代即将过去，未来方向就是“信息找人”的逆向匹配过程。“在这个前提下帮用户发现感兴趣、有价值的信息，机会和意义都变得非常大。”张一鸣这样讲到产品设计的初衷。

既下了决心要做精准推荐，就不人工干预任何内容的创作，今日头条在当时独创了用算法进行个性化机器推荐的方法，没有编辑团队也不对信息进行加工，只做分发和推荐平台。在头条平台上，这种信息推荐系统将每个用户的基本信息、兴趣领域，以及对于不同类别文章的点击次数、浏览时长、回复与点赞等行为进行系统化的收集，形成一个个立体化、具象化的用户画像，并为这个用户打上详尽而独特的“标签”。当一篇文章被多个具有相近

“标签”的用户点击后，就会被推荐给更多拥有相同口味的其他用户，成为平台中的“爆款文章”。这种方法既能保证每个用户都能随时接收到自己真正感兴趣的话题与文章，进而在平台中继续留存；又能够保证平台推荐给用户的内容都是真正的高质量、有温度的，因此成就了一批中小内容创作者；还能够做到对每个用户的全面了解，有的放矢地植入广告，也为精准营销提供了更多可能性。

个性化推荐的逻辑彻底推翻了传统媒体的信息提供方式，成为今日头条的核心竞争力。很快，这个思路就受到了资本的赏识，从2012年7月到2014年6月，今日头条完成了三轮共数千万美元的融资。与此同时，头条平台的用户数量也在飞速增长，在2015年就拥有了超过3亿的用户基础，被评为“最具影响力App”，今日头条凭借着个性化推荐的模式成为国内移动互联网领域成长最快的公司之一①。

与今日头条一起上线的还有“内涵段子”App，也是以算法为驱动的内容推荐模式。虽然后期因为内容质量问题被迫关停，但内涵段子在“头条系”列产品发展的前期还是起到了重要的导流作用，也为之后布局短视频业务埋下了伏笔。

在短视频的市场上，字节跳动也算是个后入者了。“2014年，整条知春路地铁上都是腾讯微视的广告，微博的秒拍也在全力推广，”张一鸣回忆起当时的竞争情形还是略有犹豫，“到年底，美拍、快手已经起来了，我们感觉已经错过了。”但在2016年年底，“头条系”还是决心进入短视频行业，做“一件给世界带来很多改变的事情”。有在市场上反复验证的智能推荐技术做支撑，还有前期多款App做流量入口，“头条系”在布局短视频业务时选择了大胆尝试，“不仅要做，还要做两款；不仅在国内做，还要在海外做；不仅要在海外

① 《北京晨报》颁给今日头条“2015最具影响力App奖”. 2016-01-21. http://www.kejixun.com/article/201601/154258.html.

自己做，还要做好并购”。

就这样，2016年4月，今日头条推出了“独立头条直播”，也就是后来的火山小视频；5月上线了独立头条视频，后改名为西瓜视频；9月上线A.me，就是现在短视频行业的“当红花旦”抖音短视频。三管齐下，与当时盘踞短视频市场的腾讯微视、快手、秒拍等拉开了阵势。

这是一种全覆盖的战术，火山小视频直接对标快手，定位在三、四线下沉市场，主打15秒原生态的小视频社区，鼓励用户生产原创内容，展现日常生活，与粉丝共享爱好。西瓜视频带了最多的“头条系”DNA，面向的群体也与今日头条的基础用户有着最大的重合，并行UGC和PGC的个性推荐。抖音则是盯准顶端市场，打出“记录美好生活”的标语，加入了最多的特效场景与流行元素，吸引了大批的一、二线城市年轻用户，上线即成为现象级爆款。今日头条用“60后爱晒娃，70后、80后爱跳舞，90后爱自拍”来描绘不同年龄用户在抖音上的沟通方式。据统计，2018年，抖音见证了365万次相聚、204万次脱单、235万次毕业，有1024万次离别、200万次失恋在抖音获得疗愈[①]。

三款产品同时启动，掀起了短视频行业的风浪。这个策略显著地降低了每个产品的试错成本，提高了整个短视频业务上的迭代效率，对市场的互补性覆盖也突破了单个产品的流量天花板，也使得“头条系”产品在短视频领域占据了过半席位。看似是从信息分发到短视频领域的“跨界”，实则多个产品之间的技术内核非常统一，用户识别与内容的精准匹配与推送就是“头条系”列产品的制胜法宝。再加上各产品之间的用户重合度高，信息打通后每个用户的“偏好DNA”构成了巨大的行为数据库，也给“头条系”产品的发展聚起了流量池。

① 抖音2018年度数据报告. 2019-01-29. https://www.toutiao.com/i6651847937489895947.

多元布局

“头条系”产品获得巨大流量后，也为字节跳动带来了商业价值与资本的“投票”。在2016后，先后完成了几轮巨额融资，“手头宽裕”的字节跳动开始进驻更多领域。

2017年，“头条系”的新产品“钠镁股票App”上线，通过今日头条App中“股票”就可以直接进入，基于机器学习模型，对股票各项数据和市场动态进行检测，为用户进行智能推荐。

2018年，字节跳动以3亿美元收购了Faceu，一款集滤镜、美颜、贴纸、特效、表情包制作的App，为抖音带来的年轻用户提升拍图、修图体验。同年，“头条系”开启了教育领域的产品布局，连续上线了涵盖情商、效率、职场、情感、理财领域精品课程的“好好学习”App和对标VIPKID提供K12英语教学的“Gogokid”App。除此之外，字节跳动还投资智慧校园“晓羊教育”、家校互动平台“一起作业”以及多个少儿编程、少儿英语等教育产品。

在巨大流量的基础上，字节跳动开始向电商领域进军。在2014年的“今日特卖”和2016年“京条计划”两个导流栏目之后，2017年，今日头条开设“放心购”栏目，直接吸收来自火山小视频和今日头条App的流量。2018年，“头条系”推出的独立电商App“值点”，是“放心购”的升级版，主推产品通常是皮鞋、夹克、保温杯、钓鱼用具，用户与今日头条App基本重合。

面对互联网社群化的新趋势，2019年，“头条系”又将社交软件的布局纳入考虑，先后推出“飞聊”App和“多闪”App。飞聊对标豆瓣、虎扑等应用，以兴趣小组为基础，进而形成内部社群，再逐渐沉淀成“朋友圈”，与今日头条发家时的“信息找人”逆向匹配过程如出一辙；而“多闪”是基于抖音用户的视频社交产品，在多闪上，用户以“视频化”的方式来进行交流，视频仅保存72小时，随时聊随时拍，补齐了短视频产品缺乏社交性的短板。张一鸣直言“我对多闪的预期就是没有预期”。“飞聊”和“多闪”命运多舛，仅仅两年后便濒临下架，都未能扑腾出多大的水花。反而“飞书”作为在线办公软件，在2020年新冠肺炎疫情突发初期，给所有企业和组织免费开放，带来了一大波用户增长，开辟出一片属于自己的市场。带着“即时通信”功能的飞书App，在竞争十分激烈的企业办公赛道，似乎正走在逆袭的道路上。

握着推动产品革新的技术，拥有对市场进入时机的把控，高效而富有节奏地进行内部孵化和迭代产品，字节跳动发展出一个坚固的产品矩阵。“头条系”的产品延伸史并不曲折，虽说仍然要面对变现周期长的压力，但不到十年光景即为业界展现了一个强大商业帝国的无限潜力。

建立渗透通道

先用单点渗透构筑“伞柄”，“伞骨”业务才能从“伞柄”处过渡其竞争优势，获得更好的发展。二者之间高度协同、紧密关联，就如同一棵参天大树，那些繁茂的枝杈赖以生存的，正是给予它们养分的树根树干。从树根树干，再到树枝树梢，树木依靠着这些管道系统从土壤里获得源源不断的水分和养分。同样，伞型战略企业利用形形色色的渗透通道，也竭力将“伞柄”的竞争优势传递到“伞骨”，让二者充分互动，从而形成强大的合力。

那么，如何在“伞柄”和“伞骨”这两个不同的业务之间建立输送“竞争优势”的通道呢？下文按照局部试点、大规模推广、交互强化和盈利结构设定这四个步骤来展开论述。

局部试点

所谓“窥一斑而知全豹”，通过在局部做一番“小测试”，即可对两项业务之间可能存在的关联性和互动过程有所洞察。企业在设计和推广下一个相关极产品之初，可针对某个细分的用户群体，建立一个或数个局部试点。这是一种降低风险、缩减成本的有效途径。

在试点运行过程中，充分认知和了解市场，探寻和解析用户需求，积累和整理用户留下的关键数据，再以此为依据，对后续大规模的推广进行推演和模拟，不间断地对试点模式进行完善和优化。最终树立一个好的标杆，对后续产品的所有环节起到引领示范作用。在此过程中，以下三个评价标准至关重要。

首先，两个产品之间的转化率[①]——从最初单点渗透产品到相关新产品之间的转化率如何？取得的定量数据直接决定了新产品推广的成本，同时，转化率的高低也在实时反证相关产品的选择是否正确。根据电商运营的行业经验，若转化率能达到5%以上，即可证实相关产品的渗透存在有效性。

其次，与转化率相关的新一极产品获客成本，即转化过程中产生的所有成本。作为市场占有率第一的移动支付应用——支付宝在2015年4月推出一款消费信贷产品“花呗”，可以让消费者先消费、后还款。使用支付宝支付的时候，系统会默认先用花呗进行支付，消费者往往来不及多想，按个指纹一键付款，一气呵成非常流畅，这大大降低了我们的时间成本和操作成本。久而久之，我们都习惯了这个流程，不知不觉间完成从支付宝到花呗的自动跳转。花呗转化率大幅飙升，而获客成本几乎为零。此外，用户必须自行进入支付宝程序的设置页面，更改扣款顺序才能取消花呗的优先支付。于是，花呗推出6年，就拥有了5亿用户。在另外一些情境下却并非如此。比如，在淘宝上完成支付后，也总会弹出促销、抽奖或广告，一般采用打折或赠券的方式吸引用户关注或购买，这就产生了获客成本——无论是转化率还是广告运作，皆非轻而易举地达到预期的效果。2018年3月，为应对拼多多的挑战，淘宝推出了走低价路线的“淘宝特价版”，2019年9月开始通过淘宝进行导流。用户每在淘宝完成一笔订单的支付，就会跳出一个红包提示，如点击该红包，将自动跳转到淘宝特价版的下载界面，下载后只需用淘宝账号即可一键授权登录，但从淘宝到淘宝特价版需要经过一个App下载和登录的步骤，无形中提高了淘宝特价版的获客成本，且两个产品同质性较强，削弱了用户转化的动机。所以，获客成本能够衡量企业从单点渗透产品延伸到新产

① 转化率指一定时期内，所有通过A产品到达B产品并产生购买行为的人数和所有通过A产品到达B产品人数的比率。

品的效率，以及新产品的竞争优势是否明显。总之，做相关产品的企业，相比那些只做新产品的企业，其获客成本一定要明显降低才能真正发挥“伞柄”的价值。

最后，转化速度。在建立渗透通道时，除了转化率、获客成本的指标，还需关注新产品的综合影响力，用户是否达到数量的飞跃，增长速度是否可观。企业要做的是，综合评估成本、效率，找到最优的方法组合：是采用广告、促销、优惠券的形式，还是主动推送提醒、加强互动、进行联合的捆绑销售？盘点所有可行的推广方式，究竟哪几种方式更有效？最终，企业会根据试点的反馈，摸索出效果最好、成本又较低的策略组合，拿出一整套可行的推广方案来。

大规模推广

在局部试点成功转化一批老用户，也顺利引来一批新用户之后，即可对新一极相关产品实行全面推广。已被证明能带来规模效益的新产品，在试点阶段获得的大量经验数据基础上，进一步制定出详尽的全面推广方案。为保证全面推广的顺利开展和用户体验的不断提高，具体可从以下四个方面进行筹备。

从软件上看，主要是构建扎实的系统基础。从局部试点到全面推广，不是简单数量上的从1到2，而是对系统改造升级提出了全面的要求。广义上来说，企业的系统包含信息系统、管理系统、形象识别系统、物流系统等，我们此处探讨的是狭义上的——企业信息系统。信息系统包含五大基本要素：组织结构、流程、数据、商务规则与功能（性能）。对于大多数互联网公司而言，新产品进入全面推广阶段，往往会对信息系统提出更高的需求，无论是数据结构、数据库，还是算法和规则，以及系统和人工的交互机制，都面临着扩容、升级和再造的挑战。

从硬件上看，要为可能增加的流量提高服务器带宽。带宽是决定主机访问速度的重要因素之一，而流量是带宽在时间上的累积。若用自来水做比喻，带宽是水管的流速，而流量就是流出水的总量。购买服务器主要看主机限制峰值带宽的大小，而主机商一般也会限制总流量，超出的流量都要支付高昂的费用，这和我们个人使用手机上网的收费大同小异。在互联网时代，经历过大风大浪的网友们一定对“服务器宕机”不陌生。2018年8月30日下午，考勤打卡App“钉钉”因受突发的网络流量影响，也发生了短暂的宕机，造成上班族们在下班打卡高峰时段无法打卡下班。经过程序员的紧急扩容操作，一小时后钉钉恢复了其正常打卡的功能。2019年6月端午节期间，影视演员×××突然在新浪微博上宣布婚讯，微博的转发数、评论数和点赞数瞬间猛增，以至于微博服务器瘫痪。正准备下班的程序员小哥被迫紧急加班，随后他还在微博上吐槽：“过节公司啥也没发，××姐发了个加班，太关照了。”该条微博竟被×××工作室关注到，×××承诺送他一份小礼物，也算意外惊喜。所以，在全面推广阶段，企业要提前对数据流量有所预判，对带宽做出合理规划，如果储备多了会浪费资金，储备少了会出现宕机或故障，导致用户流失。

从人力资源上看，主要是团队储备。应该建立一支什么样的团队，才能满足新产品/业务的全新需求呢？面对全新的产品/业务模型，可能会从采购、供应链、生产过程控制、物流配送和销售，到终端的用户服务与反馈等环节进行全方位的人力覆盖。因此，各个业务团队在全面推广期间都需要扩大规模，尤其是线下业务团队。比如，打车软件、共享单车、美团外卖，都需要大量的“地推团队”或“落地团队”，这些团队的增长速度、培训周期、管理模式等都需要提前进行预估和设计，团队的标准化模块、岗位种类、定员数量，以及团队规模与所在城市的人口之间的比例关系，也都是在全面扩张时需要考虑的。

从用户体验上看，主要是客服与售后的搭建。首先，企业的客服采用外包还是自建，往往依据新业务推广的需要，遵循企业的发展策略来决定，客服的最佳效果是零客服，即用户在购买到售后的过程中，就算没有人工的介入，也可以获得良好的体验。其次，对于线上交易平台，退货流程是否简便、退货物流是否通畅、退款速度快与否，也是企业竞争优势的一个争夺点。

在生鲜电商赛道中惨烈“厮杀”的幸存者叮咚买菜，牢牢占据着上海“线上菜市场”的领头羊之位。得益于其“前置仓库+及时配送”的模式，叮咚买菜实现了线上下单、0元起送、29分钟内到家、上门退货的高品质菜品派送体验。如商品实际重量与付款重量有误差，系统还会主动退款，大大增加了用户的信任度。正因为这样，叮咚买菜周人均单量超过2单，周复购超过52%①。2020年，新冠疫情让生鲜电商重回风口；随着疫情防控的常态化，手机下单买菜成为越来越多人的选择，叮咚买菜已于2021年6月29日在纽约证券交易所上市。所以在全面推广阶段，客服与售后采取何种模式，是不容忽视的。目前，叮咚买菜除不断加大前置仓的布局外，在供应链路开拓以及自有品牌建设上的持续加码，也使得其已经偏向重资产的布局；而它的竞争对手每日优鲜则是通过缩减前置仓数量、布局智慧菜场，以及加码零售云等形式，向着更轻的方向发展②。

在做完以上诸多储备之后，新产品/新业务就可以在全国大范围地铺开扩张，“复制+粘贴”，以期获得迅速的成长、裂变以及更广泛的影响力。

交互强化

“伞骨”的力量不断发展壮大，企业仍须持续关注新业务与原来单点渗透业务之间的交互关系，它们的关系是正向还是负向，相互加强还是削减，二者的互动效果弥足重要。企业希望新产品与原有产品能够相互促进、相互帮

① 叮咚买菜，会昙花一现吗？ 2019-03-21. https://www.huxiu.com/article/289164.html.

② 新一轮财报公布，生鲜电商赛道已有不同发展路线. 2021-11-18. http://news.sohu.com/a/501971130_184641.

助，两款产品必须由于对方的存在而产生助力，从而相互提升竞争优势，即为交互强化。

交互导流

在数据分析的基础上，展开定向的推荐、推销，实现交互导流。从第一个免费产品之所以能引出第二个收费产品，二者之间先天存在着相关关系，而交互导流也会进一步强化这种关系。

信息提示是交互导流常见的形式，比如，美图公司刚刚推出美颜相机时，美图秀秀的用户总能在App的显要位置看到关于美颜相机的广告语和链接，而在美颜相机尚未拓展更多美图功能时，更多P图功能均指向美图秀秀，二者通过相互导流，实现了用户群体的共享。

交互嵌入

在两类产品之间，一个新产品嵌入原有的成熟产品之中，完成某些功能或模块化的组件，使得整个产品类似一个全面的解决方案，能够更周到地满足客户的需求，这是交互嵌入。2016年横空出世的盒马鲜生，即使在现场下单购物，也需要下载盒马App，只支持支付宝付款，不接受现金、银行卡等任何其他支付方式。虽然此举在2018年被中国人民银行要求整改，盒马鲜生也仅在店内设立了一个位置很隐蔽的现金收银台，且现金支付将无法参与优惠活动。盒马鲜生现场随处可见大幅购物流程说明和下载二维码，并有工作人员教你怎么安装注册盒马App和支付宝。盒马鲜生通过支付宝为其导流，获得了爱好线上购物的目标顾客人群，同时，支付宝也通过盒马鲜生获得喜欢线下购物的顾客，例如喜欢逛菜市场的大爷大妈们，以前没有机会接触支付宝，进入盒马鲜生后，被工作人员帮忙安装了支付宝。由此，盒马鲜生和支付宝的结合，使阿里集团同时获得线上和线下购物人群的用户数据，有助于分析用户消费习惯、消费能力和潜力，从而有针对性地推出更多相关产品。所以，通过给原有产品嵌入更加便捷和实用的新模块而引进的新产品，就与旧有产品之间形成了交互嵌入，同时强化了两款产品的正向竞争优势。

交互锁定

若两款产品之间设置了某种具排他性的接口，那么二者就形成了交互锁定。交互锁定与交互嵌入不同的是，交互锁定是排他性的、强制的，而交互嵌入是可选的、非排他性的。

当A产品和B产品之间实现交互锁定后，用户选择A产品的同时，为了实现某些功能就只能选择B产品，不能选择第三个独立的产品。比如苹果的产品都预装了iTunes，在美国iTunes上可以直接付费购买音乐产品，这就是交互锁定：iTunes只能安装在苹果设备上，而在美国用苹果设备听正版音乐，最便捷的是iTunes。同理，微软的Windows系统全部预装了IE浏览器，也是交互锁定的策略。建立交互锁定的关系使得一方的用户对于新的需求只有一个最佳选择，但这样的设计不意味着参与交互锁定的两款产品各自都是垄断的。当然，这种做法需要关注相关反垄断法规。

盈利结构设定

前文中我们不止一次谈到，企业单点渗透的产品通常是不盈利的，它需要通过新产品的巧妙设计，在原有流量的基础上获得收益，因此新产品的盈利能力就显得至关重要；而盈利结构的设计并不是一个单纯的、单一产品的定价这么简单直接，而是在多个产品之间设计一个多层次、多维度的盈利体系。这里我们介绍三种可能的盈利结构设计方式。

从免费到收费

将用户从免费产品吸引到付费的新产品，最典型的是广告模式。中国的视频网站就走过这样的发展路径。2009—2011年是中国在线视频行业的爆发期，乐视视频、爱奇艺、搜狐视频、bilibili等视频网站相继成立，且在2010年前后，视频网站陆续实现IPO，以优酷、土豆等为代表的先行者纷纷登陆美国纳斯达克。一时间，在线视频行业百花齐放①。视频网站的版权、带宽、营销等大额成本注定其为重资产运营的行业，然而彼时中国用户还没有付费看视频的习惯，盗版、行业竞争也使得视频网站不敢轻易收费，“烧钱”遥遥无期。随着国家对盗版的打击，视频网站的整顿和BAT的入场，视频行业开始整合，为数不多的头部企业凸显出来。于是，视频网站里免费视频的广告时间越来越长，付费才能看的内容越来越多，甚至连画质都会受到影响②。于是，付费会员逐渐成为视频网站的主流。2016—2021年爱奇艺付费会员增长曲线、营收结构，如图3-4所示。

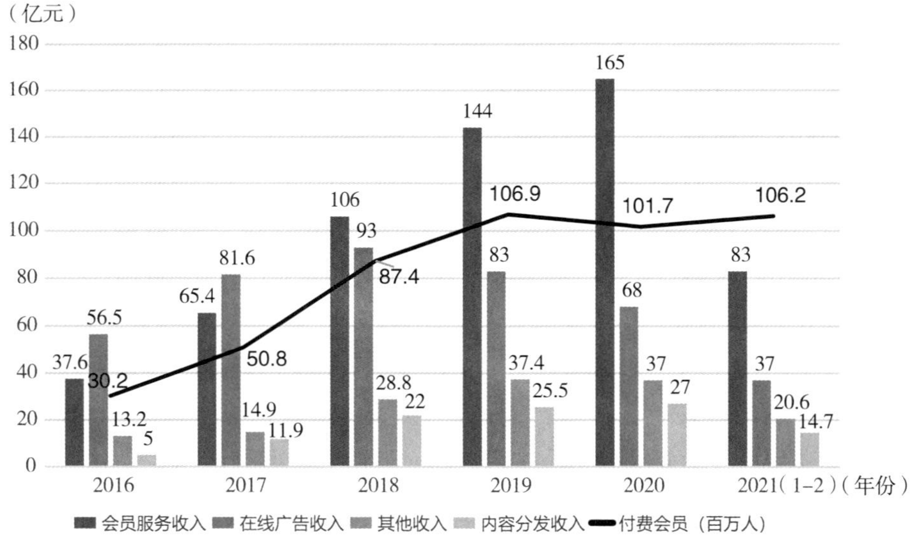

图3-4 2016—2021年爱奇艺付费会员增长曲线、营收结构

数据来源：根据爱奇艺公开财报整理。

① 中国视频行业这十三年，谁革了谁的命？2018-03-20 https://baijiahao.baidu.com/s?id=1595436688701546282&wfr=spider&for=pc.

② 从免费到付费：在线视频服务谁家划算？2015-10-15. http://www.360doc.com/content/15/1015/19/3220376_505888112.shtml.

几乎所有伞型战略企业都是这样一个套路，起初免费，玩着玩着就开始升级版本，产生收费项目或模块。企业需要活下去，盈利本身无可厚非，但过犹不及，某些升级后的收费项目对用户太不友好，也会发生“掉粉”，造成用户流失。曾经一度火爆的《植物大战僵尸》游戏，在2013年升级到第2版时，被广大玩家吐槽为“人民币大战僵尸”，不付费的玩家几乎玩不下去，最后还被电视台报道。2021年暑期大火的“扫黑除恶”正剧《扫黑风暴》吸引了不少关注，也为腾讯视频贡献了热度与营业收入。然而在临近大结局播出时，腾讯视频宣布开启超前付费点播——其已付过会员费的腾讯视频会员，可以每集3元的价格提前观看未播出的剧集，还必须按照顺序点播，不能自由选择，这让不少消费者愤怒。随后腾讯视频主动改变了“超前点播”规则。但在众多的“舆论谴责”之后，超前点播剧的数量不减反增。根据云合数据发布的《2021上半年连续剧市场网播表现及用户分析》，2021上半年上线超前点播剧67部，占上新剧总体的33%。争议之下，视频平台始终不愿放弃“超前点播”这个香饽饽，是因为这为连年处于亏损中的视频网站提供了新的赚钱路径[①]。所以，如何在不伤害消费者权益的情况下，探索合理的盈利出路，仍是腾讯视频们必须面对的挑战。转移支付的方法终需在盈利的强度和节奏与“掉粉”速度之间找到一个平衡。

联合营销

为达到资源的优势互补，增强市场开拓、渗透与竞争能力，常将两个产品连在一起销售，共同开发和利用市场机会，即为联合营销。在崇尚终生学习、全民阅读的现今，百词斩旗下的“薄荷阅读”流行起来并非偶然，朋友圈时见有人坚持每天阅读打卡，学得不亦乐乎。薄荷阅读是这样一种营销模式：用户在其平台上通过测试词汇量被推荐到相应级别的阅读课程，再根据

① 热播剧《扫黑风暴》“超前点播”再惹争议，网友：为啥付了会员费还要再花钱. 2021-09-03. https://baijiahao.baidu.com/s?id=1709841804434828480&wfr=spider&for=pc.

计划每天定期阅读一定量的英文文章，例如一个月读完一本书，每天读5页，诸如此类。同步地，还有专门的老师在线上监督和答疑，且学员加入同一课程的微信群，同学间互相鼓励打气，形成浓厚的学习氛围。与一般阅读打卡平台不同的是，在薄荷阅读上打卡满80次即获赠三本实体英文书，推荐新用户可获得的代金券/打折券等，用以购买百词斩商城的任何商品。这就把看书和买书（或购买文化用品等）捆绑在了一起，实现了从免费产品到收费产品的过渡。百词斩的机制与此雷同，只是规则有稍许差异，背后都是从百词斩商城中获利。

转移支付强调流量的转化率，而联合营销强调用户需求的整合，将两个产品无缝设计在一起，面对同样的用户需求，由免费产品切入，最终推动有价产品的销售。

个性化产品价格协同

在盈利结构设计中，商家还可针对不同的用户特点和需求，采取有差别的产品定价，实现个性化产品价格协同。最典型的是游戏产品。一般游戏产品中，既有免费的部分，又有收费的部分，并且收费的幅度完全根据个人的支付能力而定，提供从高到低各式各样的产品组合。

2015年腾讯天美发行的《王者荣耀》自推出以来，一直居腾讯游戏下载排行榜前列，可谓炙手可热。游戏本身有免费的模块，有收费的模块，此外还可在“王者荣耀充值中心”购买游戏角色相关的英雄、皮肤、装备等，价格从免费到几百元不等，且无上限。通常，用户从免费玩家到RMB（人民币）玩家往往都会经历一番既定的心路历程：在游戏当中投入的时间和精力越多，越热爱甚或难以自拔，为了获得更高级别的体验、更短的时间进程、更好的回报，到了一定阶段，用户终于忍不住去充值，还会在一些促销活动的引诱下，钱越砸越多，玩得时间越来越长，以致深陷其中。

个性化产品价格的协同，是把产品的定价制定成一个极具弹性的范围，具备宽泛的产品组合，以多元化的价格设计来覆盖用户不同层次的支付能力。《王者荣耀》除了游戏本身可盈利之外，还开发了周边商城，让深度玩家可以购买到带有游戏角色图案的拉杆箱、充电宝、T恤、吊坠等商品。这也是游戏产品中常见的盈利方式。

以上三种盈利的方式并不能涵盖所有的盈利结构设计，却是被互联网企业采用最多的。

案例

搜狗——把控流量池的入口

“有信仰才有未来。我们要做梦想家，而不是被环境改变；要相信技术能够改变互联网，而不是为利益放弃操守。”2012年的秋招季，搜狗公司CEO王小川在清华大学的招聘宣讲中对着即将走上工作岗位的应届生说道。

王小川是这样讲的，搜狗也是这样做的。2010年，从搜狐内部研发中心孵化出来的搜狗正式独立，成为搜狐旗下子公司。从2004年创立开始，创始人王小川就坚持用技术武装搜狗，连续推出了搜狗搜索、搜狗输入法和搜狗浏览器三种以互联网技术驱动的产品，而这种“输入法+搜索引擎+浏览器”的模式被业内称作“三级火箭”“三匹马车”，成为成功打破输入法、搜索垄断的行业神话。2017年11月9日晚，搜狐CEO张朝阳第四次在美国敲钟，搜狗公司正式登陆纽约证券交易所，在中概股大跌的背景下顶住了压力，股价一度上扬13%。张朝阳在接受采访时表示：“从今天起，搜狗要挑战独大搜索格局，而且要重新定义搜索，展现知识与智能于人类的未来。”

2021年9月24日，搜狗公司与腾讯完成合并，搜狗成为腾讯控股间接全资子公司，并完成退市。同年10月15日，王小川宣布卸任搜狗CEO并表示，搜狗融入腾讯大家庭。

偶然跨界

在推出搜狗搜索两年后的2006年，搜狗推出搜狗输入法，这一小步的跨界其实走得带有偶然性。在2005年，大学刚刚毕业的机械设计师马占凯首先想到了“搜索引擎+输入法”的产品理念。当时的输入法领域还是智能ABC、谷歌输入法、紫光拼音的天下，但这些输入法都有着严重的缺陷：用户在输入词组时需要和单个文字一样，逐页地寻找想要输入的文字，这种方法不仅费时费力，还很容易产生错别字。马占凯想到，如果输入法可以有“记忆力”，输入“liyuchun”就可以得到“李宇春”的提示，自动生成词组，打字的效率便会提高不少。这种记忆力只能够通过有着常用词词库的搜索引擎的逻辑进行搭建。

随后，他拜访多家助攻搜索引擎开发的公司做“推销”，只有搜狗公司为他的产品设计理念打开了大门。此时的搜狗也才刚刚推出搜索引擎业务不久，在谷歌、百度等竞争对手的夹击下艰难生存，负责人王小川虽是“技术工”出身，对输入法的开发方法却不甚了解，仅仅抱着“为搜索带来流量”的想法，临时组织团队开发搜狗输入法。

2006年，搜狗输入法问世，被誉为“搜狗输入法之父”的马占凯真正感受到了智能输入法的妙趣：通过搜狗搜索引擎实时抓取到高频关键词，搜狗输入法拥有巨大的词库，每时每刻在网络上出现达到一定次数的词组都会被纳入词库当中，互联网中的每个人都是词库的使用者，又是词库的生产者。这个词库能够做到追踪热点、实时更新，搜狗也因此被誉为“互联网输入法”，一时间吸引了大量用户。从搜狗搜索引擎到搜狗输入法的跨界是偶然的，但“搜狗输入法是把天下所有输入行为和文字行为都用搜索引擎进行研究之后创造的，是大数据应用的体现”，张朝阳在敲钟时毫不迟疑地将搜狗的成功归于这一极具创造性的协同过程。

随后的几年内，搜狗输入法在纠错功能上不断精进，智能联想的精准度又不断提高，解决了多个系统中的兼容问题，又选取了下载站和装机光盘等上游渠道进行推广。在上线三年后，搜狗输入法的下载总量破亿次，市场占有率攀升到70%。体量越做越大的搜狗发现，过多的词条给存储空间带来了巨大压力，搜狗就此采用了“云输入”的方法，将大多数词条存储在“云端词库”中，搜狗输入法的工作原理和搜索引擎越来越接近，既节省空间，也为进一步的智能联想带来了可能性。

但以王小川的思路，搜狗仅仅拥有一个“明星”输入法是远远不够的，“打个比方，搜狗输入法相当于一个一级火箭，没有二级火箭发不上去，但是我们要的不是一级火箭”。输入法为搜狗积攒起了非常可观的流量池，通过这个流量池，搜狗为输入法和其他业务之间搭建了多个互通渠道，创造了许多的“二级火箭”：用户使用搜狗输入法时可以“一键搜索”，在输入界面还有链接到搜狐门户的新闻弹窗，以及链接到“大搜车随e销”及合作伙伴“京东双11商城”等电商网站窗口等，特色的输入法“主题皮肤”还会直接连接到搜狐视频中……除此之外，搜狗通过Flash皮肤设定为多方合作伙伴提供了组合的机会，这个平台已经发展了将近200家合作伙伴，为用户提供了快速便捷、丰富多彩的应用，热点新闻、电台、天气预报、作文素材、菜谱介绍，应有尽有。因搜索引擎技术诞生的搜狗输入法在获得巨大成功后反哺搜狗搜索，同时也成了搜狗业务延展过程中的重要基石。

竞争纠纷

虽说搜狗输入法为搜狗系的其他产品带来了流量基数，输入的刚需像互联网高速上的“收费站”一样起到了卡位的作用，但有时这种强制链接的关系也会造成不正当竞争的纠纷。

2019年6月，奇虎公司（360搜索引擎）、百度公司（百度搜索引擎）、动景公司（UC浏览器）、神马公司（神马搜索引擎）先后向北京市海淀区人民法院起诉搜狗输入法通过候选词绑定搜狗搜索导致不正当竞争。这种不正当竞争的源头在于2015年12月搜狗输入法安卓版的“候选词服务”，百度公司发觉，这种候选词与搜狗自家的搜索网站（www.sogou.com）有着深度绑定。比如，即便在百度搜索、360搜索等其他公司的搜索页面，用搜狗输入法在搜索框内输入“tianmao”，用户点选候选词“天猫”就会自动跳转到搜狗搜索的“天猫”结果界面，而这一自动跳转的选项通常是“默认设定”，普通用户通常难以发觉。

上诉法庭的四家公司认为，搜狗的“流量挟持”做法违背了商业道德，侵害用户的知情权，损害了其他公司的利益，各家提出的赔偿金额均超过1亿元人民币。北京市海淀区人民法院经审理认为，用户在前述情形下已经选定了搜索引擎，搜狗公司有意制造用户混淆，在输入法界面不添加与搜索经营者相关的明显标识情况下，通过搜索候选词将用户导流至搜狗搜索页面，属于利用技术手段影响用户选择方式妨碍原告公司的正常运行行为，构成不正当竞争。对此，北京市海淀区人民法院宣判搜狗公司应立刻停止不正当竞争行为，分别为三案原告公开消除影响，并向奇虎公司、百度公司各赔偿经济损失500万元，向动景公司和神马公司共赔偿2000余万元①。这是互联网时代流量劫持的典型案件。在这一案件中，搜狗输入法向搜狗搜索的导流过程显然没有符合王小川“基于人工智能的技术——降低人机沟通成本，重新定义搜索”的愿景，以技术为本的搜狗公司在扩张的过程中栽了跟头。

靠上大树

早在2013年，搜狗与腾讯就已达成深度战略合作，搜狗搜索成为微信“搜一搜”下的“御用”网页搜索引擎。据SEC文件显示，搜狗搜索总流量的36%来自腾讯，MAU从2016年3月的4.38亿增加到2018年12月的6.95亿，增

① 搜狗输入法劫持三大搜索引擎流量，被判赔偿3000万元. 2019-10-29. http://news.ijntv.cn/jn/2019-10-29/504968.html.

长了58.7%[①]。

如同很多在A股上市的上市公司一样，搜狗也走出了上市即巅峰的轨迹。据公开的财报和年报显示，搜狗公司2019年收入11.72亿美元，同比增长4.28%，净利润8910.5万美元，同比下降9.8%；而2020年一季度，其收入2.57亿美元，同比增长1.81%，净利润亏损3161万美元。这是因为，搜狗上市后的所有转型方向近乎全军覆没。搜索仍是为搜狗带来流量与收入的主要产品，几乎占搜狗收入的全部，其他诸如AI、智慧医疗等，依旧没有转化为营业收入，并没有带来实际的收益。换句话说，搜狗的生命力依然只能维系在搜索业务上，盈利模式过于单一，根基不稳，系统性风险较大。然而，搜索作为互联网入口的时代已经过去。所有的信息和服务的入口变成了移动端的App、应用商城、小程序等。对于2020年一季度巨亏2.2亿人民币的搜狗来说，腾讯抛出的橄榄枝——收购要约无疑是“雪中送炭”，不仅可以通过“业务+流量”整合打破“浏览器”业务天花板，同时腾讯强大的资本实力也可以支持搜狗AI等创新业务获得更多发展机遇。2020年7月27日，搜狗发布公告称，腾讯向公司发出初步非约束性收购要约，发布消息当晚，王小川就在朋友圈对腾讯的收购意向表示感谢。2021年9月，“鹅吞狗”并购结束，搜狗正式成为腾讯一员。

搜狗输入法是中国DAU最高的移动App之一[②]，但由于它仅仅是个工具，这些DAU如何产生更多的经济效益，搜狗没有给出更好的答卷。移动互联网的流量红利早已耗尽，互联网巨头都在自己的生态系统之内挖掘潜力。腾讯有没有可能激活搜狗输入法，赋予它一些新的功能，或者将流量高效地导出呢？我们拭目以待。

① 消息称腾讯将全资收购搜狗，后者大涨近50%！上市即巅峰的搜狗要背靠大树了？2020-07-28. https://user.guancha.cn/main/content?id=355741.

② 输入法行业数据分析：2020年8月搜狗输入法月活跃用户数为5.35亿人. 2020-11-05. https://www.iimedia.cn/c1061/75093.html.

扩大协同

寻找下一个相关极

阿里在创建了淘宝、支付宝之后是否可安于一隅、一劳永逸？腾讯有了QQ、微信傍身，是不是就可以高枕无忧，不思进取？美团又是怎样团购起家，外卖发迹，逐渐跻身于服务电商巨头？在找到单点渗透产品和战略协同的第二相关产品之后，企业或主动或被动地踏上了寻找、探寻下一个相关极的新征程。

内部协同推演

借助伞柄的力量，若仅仅发展出一条伞骨，恐怕无法撑起整个大伞，因此，找到下一个相关极产品变得尤为迫切。从单点渗透的第一极和相关互联的第二极出发，找到企业内部资源构建的逻辑，推演出最适合企业发展的下一个相关极，从而令协同效应最大化。

苹果将多个产品之间的内部协同推演做到了极致。2001年，借助免费应用程序iTunes的推动，苹果发布了其标志性的便携式媒体播放器——iPod。工业美学与技术领先、美丽耀眼的iPod甫一入市即销量飙升，在极短的时间内其销售收入占据了苹果总收入的一半。作为第二极产品的iPod，核心链接是与免费的iTunes相结合，用户通过iTunes才能将iPod内的音乐或其他内容同步到电脑中。在获得越来越多的用户在线身份和支付信息的同时，苹果发现，它们已经比杂志社更了解用户的喜好，若能代替杂志出版商直接和订阅者建立联系，向他们销售视频、杂志等出版物，则成为意料之外又情理之中的下一个相关极产品。2020年9月，苹果已有超过10亿个活跃iPhone用户，全球活跃的苹果设备超过16.5亿台；Apple Music在2021年2月以4070万的美国市场独立活跃用户数排在了流媒体音乐服务榜的第一位；Apple News在2019年年底月活用户达1亿；2020年元旦期间，App Store消费创造了新纪录。这些用户享受着苹果带来的数字商业的新时代。从软件到硬件，再到杂志订阅的在线服务，看似毫不相干的多款产品，却在苹果的内在逻辑推演下，成为不可分割的协同产品[①]。

由内部产品之间的协同关系推演出来的下一个相关极产品，往往与企业内部的资源整合相得益彰，一脉相承，发展也更为顺畅。但是，同样存在跨行业、跨界的风险。

外部竞争筛选

寻找下一个相关极的第二个思路是开放式的，企业面对已经获得的顾客，利用他们的历史数据和群体属性，充分研究这批顾客周边可能带来增长的外部产品，筛选出优秀的适合自身发展路径的产品，来模仿、超越甚或重塑。

2010年7月，腾讯遭遇一场巨大的舆论危机：工信部旗下主管的杂志《计算机世界》头版刊登了一篇文章，文中把腾讯作为互联网公敌进行批判，将互联网商业竞争写成了“不可调和的恩怨”。彼时，有人指责腾讯抄袭，称早期的腾讯就是这样发家的——在外部竞争筛选中快速占领赛道，集中优势，发展壮大。在早期腾讯用社交软件QQ获得了海量用户之后，围绕这些用户，腾讯决策层洞察市场，但凡市面上出现成长快的软件，且客户群与QQ用户有重叠，腾讯立即着手模仿，做出一个个影子软件，跟原有的社交产品形成协

① 沃尔特·艾萨克森．史蒂夫·乔布斯传．北京：中信出版社，2011.

同效应。腾讯不是仅关注自己内部的协同结构，而是持续不断地观察外部存在的竞争优势，一旦抓住某个痛点，就干脆利落地照搬过来。在它已有海量单点渗透用户的基础上，新产品的推广几乎没有产生新的获客成本。

腾讯推出新产品速度之快，产品水准之高令人咋舌，有时竟让人分不清谁是原创，谁是后来者居上。在腾讯的互联网帝国里，涉及即时通信、电子商务、游戏娱乐、音视频、搜索、客户端应用软件、门户网站等几乎所有互联网领域，只有用户想不到的，几乎没有腾讯做不到的。从外部竞争中甄选出的下一个相关极产品，往往更符合用户的口味，也更贴合现有的市场；但是如何后发制人，体现竞争优势，也是企业战略中不可忽视的一环。

防御性扩展

如果说内部协同推演和外部竞争筛选得到的下一个相关极都是进攻性的竞争战略，那么防御性扩展则是被动防守型的战略考量，即便没有带来有效的协同效应，对未来的竞争却能起到护城河般防御的作用。

我们在第2章曾详述过打车软件“滴滴”“快的”之争，事实上，在补贴大战的迷乱硝烟背后，是诸位“金主”在打车软件这一市场的版图之争。2014年12月，滴滴打车刚刚获得腾讯等公司的7亿美元融资，阿里注资的快的打车也在“双十二”当天风生水起，紧跟着，不甘落后的百度立即与来自美国的优步签署了战略合作及投资协议。看似在打车软件领域慢了半拍的百度，是中国握有最多搜索数据、地图数据，也是在语义分析领域数据掌握最多、理解最为深刻的公司。虽然阿里把大数据作为战略重点，滴滴手握诸多无人驾驶相关的数据，但百度地图的静态数据与打车软件的动态流量性数据结合起来，能形成更为完整的大数据体系，与AI（人工智能）语音技术、无人驾驶技术碰撞结合成更高阶的产品形式，领跑整个出行的市场。随后，阿里进一步回应，全资收购高德地图，打造网约车叫车平台，继续发挥大数据巨大优势的同时，进一步整合网约车行业。BAT公司汽车出行行业重点布局，如图3-5所示。

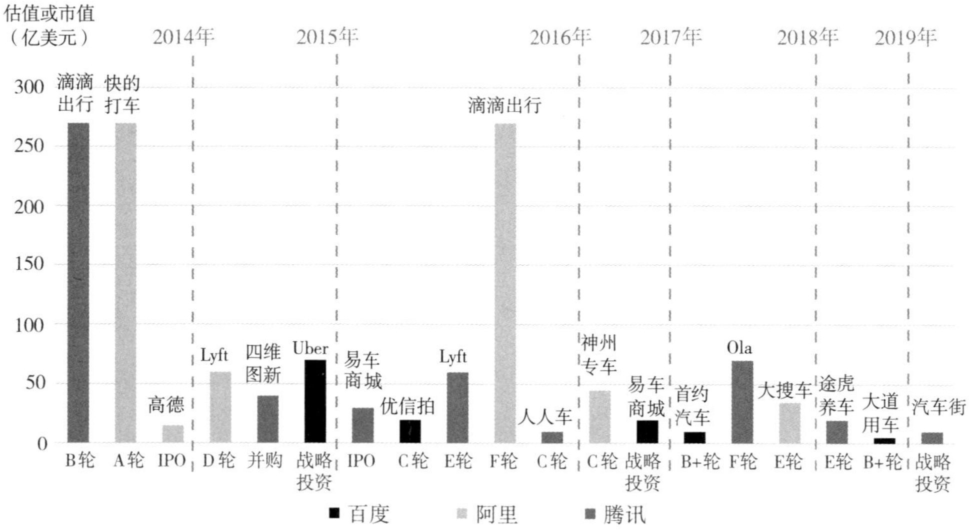

图3-5 BAT公司汽车出行行业重点布局

资料来源：根据公开资料整理。

因此，百度投资优步并不是站在产品相关的角度，而是战略防御性的角度，将其称为防御性扩展。百度投资优步的目的不是为了更高的市场份额，而是看重打车软件、出行行业的数据量，以便对接未来发展前景更好的人工智能、无人驾驶等业务。当然，防御性扩展的业务也须和原来产品形成链接，相互促进才能发展起来。这类下一个相关极产品也许不是企业新的利润增长点，但在企业的整体布局中起到至关重要的作用，为企业的长期发展造桥铺路，所谓“磨刀不误砍柴工，看似防守变进攻”。

综上，随着互联网和移动商务的迅猛发展，企业从单点渗透、扩大协同到下一个相关极的渗透转化速度越来越快，若不能在瞬息万变的世界迅速找到自己的定位和适合企业自身条件发展的下一个相关极，随时都有可能由盛转衰。顺着由内向外层层打开的思路，可以覆盖所有寻找下一个相关极的可能的路径，帮助企业快速出击。寻找下一个相关极的三条路径，如图3-6所示。

图3-6 寻找下一个相关极的三条路径

构建统一中台

打造数据中枢

依照相关互联和寻找下一个相关极的思路，伞型战略的“伞柄”渐次展开。此时，如果任由各个业务模块自由、低效、杂乱、无章地运转，将会增加各方成本，加重企业负担。于是，一个面向未来的战略思考应运而生，那就是构建统一中台。

中台的逻辑是，当企业拥有了三个或三个以上的相关产品，面对着同一批用户，针对这群用户的服务，包含了交易、支付、评价、物流等相同业务模块，那么由此构建一个以用户为单位的数据中枢，让所有相关产品都能建立在一个完整的数据中枢基础上，共同面对客户的需求和行为。针对同一类用户在不同产品上留下的数据做处理和分析，将会对产品的创新带来强有力的论据支撑，也会极大地提高企业运转的效率。

阿里巴巴2003年成立淘宝事业部，2008年成立天猫事业部，不久，天猫与淘宝并驾齐驱，共享同一支技术支持团队；但这支技术团队明显把淘宝业务当成“亲儿子”，优先满足淘宝的业务需求，这使得天猫的业务团队怨声载道，严重影响了天猫的业务发展。于是2009年，阿里巴巴的“共享事业部”应运而生，两边兼顾的结果是——受“夹板气”，淘宝和天猫两个硬气的部门通通惹不起。直到2010年“聚划算”上线，除了淘宝和天猫，1688也加入大规模交易阵营，三大电商运营人员各展所长，争占聚划算平台上的有利资源。面对如洪流般的业务对接需求，刚成立不久的聚划算团队应接不暇，叫苦不迭。这时，集团要求三大电商平台若需与聚划算平台对接，必须通过共享事业部。转眼间，共享事业部扬眉吐气，一跃成为阿里的核心业务部门，这就是阿里巴巴“大中台”的前身。

2015年年底，阿里宣布全面启动“中台战略”，构建符合DT（Data Technology）时代的“大中台、小前台”组织机制和业务机制：作为前台的一线业务会更敏捷、更快速适应瞬息万变的市场；中台将集合整个集团的运营数据能力、产品技术能力，对各前台业务给予强力的支撑。那么什么是中台呢？按照阿里提出的概念，中台的分类可以是技术平台，像微服务开发框架、Devops平台，集成各类公有云SaaS，等等；也可以是微服务业务平台，如业务定制中台。中台主要帮助企业改善“前台与后台之间的矛盾”，快速响应用户需求，保证企业数据的安全。阿里巴巴“大中台”的形成，如图3-7所示。

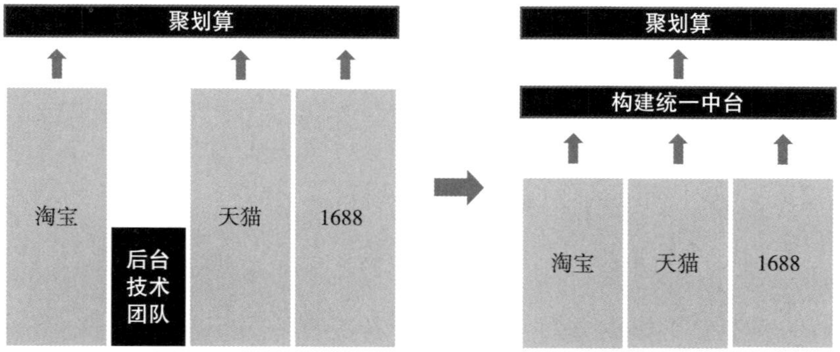

图3-7　阿里巴巴“大中台”的形成

资料来源：简书maquewy。

现今，采用大前台（营销）、强中台（设计和供应链）、轻后台（生产）的技术创新驱动策略，也是苹果、戴尔等很多国际先进企业被证明行之有效的业务运营模式。

跨产品的协同

统一的大中台搭建完成后，企业开始构建跨产品的协同。盒马鲜生就是阿里巴巴在充分掌握用户数据之后，对线下超市完全重构的新零售业态。根据用户的淘宝数据、支付宝数据，甚至打车、家庭住址等数据，它们精确探寻到用户的生活轨迹和日常需求，于是盒马鲜生诞生了。盒马鲜生在线上、线下同时推进，开发新品类，设计合理的产品组合，为消费者提供各种便利，创造了极致的高频消费场景。所以，掌握用户行为数据才是竞争力，通过线下良好的体验为线上引流，是盒马鲜生崛起的关键点。盒马鲜生创始人兼CEO侯毅说过："如果线上用户达不到线下用户的5倍甚至10倍以上，怎么好意思叫新零售？"而数据的采集、分析最终转变为消费者的消费能力、消费习惯，都离不开阿里强大的中台数据体系作为支撑，基于数字化的这场战役，盒马鲜生打得实在高明。

构建内在自洽

从伞柄延伸出的一根根伞骨之间，存在着相互促进的作用力，这是产品之间构建出的正向的循环，共同形成企业的内在自洽。

产品增长路径

最常见的是产品相互推动，成为正向的增长闭环。例如，苹果的所有产品，相互作用是良性的，螺旋式上升的。当苹果手机越卖越多，App装载量就升高，用户产生的行为数据日积月累，进而形成更精准的客户需求，作为软件和硬件设计和创新的依据，可以提升产品的性能，形成多维度的产品增长。产品增长路径，如图3-8所示。

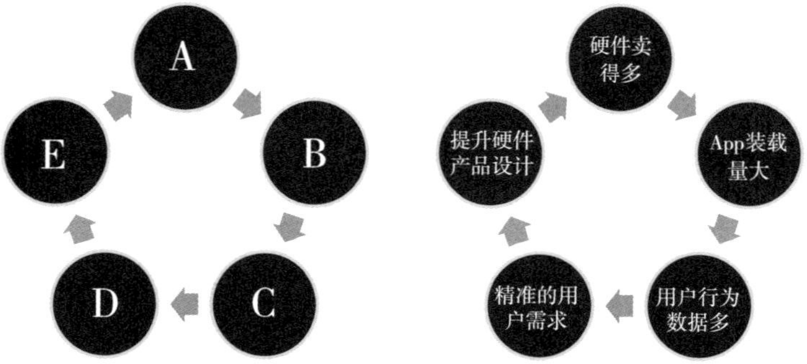

图 3-8 产品增长路径

顾客全周期管理

不同于营销学上的"客户生命周期理论"①，本书称为"顾客全周期管理"。"顾客全周期管理"是随着人的寿命增长，在面临单一用户从少年、青年、中年到老年不同年龄段增长时，企业能为顾客提供针对各个年龄段不同需求的多品类产品的协同管理。

当顾客年轻时，推荐给他吃饭、健身、旅游类的信息；随着年龄增长，步入中年，在进一步了解顾客的支付能力和消费偏好之后，推荐诸如中年养生类的、人文类的产品。从单一用户出发，以时间轴作为横向切入，贯穿顾客的全生命周期的多产品战略，使获客成本趋于零的同时，延长了顾客需求的挖掘时间，这对企业提出了更高的洞察需求和整合资源的要求。

2007年上线的宝宝树是专注年轻家庭的在线母婴类社区，最初的业务就是知识交流共享平台，以论坛发帖的形式让新手爸妈们相互交流、分享知识。茫然失措的怀孕期、惊心动魄的生产期、手忙脚乱的月子期以及漫长的育儿道路，都在社区妈妈们的陪伴下变得没那么孤独难熬。宝宝树为新手妈妈们提供了备孕、孕期、育儿的全程贴心指导，甚至细致入微到怀孕的0~9个月

① "客户生命周期理论"指客户从找到企业、发生业务到离开企业的周期。

都有相应的指导和推荐，而育儿期也被分成了0~1岁、1~3岁、3~6岁的细分市场。沿着母婴市场的时间轴慢慢延伸到备孕、不孕不育等领域，比起经济效益，获得了更多用户的认可和信任。即使新手妈妈们随着育儿经验的积累对宝宝的照顾渐渐得心应手，也一定会记得那段手足无措的日子，还会经常回去分享发帖。在宝宝树，和育儿全周期有关的一切产品扩展都是顺理成章的，并已涉足电商领域，但宝宝树经过12年的发展历程，2018年平均MAU（月活跃用户）总数达到了1.44亿人，已于2018年11月在香港上市。因其用户忠诚度一度受到资本的追捧，在未来的大健康和教育行业，将有较大的发展潜力。顾客全周期管理，如图3-9所示。

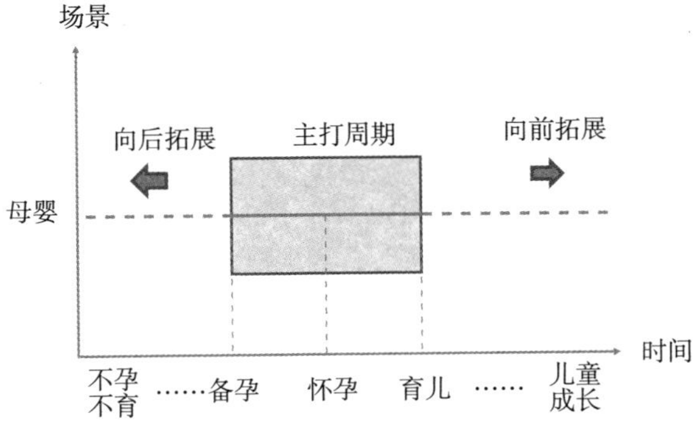

图3-9 顾客全周期管理

顾客全场景管理

与全周期管理相对应，顾客全场景管理是企业在固定单一时段中，垂直性切入这个时间段用户所在的场景，满足在某个场景的全部需求，用户无须再寻找其他替代供应商，在用户黏性增强的同时，用户在此场景下的价值也被最大化地利用。全场景管理的产品关联性更高，体现出更高的专业度。

遥想1999年，携程还只是个满机场塞小广告、兜售廉价机票的小公司，如今竟发展成为国内遥遥领先的综合性旅游行业巨头。为什么“越搜越贵”的携程在经历多次大数据杀熟事件曝光后，依然可以被4000多万用户原谅，一边怨怼一边继续用携程订机票？是用户已习惯被大数据出卖吗？其核心的原因大概是携程作为一家出行/旅游服务公司，它在出行/旅游的场景里把用户需求管理得足够完美。机票订完了，一定赠送接送机的优惠券，推送目的地的精彩景点之余，一定再推送一个酒店排行榜。它就像你最贴心的朋友一样，了解你在旅行中的一切需求，在最恰当的时间点出现，在不需要的时刻隐退。它既是毒药，又是解药，让你恨得切齿，却又让你欲罢不能。顾客全场景管理，如图3-10所示。

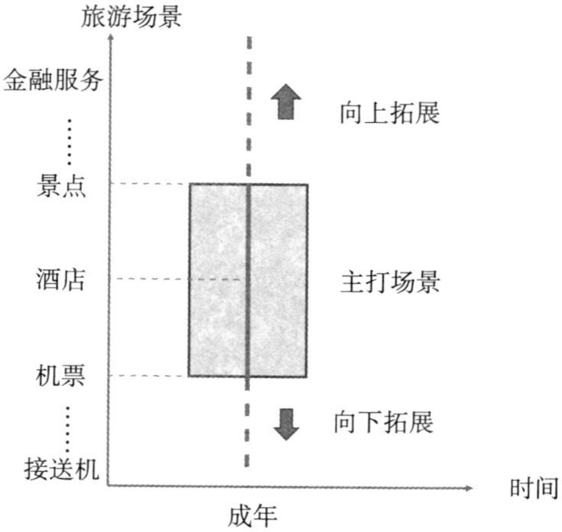

图 3-10 顾客全场景管理

案例

美团——欲木成林，打造“超级App”

“美团有机会成为与A、T同一个量级的公司。因为我们创造的价值足够多，餐饮、旅游、到店综合品类每个领域都可以值几百亿美元，但需要的时间不短，至少五年到十年吧。”王兴在2017年采访中谈到美团的未来，自信当中仍有一丝保守。王兴本人可能都未曾想到，2019年10月，美团股价一路上涨，市值迅速突破5000亿港元（约640亿美元），超过了两个百度，成为继阿里、腾讯之后中国市值第三的互联网企业，中国的互联网格局有望进入“提款机矩阵——ATM时代”。

对此，王兴表示，互联网的上半场已经结束，下半场才刚刚开始。

王兴出生于福建省龙岩县的大山深处，直到被保送清华大学之前，他都不曾走出这群山的包围。就在这样一个山村之中，却诞生了移动互联网时代的双子星——张一鸣和王兴。与靠算法制胜的张一鸣不同，王兴曾坦言自己在清华大学只是一个“在各方面面临很多挑战、很多挫折、很多困惑的学生”。就凭借几个懵懵懂懂的想法和一腔热血，面临很多困惑的王兴走上了他艰难的创业之路。王兴和他的团队先后创办了校内网、海内网、饭否网，虽然在短期内都取得了不错的成果，但最终都是昙花一现，王兴最终也随着饭否网被封而重新归零。痛定思痛的王兴在2009年提出了“三纵一横”理论，即横轴是资讯、交流、娱乐和商务四个维度，纵轴是Web1.0搜索、Web2.0社交和Web3.0移动三个阶段。王兴认为，处在Web2.0与商务交叉点上的空白区域是留给团购的。

2010年3月4日，美团网正式上线，团购大战一触即发。后O2O泡沫破裂，很多只靠烧钱的企业无法维持稳定的现金流，而稳扎稳打的美团由于在用户体验上花了很多工夫，艰难地跑出千团大战，成为最后的幸存者。同时，美团坚定地将主要精力放在了移动端，搭上了移动互联网时代的早班车，迭代为一个拥有巨大流量的互联网交易平台，开始了建设服务类电商企业之路。2013年，美团外卖正式上线；2015年，美团与其在团购时代的最后一个对手大众点评合并，同年，美团内部孵化出的猫眼电影分拆，正式成为美团旗下全资子公司，在电影票线上预订领域占据一席之地；2016年，美团全面进军酒旅业务，与携程网正面对抗，同时收购钱袋宝，获得第三方支付牌照。

2017年，王兴正式提出“Live Better，Eat Better”的概念，认定美团是一家“使命驱动”的企业，必须致力于解决用户全场景需求，同时还应承担起相应的社会责任。2018年9月20日，美团在香港交易所上市，这一企业的体量和野心早已远远超过他起初的效仿对象Groupon——在人们日常生活场景“吃住行乐”中，美团以团购时代积攒下来的拥有“吃”的需求的用户群体为主要支柱，垂直解决其潜在的“住、行、乐”的需求，先后拓展了酒店、电影票、机票/火车票、KTV、移动支付、打车、共享单车、生鲜等多项本地生活服务，在打造超级移动互联网App的道路上飞速前行。美团业务发展流程，如图3–11所示。

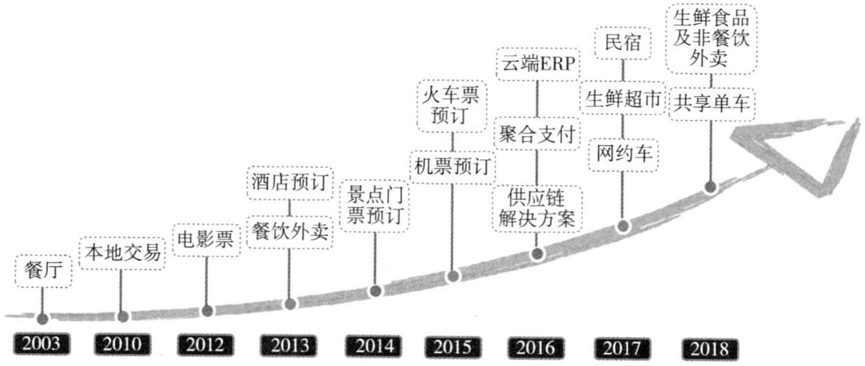

图 3–11　美团业务发展流程

资料来源：美团点评《招股文件》p195。

全场景拓展

回顾美团发展的整个过程，我们不难发现，无论是起初的团购还是如今多种本地生活服务并举，美团一直以来都在搭建一个沟通商家和客户之间的平台。在团购时代，作为一个线上商家的展示窗口，美团为线下店铺提供了高效的导流策略，使得顾客足不出户就可以了解各家餐厅，同时也通过精准展示商家特色、聚集评价等为用户在筛选餐厅的过程中提供了更多、更可靠的选择。

作为平台商的美团也在团购大战中积累了大量的用户消费数据。每一个在美团网团购的用户，都通过简单的消费行为将自己的消费时间、频次、偏好、购后评价和未来需求留在了美团的数据中枢。凭借这些团购时代积累的海量餐饮类消费习惯数据，美团可以清楚地了解消费者饮食方面的需求，同时用户也将美团顺理成章地和“吃”联系在了一起。因此，美团天生就拥有做外卖的基因和先发优势。虽然最终也经历了外卖大战的血雨腥风，包括直接参战的阿里、腾讯系企业等在内的无数外卖App都倒下了，美团还是坚持到了最后。截至2021年第三季度，美团外卖用户规模达到6.7亿①，2020年市场份额占比67.3%②，成为外卖领域真正的龙头。

在美团外卖做得风生水起时，王兴并没有把美团的上限锁定在外卖龙头企业，而是提出了美团在市场中新的定位：“We help people eat better，live better”。简单的一句话，表明了美团既要稳定餐饮类服务电商的支柱地位，又要在长期进行“无边界拓展”，即逐渐满足用户对“吃住行乐”的全部需求的同时，连接用户和商家的到店场景与到家场景，完成本地生活服务的“全场景拓展”。为完成这一拓展，美团在电影、酒旅、本地娱乐、出行等领域

① 美团Q3营收同比增长37.9%达488亿元 用户6.7亿创新高. 2021-11-26. https://www.163.com/dy/article/GPOG1CTJ0514D3UH.html.

② 一文了解2021年中国在线外卖行业市场现状：抖音进军外卖市场竞争力几何？ 2021-07-23. http://baijiahao.baidu.com/s?id=1706053351371565668&wfr=spider&for=pc.

四面出击，与半个互联网圈都形成了激烈的竞争。“吃完饭后看个电影”的高频需求成为第一个出击的方向。2017年，猫眼电影经历了近四年的发展，借助美团到店餐饮业务导流，从影片资讯分享地逐渐发展成为市面上最大的在线订票、选座App，占据该领域70%的市场份额，猫眼评分数量等于其他主要同行的总和，而电影本就是能够产生新内容的业务，对维持用户活跃度有很大裨益。

通过高频消费积累活跃度后，低频需求也渐渐被发掘，以“外地人在本地”的酒旅业务为例，在2016年携程已经占据酒旅业务60%以上的份额时，美团酒旅仅有16%左右；但美团酒旅竟在2017年实现了反超，达成间夜数①全网第一。截至2019年年中，美团的在线酒店预定订单量占比达到50.6%，超过了携程和其投资企业同程艺龙的占比总和②。究其原因，根据美团2017年财报，超过80%的新增酒店预定交易用户是从外卖及到店餐饮两个核心品类转化而来，而著名产品人梁宁也提到：“在美团酒店订房的人，70%没有安装携程，但80%在美团订过餐或者电影票。”美团凭借其在其他消费场景积累下的流量和行业经验实现了后来居上。

如今的美团点评已经真正成为一个覆盖全消费场景的综合性App。用户想要去另一所城市之前，可以通过美团预订机票/火车票并提前预订酒店；到达目的地后，寻找当地特色的美食和饭后娱乐场所，甚至偷个懒报一个短期“跟团周边游”都可以在美团上实现。美团App甚至还可以在当地预约牙医、美容师、健身教练、外文私教、装修师傅，连最优惠的婚纱摄影门店都可以在美团App上找到。你的需求，美团都已经替你想好，没有想好的，你依然可以预约一个“美团跑腿”业务，定制专属于你自己的个性化服务。此时的美团在服务消费领域的体量已经足够与阿里在实体消费领域的体量相提并论。

① 间夜数即消费间夜量，是酒店在某个时间段内房间出租率的计算单位。
② Trustdata《2019年上半年中国在线酒店预定行业发展分析报告》. 2019-08-29. http://www.100ec.cn/index/detail--6525104.html.

不确定的未来

在全场景拓展的过程中，关于美团是否树敌太多的问题一直备受争议。对此，王兴2017年在回答《财经》记者提问时直言："我们要扪心自问做的事情是不是对的，如果是对的、该做的，哪怕对手如林，还是要义无反顾。"

美团的"无边界拓展"第一次受到大众质疑是进军出行行业。在网约车领域，2017年，美团打车业务在江苏省正式上线，截至2017年年底日订单量已经突破10万单。但随着2018年美团多次因牌照问题被约谈后，其发展前景变得不甚明朗。在"最后一公里"出行方式上，美团2019年收购摩拜的后续情况也不容乐观。本来擅长后发先至的美团在收购摩拜之后，由于未将摩拜单车全面换新，导致被滴滴旗下的青桔单车、有支付宝导流的哈啰单车弯道超车。对于整个出行业务，2018年美团年度财务报告显示，受收购摩拜、发展出行等新业务持续投入的影响，美团净亏损85.2亿元，其中摩拜贡献45.5亿元，其余部分大都由网约车业务平台的高额投入产生①。

面对这样的高额亏损，王兴坚持做出行的决心依然坚定："出行业务是基于位置的服务（location based service），美团的业务特征很大程度上是和位置相关的，要么是服务提供者的位置，要么是服务需求者的位置。"显然，连接用户端和商家端的到店场景是美团全场景拓展必备的一环，而在即将到店消费顾客的交通工具上，承载互联网企业珍贵的消费数据入口——消费者将要在什么时间、从什么位置、去哪家店做什么，是美团帮助商户端设计营销策略的重要依据。团购和外卖的流量一手建立起的美团帝国深知数据的重要性。2019年4月底，美团上线"聚合模式"打车，重新做回擅长的平台业务，将多个网约车玩家接入美团打车平台，用户可通过美团App同时呼叫除滴滴外多个平台的汽车；而美团也正式将出行和吃喝玩乐场景打通，在选择餐厅或

① 《美团点评2018年度报告》https://pdf.dfcfw.com/pdf/H2_AN201904111318506320_1.pdf.

娱乐场所时，用户可一键呼叫网约车前往目的地。同时，美团将摩拜单车并入美团打车事业部，成立美团出行事业部，更换的新一代“美团黄”单车只能通过美团App扫码骑乘，意在将越来越多的流量入口集中在美团一个App当中。根据易观发布的《2020中国共享两轮车市场专题报告》，共享单车市场上青桔单车以3491万活跃用户排名第一，哈啰出行以3153万活跃用户排在第二位，美团单车（摩拜单车）排在第三位，活跃用户数量2264万[①]。但美团仍不会放弃出行业务，毕竟这是美团执行全场景覆盖战略的重要一环。

如今，美团已经将自己的业务划分为美团外卖（到家场景）、大众点评（消费场景）、美团出行（到店场景）三方面，构成了完整的全场景消费闭环，让消费者可以将线上所见的服务通过美团App立即在线下获得，而美团也通过对商家形成营销赋能、技术赋能、经营赋能和金融赋能，肩负着升级全社会服务性商户的社会使命前进。在这一闭环中，美团也将可变现性最强的消费数据全部囊括在美团App当中，掌握了消费者全场景需求和商户的整条供应链。

2019年美团净利润为46.6亿元，首次实现盈利；截至2021年第三季度，美团三大主要业务（餐饮外卖、到店酒旅和新业务）营业收入均有所增长，新业务的亏损抵消了其他两项业务的盈利。除了出行领域，美团还大力发展了美团优选、买菜、闪购等新业务。截至2020年12月底，美团优选已经进入中国2000多个县市，截至财报发布时，美团优选已经覆盖了中国90%以上的县市[②]。王兴表示:“在‘零售+科技’的战略指引下，我们更加坚定了‘帮大家吃得更好，生活更好’的使命，未来将继续通过科技创新加快推进生活服务及零售行业的数字化转型，为所有参与者创造更长远的价值，助力大家共

① 2020共享单车排名分析：青桔哈啰美团市场份额占多少？ 2020-12-15. http://www.cntzhy.com.cn/caijing/ 26628.html.

② 美团2020年报深度解读及2021年业绩展望. 2021- 03-27. http://app.myzaker.com/news/article.php?pk=605e89ca8e9f09239d1cbb9d.

创美好生活。”

除了盈利的压力，美团还面临着两大政策监管的压力：反垄断和骑手福利保障、配送安全等问题的考验。王兴曾在不同场合多次推荐过詹姆斯·卡斯《有限和无限游戏一书》，书中提到：“有限的只是人们的视野，而非我们审视的事物本身。意识到这点，就能够突破任何界限。”在互联网下半场不确定的未来，身经百战的美团严阵以待。

第4章

全面扩张战略

商场如战场，尤其是互联网行业，竞争态势瞬息万变，几乎每个“伞型企业”都在试图构建自己的企业生态帝国，其历程跌宕起伏。

当企业拥有了坚不可摧的“伞柄”，再据此锻造了牢不可破的“伞骨”，那么这把“巨伞”便已慢慢成形，继而徐徐张开，多产品的协同生态仿佛为企业编织了无所不能的大网，摆在企业面前的这条“康庄大道”就是——全面扩张，这也是无数企业全力以赴的奋斗目标。

然而，整个商业帝国的庞大生态系统不是一朝一夕筑成的，而是一个循序渐进的过程。在创立之初，更须有所决断，有所取舍。生态蓝图的布局、生态系统内部的协同关系、生态防御壁垒的构建，是全面扩张战略中需要着重探讨的三个方面，环环相扣，缺一不可，与扩张战略成功与否密切相关。

本章将从生态蓝图、全面协同和防御壁垒构建三个方面深刻剖析伞型企业是如何一步步完成全面扩张，最终构建起跨行业的多元化企业帝国的。

生态蓝图

开放or封闭

“生态”一词，本是生物学术语，是指生物在一定的自然环境下生存和发展的状态等，其本身似乎与商业毫无关联。近些年，几乎一夜之间，构建生态圈却成为商业领域炙手可热的终极目标，亚马逊、阿里、百度、腾讯、小米等，都在大张旗鼓地筹建各自的商业生态圈。生物学中有一种“生物多样性可以触发生态系统功能优化”的学说，各位商界大佬摸爬滚打几轮之后，都不约而同地认同，商业世界里也需要异质性的参与者。

企业构建生态圈的首要考虑因素是系统的开放性程度，这是构建者根据企业自身资源做出的基本判断，与其所在市场的位置、进入市场的时间，以及产品布局等都有直接的关联。

封闭系统与开放系统的核心差异体现在企业控制力、系统标准化和系统边界上。

控制力

在创建初期，利用市场的空白，苹果开发的iOS系统飞快积累了第一批App开发商，允许他们的软件在App Store上收费，为这些开发商提供了实实在在的收益。辅以高性能、高颜值，超高的市场占有率的硬件产品做支撑，2010年之前的iOS系统独领移动互联生态圈之风骚。

与苹果从底层的软件iOS系统到硬件手机、iPad再到App Store全方位封闭系统有所不同，后进入市场的谷歌把安卓系统完全开放给App开发商和手机硬件商，以便尽最大可能与苹果争夺移动端的流量入口。完全免费的开放性策略是安卓系统的一种竞争手段，让后来者居上成为可能。

开放性的生态能更好地吸引软件开发商，从而为系统带来足够的用户流量，但是封闭系统的优点也显而易见：使用体验的稳定性和安全性。在苹果iOS系统中，封闭系统的控制力极强，用户一致认为其操作流畅，且不会随着使用时长而降低效率，显著的安全性令苹果时至今日无须研发和使用杀毒、清理、安全性软件。

封闭与开放系统的区别昭示了企业的控制力。在iOS系统里上线的App需经过苹果的层层认证，满足其条条框框的约束。如果有收费项目，苹果系统还会提取30%作为管理费。它们对加盟成员施以足够控制和约束以便管理，但扩展性不如开放式系统，对加盟成员的吸引力也略逊一筹。因此大量软件开发企业首选把精力放在安卓系统，而不是苹果系统，谷歌的赶超策略卓见成效。

当然，并不是所有封闭系统都能像苹果系统那么有号召力，前无千亿级硬件产品的销量支持，后乏App Store的“吸金大法”，封闭的塞班系统从辉煌走向覆灭在所难免。

标准化

除了系统的控制力，开放和封闭两种生态系统还存在标准化程度的差异，从而导致系统性能和扩张速度有所不同。封闭的系统能够轻松实现标准化，开放的系统则需要兼顾外部的多样性和弹性需求。比如，安卓系统出现的软件版本有各种各样的接口，其建立标准化系统的难度比苹果系统高出许多。系统标准化与否直接导致的结果是在安全性、稳定性及扩张速度的差异。越是标准化的系统，在早期快速复制期间，其扩张速度越快。

系统边界

在生态系统构建初期，明确为外部合作企业和企业内部平台的分工界面，设定清晰的系统边界、友好的边界界面、完善模块化程度等都可加速系统的扩张速度。作为生态系统本身，若能提供大量的模块和控件，使后续的构建或嵌入更加便捷，那么系统扩张的速度将十分迅捷。

"微信之父"张小龙解读过微信的价值观，即为微小企业提供成本更低的技术开发、用户获取和传播路径。2017年1月9日0时，万众瞩目的微信第一批小程序正式上线，用户可以体验到小程序提供的不拘一格的各式服务。微信小程序无须下载安装即可使用，它实现了让应用软件"触手可及"的梦想。小程序的成长速度一日千里，在短短几个月遍地开花，无所不在。微信小程序看似是半封闭，实质上是接近封闭的一个系统。在这个系统中，微信本身的控制力极强，微信团队为开发小程序的用户提供了大量控件和接口，使小软件开发商和程序设计商能够简单便捷地去设计出符合自己需求的应用程序，从而顷刻打造出一个完备的小程序生态。尽管它封闭，控制力强，又高度标准化，但因其系统边界设定的较远，离用户较近，因此，小程序开发商可以轻易地在模块化的基础上扩展，通过调整系统边界达到生态系统的差异化，加快了整个生态构建的速度。

开放还是封闭，决定了企业生态的存亡以及后期的管理难度、扩展速度，是企业构建生态圈首要考虑的重要事项。系统特点对比汇总，如表4-1所示。

表 4-1　系统特点对比汇总

	封闭生态系统	开放生态系统
控制力	控制力强	控制力弱
标准化	标准化强	个性化强

续表

	封闭生态系统	开放生态系统
系统边界	生态边界=组织边界	生态边界>组织边界
适用性	适合行业先进入者	适合行业先进入者或者行业已经有企业做了封闭系统

由此可见，什么情况才可以形成生态，必须有多个物种，单一物种无法称为生态；同时，多个物种之间要有内在自洽的关系，完全孤立的多个物种不会形成生态。内在自洽的逻辑或者形成食物链，或者存在信息交换、能量交换，从而形成各种各样的网络结构，比如一个核心，该核心向所有分支输送能量；而食物链是典型的没有核心的生态系统，按照链条形成闭环。多物种之间从而形成交换。生态系统与外界存在边界，该边界如果是企业边界，就形成封闭系统；如果是组织间边界，就形成开放系统，比如上文提到的腾讯微信小程序之间共享数据、引流。

企业应该采用何种生态系统，取决于自身产品特点、进入行业时的竞争态势以及相关情境等多个因素。先进入者如果采用封闭生态系统，可以凭借较强的控制力进行产品标准化，获得用户好口碑，但同时也留给挑战者采用开放系统构建差异化优势，重复构建封闭生态系统无疑是与行业进入者抢夺用户，难度可想而知；反之，如果先进入者采用开放生态系统，也得同时接受开放系统的缺点，根据具体场景综合评估其可行性。

打造底层逻辑

任何一个生态圈都有它的底层逻辑。所谓底层逻辑，是生态圈中的企业之间或产品之间，存在前后项的逻辑。打造底层逻辑已成为构建生态圈的必修课。

打造企业生态圈的底层逻辑可从三个层面考量：卡位策略、系统基础和纵向一体化。卡位策略帮助“伞型企业”快速、精准地找到底层逻辑，系统基础是执行的关键点，纵向一体化的取舍决定了底层逻辑的深度和广度。

卡位策略

卡位策略寻求的是对其他企业形成前置制约的限制性优势。比如，软件可分为系统软件、安全/上网软件和应用软件三个层面：应用软件在安全软件的上层，会受到安全软件的制约，安全软件便是应用软件的底层；系统软件又是安全软件的底层，因为安全软件的运行始终基于系统软件。卡位策略能够帮助企业发掘谈判能力最强的环节。不同的企业擅长的领域不同，卡位策略也各异，从而形成迥然的企业性格。例如，Wi-Fi万能钥匙推出了免费的上网软件，而华为直接开发了系统软件。

当人们的日常生活越来越离不开智能手机，流量早已成为重要的资源。当你在一个没有Wi-Fi信号的陌生环境，流量又不可得时，对于Wi-Fi信号的需求就演变为一个底层的卡位式需求——必先上网，再谈其他。

Wi-Fi万能钥匙是一款基于分享经济模式而推出的免费上网工具，是由上海连尚网络科技有限公司开发的一款自动获取周边免费Wi-Fi热点信息并建立连接的Android、iPhone手机应用。通过云计算技术，将热点主人分享的闲置Wi-Fi资料加以利用，帮助更多的人上网。用户无论身处何地，只要打开Wi-Fi万能钥匙，即可看到周围有哪些可分享热点，点击链接即可上网。Wi-Fi万能钥匙横空出世，立即被视作底层软件满足了诸多网友上网的刚性需求，装载量大幅提升。工具虽小，却实现了4年9个亿的装机量。Wi-Fi万能钥匙成功的独特之处在于采用了卡位策略。

拥有了用户数量这一基础，软件随即可对用户后续的动作和行为给予引导和预测，从而成为一个绝佳的广告引流平台。当用户搜索Wi-Fi时，软件即可精准地定位用户的方位，也许是某个大型购物中心附近，也许是网红奶茶店一旁，再结合用户以往的浏览、消费等行为，对他们进行精准的个性化推荐。假如你出差到一个陌生偏僻的地方，手机信号不好，用Wi-Fi万能钥匙搜索到Wi-Fi信号的同时，你也被软件锁定了身份、位置，于是它开始“贴心地”为你推荐当地热门的酒店、餐厅、景点、娱乐场所……这些衍生的需求都可以成为卡位策略的延伸价值，从而发挥其巨大的广告优势，带来巨大的经济效益。

系统基础

卡位策略的升级版是构建底层的系统基础，所有后续技术开发都基于此系统架构。

微软在桌面端时代创造了强大的系统基础——Windows，所有的电脑装机软件都需与Windows系统兼容；移动互联网时代，对创新具有敏锐嗅觉的谷歌开发了安卓系统，所有手机应用总是会先推出安卓版才能确保下载量，“竞争是你们的，而地盘是我的”。各类软件的层级结构，如图4-1所示。

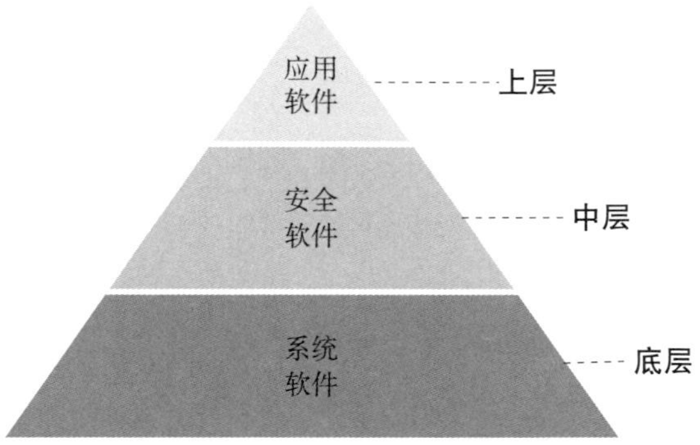

图4-1　各类软件的层级结构

现如今，比手机安卓系统更先进一步的是什么？所幸中国有华为。华为投入了相当大的精力和物力来构造5G的硬件设施系统，结合鸿蒙系统和华为的芯片开发，形成了三位一体的强系统基础。将来在5G的世界里，可把所有新开发的应用乃至其他软件、硬件都构建在这个系统基础之上。华为在做系统中的系统基础，其竞争优势是不言而喻的，极大地增强了其谈判力度和垄断能力，让人感叹任正非的远见卓识。

纵向一体化

在底层逻辑的构建当中，若再进一步发展，即为纵向一体化。从底层向上延伸扩展，须兼顾自身产品和其他产品发生的竞争是否影响底层平台的发展，从而对纵向一体化的深度和广度施以控制，找到适当的平衡点。

纵向一体化帮助企业思考，底层逻辑应该走多远。这像是一个大型的市政项目，企业以建设基础设施为己任，建设了一条又一条高速公路之后，开始考虑要不要做点运输生意。如果做，要买什么车？高端车、货车，还是大巴车？如果自己的货车对其他公司的货车造成倾轧，此类不公平竞争则可能令其他货车司机对道路本身产生排斥，进而影响整条高速公路的运转和收益。这就是为什么要找到那个恰当的边界，有效控制纵向整合的深度和广度的原因，也是实施伞型战略的企业需要思考和取舍的议题。

从电信设备到用户终端，再到操作系统、软件乃至芯片。直到海思一封“转正”公开信，我们才知道原来华为不仅仅是一家集成商，尽管已经完成核心零部件的纵向一体化，华为仍然坚持构建生态共赢，坚持从供应商采购大量零部件。纵向一体化成功的同时，华为清晰地界定着边界。当明确了位置，构建了基础，且有所为有所不为，那么底层逻辑就被企业牢牢掌控了。

生态竞合

有了底层逻辑，我们从竞合的角度去探究如何与其他层面的企业建立联系，关注整个生态内部的结构。企业与企业之间从来不仅限于竞争，也从来不只有合作，竞争和合作总是相生相伴，不过是在互相演化的过程中，也许在某个时点、某种情境下竞争强度大一些，也可能在某种特殊的情境下合作的意向又高过竞争。

寻找竞与合的平衡点是战略，也是艺术。

在构建全面扩张的生态时选择竞争还是合作，与其他企业火并还是冷战，对于双方也许都很难做出最佳的选择。

在商界，竞合是个常态。所以，构建全面扩张的生态时，企业要思考在这个生态中如何从竞合的角度来考虑内部机制的构建。

竞争机制与赛道

如果将伞型企业的生态平台看作竞技场，每个应用类别如同互不相扰的赛道，那么作为平台提供者，伞型企业理应维持公平竞争的机制，且襄助所有平台内部的企业各自发展，形成独立、公开、局部的竞争机制，这对伞型企业来说，大有裨益。

因此，实施伞型战略的企业的主要任务是维护赛道，而不是培养选手，让所有选手在其中自由奔跑，只要有一个优秀选手跑出来被公众认可，那么大家就不仅会认可这个选手，更会认可提供这个赛道的平台。通过选手间的公平竞争，获得公众对赛道和平台的认可——这个道理被很多企业发现之后，它们开始营造内部的竞争机制，不断打破原有的相对稳定的排他性的合作机制。

携程可谓是OTA（在线旅行社）行业中维护赛道的高手。携程通过对国内OTA赛道内各公司“连根拔起”式的并购，获得了OTA领域的王者地位：从同程到途牛，从艺龙到去哪儿网，各路大咖、小咖一并拿下。但携程只投资，不兼并，也不整合为一个品牌，而是维持它们相互竞争的关系。这就是携程能够长期保持OTA领域遥遥领先地位的诀窍。2020年我国OTA市场份额与携程收购之路，如图4-2与表4-2所示。

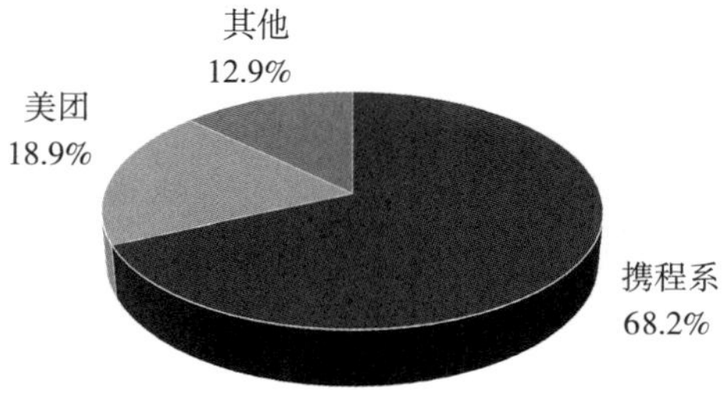

图 4-2　2020 年我国 OTA 市场份额

资料来源：Fastdata 极数《2020 年中国在线旅游行业报告》[①]。

表 4-2　携程收购之路

日期	收购对象	金额	比例	业务
2012年7月	世纪明德	B轮	30%估值10亿元人民币	游学
2013年5月	快捷旅店管家	600万美元	33%	移动App
2013年8月	上海大都市旅行社	800万美元	51%	供应商－旅行社
2013年8月	香港华闽旅游	1600万美元	收购	供应商－旅行社
2013年10月	蝉游记	3500万美元	未披露	在线平台－游记管理
2013年11月	众安在线保险	5000万美元	5%	在线平台－保险服务
2013年11月	慧评网	2200万元人民币+股权	35%	在线平台－酒店点评
2013年12月	持有如家15.39%股份、汉庭9%股份	－	投资	供应商－酒店
2013年12月	投资快捷酒店7天连锁	2550万美元	4%	供应商－酒店
2013年12月	一嗨租车	9405万美元	19.6%的可转换优先股	在线平台－租车服务

① 携程系：携程＋去哪儿＋同城＋艺龙。

续表

日期	收购对象	金额	比例	业务
2013年12月	易道租车	2300万美元	20%的可转换优先股	在线平台－租车服务
2013年12月	Keystone Lodging（该公司与7天酒店合并)	2550万美元	4%	供应商－酒店
2014年1月	途风旅行	2309万美元	控股	在线平台－度假产品
2014年4月	同程网	2亿美元	30%	在线平台－签证服务
2014年5月	途牛	3000万美元	4.6%	在线平台－度假产品
2014年12月	某传统旅行社	5000万美元	43%	供应商－旅行社
2015年2月	艺龙	4亿美元	37.60%	在线平台－酒店
2015年10月	去哪儿	增发换股	45%投票权、4名董事	垂直搜索
2016年11月	英国天巡	14亿英镑	100%	在线旅行搜索平台
2017年10月	Trip.com	未公布	100%	面向国际的一站式OTA
2019年4月	印度MakeMyTrip	互换股权	49%	在线旅游预订购买服务
2019年11月	TripAdvisor	合资公司	60%	全球最大旅行社区平台
2019年12月	龙腾出行	B轮	投资	机场高端出行服务商
2020年5月	Travix	未公开	收购	荷兰机票销售服务提供商

信息来源：根据网络公开资料整理。

从携程的案例中我们发现，伞型企业只需提供一个具有公平竞争机制并且适合奔跑的赛道，吸引所有优秀的选手都在这个赛道上奔跑，让所有选手都保持着竞争下的危机感，选手们反而会越变越强，由此保持整个生态圈的机体活力和再生能力。相反，如果赛道和选手之间建立了密切的合作关系，很快会有其他竞争性的选手凸显出来，将平台推向一个你死我活、恶性竞争的局面。

重新审视合作和竞争，让生态圈的构建更加健康、公平，生机勃勃。

合作机制与排他性

在长期的博弈历程中，企业渐渐地学会从自身发展的角度和社会资源优化配置的角度出发，而不是从某项单一利益出发，从单纯的对抗竞争转变成一定程度的合作成为大趋势。按合作程度的深浅，合作机制可以分为开放性和排他性两类。例如新手机中的软件预装，即可视为一种排他性的合作机制。若一台新手机中预装了某些软件，并且在每一个软件类别里只预装了一个软件，我们基本上可以判定这家软件公司已与手机生产商建立了合作机制，并且是排他的。比如说，VIVO和淘宝的合作，新手机一开机首页就有淘宝App，那么VIVO手机的用户在有购物需求时，很大概率不会再主动搜索其他购物App，于是淘宝和手机硬件建立了排他性的合作机制。我们在下沉市场的调查中发现，有很多用户不知道怎样安装App，这部分用户主要集中在中老年人。他们不敢自己安装App，担心各种各样的麻烦和风险，他们信赖手机出厂预装软件，销售人员协助或子女帮忙。即使是最信任的子女帮忙安装，也很少出现子女询问老人“您选择哪款App？”往往是子女装什么，老人就用什么，更不要说厂商预装后，这部分用户先删除预装软件然后有针对性地选择其他App。所以，这种手机厂商预装合作不但为用户带来方便，省去下载安装的麻烦，更成为淘宝在扩张中运用的切实有效的导流手段。同理，电商和媒体社交、社交和搜索、搜索和娱乐运动等，在不存在直接竞争关系的企业之间都可展开合作，相互搭配推广。

也正因为如此，若前文提到的纵向一体化的整合过深，作为实施伞型战略的企业，在上层或产业链的下游开发的新业务将带有先天的强排他的强竞争优势，令其他竞争者越来越难以生存，从而抛弃、离开整个底层的系统或平台。这是一个让人意外的结果，纵向整合越深，生态内部的合作机制建立得越多，对外部企业反而更加不利，更强的排他性最终造成得不偿失的结局。

竞合演化

万物皆变化，今天的竞争不等于永远也不合作，竞争与合作是相互演化的。

比如，在生态圈构建早期，处于上下游位置的企业之间也许是供应商和客户的关系，具有先天的合作环境；但随着生态圈的稳步发展，若上下游之中有任何一家企业的规模，相比另一家变得更大、更强，那么原来的平衡将很快被打破，它们的合作关系就会向竞争的方向演化。体量更大的企业往往拥有更多的合作方和资源投射，那么发展较慢的另一方将会面临更多的竞争和挑战。

同样，竞争也会向合作演化。若在同一个赛道中，企业之间的竞争会随着生态圈的构建从低集中度提升到高集中度，结果是企业数量越来越少，个别企业规模变得越来越大，这时的生态圈已从直接竞争的态势过渡到寡头垄断的状态。一旦形成寡头垄断，为了寻求更广阔的发展空间，这些企业逐渐产生合作的意向，发出共同的声音来应对全行业的挑战。因此，同一个赛道的直接竞争对手最终从竞争转向了合作。

作为伞型企业，不但要思考构建初期静态的竞争和合作的机制，更要看清长远动态的竞合机制演化，从而勾画出坚韧、持久的生态蓝图。

案例

小米——面向物联未来的生态帝国

2011年8月16日，一代小米手机问世，掀起了一场线上抢购高配低价智能手机的狂潮，创造了互联网时代以来硬件销售的奇迹。2013年年底，满脑子都是“打造第一性价比手机”的小米工程师们却接到了新的任务——启动小米生态链计划，进军物联网领域。此时，外界纷纷为这支只由工程师组成的、毫无投资经验的团队捏了一把汗：降低成本、搞技术，小米在行；搞生态链、搞投资，似乎不是小米所擅长的领域。由于物联网的概念在当时也很模糊，市场上的质疑者都倾向于用“噱头”来形容雷军的“大计划”。

在计划提出后的两年间，小米采用“投资+孵化”的模式开始了生态系统的建构和布局——小米并没有自行投资工厂生产，而是在市场上选择有潜力的硬件研发与生产企业并对其投资，而后通过小米的品牌、销售渠道和供应链为被投资企业赋能，使被投资企业能够迅速占据市场份额，成为小米共同布局物联网（IoT）的“盟友”，构建完整的生态链，以期未来在市场上能够有大量“小米系”智能硬件接入小米物联网当中，而小米也在这一过程中获得不菲的投资收益。小米产品开发历程，如图4–3所示。

图 4–3　小米产品开发历程

两年后，这支本不被外界看好的团队战果斐然，小米生态链已经覆盖了手环、空气净化器、净水器、扫地机器人等十几种产品，而被投资企业的资本市场表现也是颇为不俗：2018年先后在美股上市手环生产商华米科技和净水器生产商云米，市值在2021年11月分别达到4.81亿美元、2.47亿美元，而在2020年更有扫地机器人生产商石头科技和平衡车生产商九号智能在科创板上市，2021年11月市值分别为539.3亿元、426.4亿元。

2017年年底，在小米生态链计划实施三周年的节点，小米官方微博宣布小米已经成为全球最大的智能硬件平台，而董事长兼CEO雷军更是信心满满地回应："每天有超过8万个新增设备接入小米IoT，我们欢迎更多的合作伙伴加入这个全球最大的智能硬件IoT平台的开放计划。"经过四年的努力，小米将模糊的物联网生态具象成一个雄伟的商业帝国。2021年，小米生态链已通过投资330余家企业，进入数十个甚至几百个细分市场。

2019年，雷军提出小米集团的"双引擎战略"——手机+AIoT（AI+IoT），将AI和物联网摆在了和核心业务手机同等重要的位置；而被小米品牌和渠道赋能的小米生态链如今为小米做物联网创造了无数入口，从而反向赋能小米IoT业务。2019年上半年，小米IoT业务创造了高达149亿元人民币的收入，增速超过44%，小米IoT平台已连接的智能设备数达1.96亿台，同比增长69.5%，为即将到来的物联网时代做好了充足的准备。

相互赋能

回顾小米生态系统的构建过程，几乎就是一部中国物联网发展史。如今，改善生活质量的智能硬件已成为备受消费者追捧的新的需求点。对此，雷军曾提到，中国的许多传统市场都必须迎接变革，这些市场中较高的定价与不能令人满意的质量之间的差距给了小米机会。

与空调、冰箱等大型家电行业的寡头垄断形势不同，诸如净水器、扫地机器人等小家电的市场上玩家众多，缺乏生产高性价比产品的头部企业重塑行业秩序，消费者持续面临着产品质量差和价格贵的两难选择。此时，小米带着对产品品质的高要求投资硬件生产商，使得被投资企业必须针对用户痛点进行技术改进：云米净水器创新设计的3秒自动更换滤芯、小米手环能耗与大小平衡达到极致的自主研发电池、石头扫地机器人的扫拖地一体浮动主刷设计等，大大提升了产品的市场竞争力，同时倒逼竞争对手也进行技术革新，提高整个行业标准，盘活整个市场。

在解决消费者痛点、激活市场后，小米还对被投资企业赋能，帮助其扩大竞争优势并进一步转化为销量。其一，小米在智能手机时代积累下的品牌效应可以为被投资企业背书，为生产商进行产品宣传、融资、上下游议价等方面提供便利；其二，小米完善的供应链曾是小米手机能够维持低成本生产的制胜法宝，用小米供应链赋能智能硬件生产商能够大幅增加其产能并降低成本；其三，小米已然成形的线上渠道“小米商城”、米家App、小米有品等，以及线下渠道“小米之家”，能够帮助生产商减少开设线下门店或入驻京东、苏宁等线上平台的成本，也让小米的用户流量更顺利地借助其他智能硬件变现；其四，小米的商业理念主张“极简”“解决80%用户的80%需求”，这一理念聚焦产品核心功能，符合当今时代消费者对于智能硬件的需求，同时，舍弃掉的部分昂贵但并不是主要需求点的功能可以降低小米系列产品成本，与竞争对手形成价差，这一理念的正确性在小米手机、手环的成功都得到了证实。

得到以上多个方面以及小米投入的资金本身的支持，被投资企业产品能够迅速抢占市场份额，而小米的“只持股，不控股”的投资思路也给予被投资企业极大的空间，保持原始团队的活力，也让小米避免了像乐视一样陷入资金困难的窘境。同时，这一扩张过程又为小米自身积累了广大的用户群体——用惯小米路由器的消费者又何妨购入一台小米扫地机器人试试？各产品之间的互相引流也达到了极致，做到了和真实世界的生态系统一样相互依存、相互促进。站在这一生态系统核心的小米，则通过这些智能硬件渗透进广大消费者的生活，悄然储备了竞争物联网时代的最强资源。

物联未来

在人们十分熟悉的电影《钢铁侠》中，钢铁侠托尼·斯塔克的人工智能管家贾维斯深受广大观众喜爱。贾维斯是一个强大的全声控人工智能，经常和斯塔克拌嘴逗趣。令我们关注的是，贾维斯收到语音命令后，便可传达给斯塔克房间里的家电，而后电灯打开，咖啡机开始磨咖啡豆，扫地机器人开始工作……

如今，智能家电的普及已经让电影里的桥段在身边成为现实，各大家电生产商都开始“为家电注入灵魂”，生产智能设备并接入物联网平台，实现智能家居的畅想。人们通过手机App或智能音箱即可操纵家电的运行，此时，智能手机/智能音箱便扮演了现实生活中“贾维斯”的角色。因此，在物联未来的竞争中，小米无疑已经取得了先发优势：小米自身主营业务就是手机，光MIUI的活跃用户就超过4.86亿人，物联网的控制中心就借助小米手机的用户十分顺畅地搭建起来。

以手机为核心，小米生态链逐渐延展，按照与主营业务的关联程度逐渐从手机周边产品扩展到覆盖全部生活场景的各种智能设备。用户可通过米家App对自己所购买的所有小米旗下智能硬件进行操控，同时用户的使用行为数据也全部通过米家App传输到小米物联网平台当中，为进一步摸清消费者习惯、生产更符合消费者需求的智能硬件做准备。除此之外，小米还进入生活耗材领域，让小米产品覆盖用户生活的每一个角落，最终通过生态链内部的流量传导，极大地降低了获客成本，小米LoT计划也走向大繁荣。小米生态布局结构，如图4–4所示。

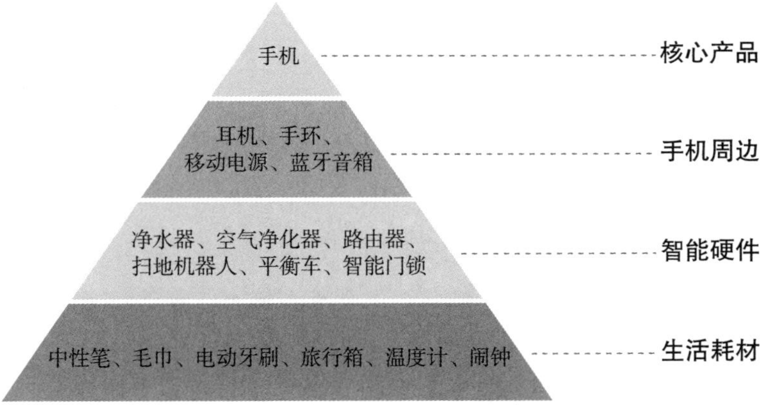

图4–4　小米生态布局结构

根据财报数据，截至2018年年末，拥有5台以上小米IoT设备（不包括智能手机及笔记本电脑）的用户数近230万人，同比增长109.5%，在物联网领域小米初步建立起护城河[①]。2020年小米IoT与生活消费产品业务全年收入达674亿元；仅2020年小米IoT产品进入全球80多个国家和地区；小米以手机为核

① 《小米集团2018年年度财务报告》https://i01.Appmifile.com/webfile/globalweb/company/ir/announcement_hk/ANNUAL_RESULTS_2018_cn.pdf.

心的“手机X AIoT”战略不断取得成效，不包含手机和笔记本电脑产品在内的已连接小米AIoT的设备数已经高达3.25亿台，其中拥有5件以上连接小米AIoT的平台设备的用户高达620万，同比增长52.9%；米家App仅仅在2020年12月就有4500万的月活跃用户[①]。

值得注意的是，小米在物联时代的进一步发展仍存在着许多隐忧。虽然2021年第二季度，小米首次超越苹果达到市占率全球第二（17%），同比增长83%，但在同年第三季度即跌回第三位；在国内，荣耀以18%的市占率超越小米，排名第三，而排名第五的苹果也在奋起直追，年增长率达到62%。小米手机既没守住国内的市场份额，也没保住世界第二的位置，芯片短缺的影响还在持续，手机品牌同质化的竞争也愈演愈烈。

同时，在小米对用户在智能家电、物联网领域进行市场教育后，更多的传统家电巨头也逐渐进入市场，而小米在传统家电领域涉足不深，与美的、格力等企业在渠道、品控等方面几乎无法相提并论，无法很好地为传统家电生产商赋能。传统家电又是智能家居的核心，因而小米先发优势建立起的堡垒比想象中脆弱得多。

除了外部竞争形势不容乐观外，小米生态链自身也面临着许多考验。小米低比例持股的策略在生态链的建立和扩张过程中无疑发挥了重要作用，但也让小米构建的生态系统其利益并不是高度一致。在华米、云米上市后，由于其主营业务收入的97%都来自小米和单一客户带来的风险，市场对于“小米系”上市公司的估值极容易受到小米的影响。小米生态链企业“去小米化”进程已经悄然发生：很多小米生态链企业除接入米家App外，也能接入苹果的Homekit；以云米为首的许多生态链企业开始发展自有品牌；华米等企业也在寻求与腾讯等具有更强大资源的企业合作……在逐渐“去小米化”的过

① 全面解读小米2020全年业绩报告：手机X AIoT策略成效显著. 2021-03-25. https://baijiahao.baidu.com/s?id=1695185818757149709&wfr=spider&for=pc.

程中，各生态链企业之间由于本就有交叉领域，其竞争关系在逐步“各为其主”的过程中变得更加明显。如何解决小米自身产品问题和生态链企业竞合关系问题，将成为小米在即将到来的物联网时代面临的两个重大考验。

全面协同

艾媒咨询2018年发布的中国互联网企业价值排行榜[①]中，阿里巴巴的市场估值全国排名第一，腾讯紧随其后，我们在榜单中还看到了诸多耳熟能详的名字：百度、京东、滴滴、小米、美团……这些互联网巨头都在风云变幻的市场中站稳了脚跟，不畏风浪，全力前进。它们构建的生态蓝图恢宏壮丽，是将协同效应发挥到极致的典范，令无数中小企业望尘莫及。

本节将着重探讨全面布局生态蓝图的重要性，具体从协同的本质、节奏的把控以及生态的自洽三个维度展开。

协同的本质

成本共享

多种产品共享同一个生产销售、财务行政等流程和资源，从而节省成本，即为成本共享。成本共享降低企业的运营成本和用户的使用成本，是在传统行业和互联网领域充分使用的协同手段。超市货架上，剃须刀和刀片的打包销售价格往往比单买其中一件更优惠。除了厂家希望促进产品之间的连带销量，还可通过节约包装成本，让利给消费者，实现企业和消费者双赢。相应地，电商们的“搭配更划算”“满百包邮”等，也都是通过成本共享的手段节省了包装费和物流费，从而给到消费者更实惠的价格，为企业创造更

① 2018年中国互联网企业100强排行榜，2018中国互联网企业价值排行. 2019-02-18. https://www.phb123.com/keji/hulianwang/31777.html.

高的客单价。

除了有价商品的成本共享，时间成本共享也可为产品协同创造潜在的价值。近年来智能家电产品声浪渐高，传统家电摇身一变成为朝阳产业，其中海尔智慧冰箱就是一例。面对不同种类的用户需求，一款多功能冰箱能实现N个不同的智慧场景，比如显示/播报冰箱内各类食品库存情况，食品过期提醒，有针对性的菜谱，甚至根据用户体质数据等智能配餐，各类食品的能/热量计算，等等。在未来，智能冰箱再与用户购物需求捆绑，为一键下单、直接将食材配送入户提供更多可能，将大大节省用户的时间成本，获得更高的时间成本共享价值。

反之，如果产品的协同效应不明显，一旦给用户留下浪费时间的印象，就会产生适得其反的效果，企业和产品形象由此受损，甚至造成产品销售量、App装载量或活跃度下降。

获客导流

互联网时代中降低成本更常见的方式是“获客导流”，或称“交换流量”。获客导流带来的是双赢局面：不仅企业获客成本下降，用户们也可更便捷地得到所需信息。

阿里拥有了淘宝的用户流量，继而导入了天猫，让天猫一夜之间拔地而起，站稳脚跟；小米从手机突破，聚集了一大批“死忠粉”，再推出智能家电时，只要贴上小米的标签，就自动收获了“米粉”们的认可；美团收购了摩拜，共享单车的使用入口即从微信交接到了美团App上。当A产品有了一定的用户量，这时再推广相关B产品，那么从产品A到产品B的导流就水到渠成，一方面更加精准，另一方面成本更低，B产品的成长速度也有可能实现大幅提升。获客导流是互联网特有的协同手段之一。

社群认同

当企业拥有了一批忠实用户，已覆盖到旗下的A产品、B产品，并形成社群，若此时在产品生态中加入C产品，那么这些忠实用户有极大可能去尝试C产品，这就是社群认同的力量。苹果在推出iPhone和iPad多年之后，在2014年推出了iWatch智能手表，吸引了大批“果粉”的关注。在“果粉”看来，佩戴iWatch代表了一种身份认同和品牌归属，在“果粉”们相互影响和驱动下，社群认同感最终极大地提升了协同效应。

在当今新能源汽车爆红的时代，蔚来为我们重新定义了汽车服务——一种基于社群的用户体验。2018年8月，在深圳平安国际金融中心，蔚来第八家NIO House体验中心正式开业。在开业当天，蔚来创始人李斌发布了其最重要的产品——“蔚来值”。蔚来值将记录每一位用户对蔚来社区的贡献，体现用户在蔚来社区中获得的成长，是一种等级制度。用户可以通过产品购买、用户发展、效率提升、社区推广、特殊贡献等方式提高自己的蔚来值和等级，权益表现为积分奖励加成、社区大事件投票和热门活动优先权等。它看起来很像航空公司的常旅客计划，会员制度让用户享受更好的权益，但又不需要用户掏钱，只需在社区里花时间和做贡献即可。

建立社群，体现了蔚来的流量思维。对于李斌来说，蔚来要重新定义用户体验，通过汽车相关的场景，建立链接和社群，与用户进行线上和线下的连接。NIO House可作为获取线下用户的入口，集成蔚来体系的整体流量——蔚来希望越来越多的用户进入这个生态体系中——他们可以是购车的用户，也可以是不购车但在App体验中感到舒适便捷的用户，这成为蔚来打通线下流量的关键点。于是，在蔚来的社群中有一群铁杆粉丝，专门对蔚来的品牌和产品服务展开评判，抱怨其不足，但他们不允许粉丝以外的人给蔚来任何差评。品牌的认同、社群的集聚，成为蔚来独一无二的车企标签。

传统汽车产业链中，保险公司、4S店、汽车厂商皆各行其道，而蔚来社群的建立，将线上线下的用户进行整合，从而打通了产业链的上下游。除了卖车，上下游其他产品的拓展销售自然水到渠成，打开更为宽广的市场疆域。

当然，需要特别强调的是，以上设想都要建立在单点渗透已完成的基础上，即蔚来本身的销量要达到一定量级，这就涉及多个业务之间如何把握推进节奏的问题。

节奏的把握

经验告诉我们，协同效应不是在某一个时点全面爆发的，而是循序渐进，存在着某种适配的节奏。伞型战略的所有业务，建立协同效应并逐步加强协同感至关重要。协同效应的节奏感可从四个维度去把握：产品节奏、业务节奏、现金流节奏、品牌价值节奏。

产品节奏

通常，伞型企业所辖产品较多、覆盖市场面较大，各个产品及其市场的增长速度各异，那么，企业面临的决断是，把资源平分给每个产品、百花齐放，还是有的放矢、有所侧重？产品开发并非都是越快越好，能投入的资源毕竟有限，把握数量、控制速度才能提升产品质量，增进整个生态的协同互动。

腾讯曾把“快”做到极致，马化腾追求“小步快跑，试错迭代”，高峰期腾讯版本的迭代速度达到一个月一更新；腾讯又把“专注”做到极致，上市前只做立业之作QQ，一直做到行业老大，上市之后开始推出QQ邮箱、QQ商城、QQ浏览器，一步步稳扎稳打，每个产品都快速做到第二或第三的位置，再启动下一个产品的研发。被冠以“全网公敌”称号的背后，也集聚了互联网行业对腾讯产品开发节奏感把控之强的惊叹！开发速度的节奏感示意图，如图4-5所示。

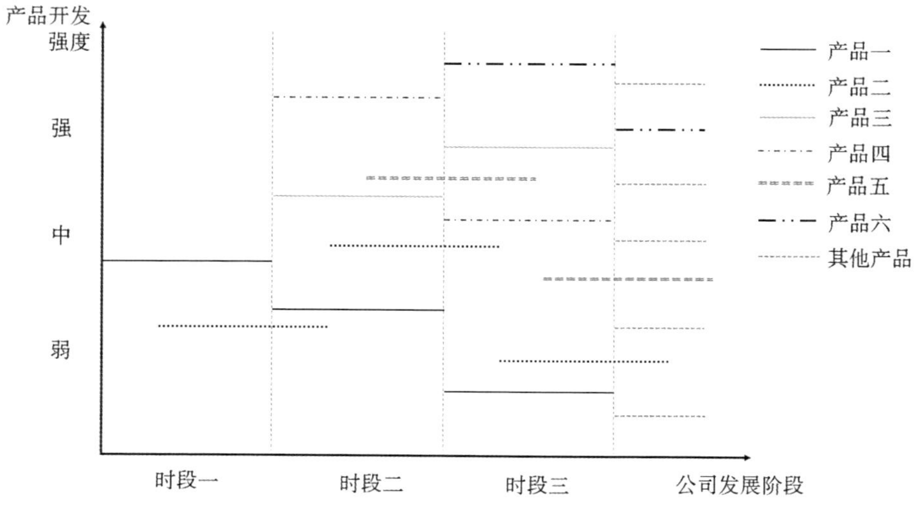

图 4–5　开发速度的节奏感示意图

上图中，在时段一，即公司在发展初期，只能集中精力开发有限的产品，哪怕只开发一款产品，让这一款产品快速地迭代，使其极致、专业、精致，从而打开市场；但公司此时整体产品开发强度只是中弱水平。进入时段二，公司快速成长，公司有更多资金、更强的技术实力开发多款产品，但是第一款产品的生命周期可能已经过去，所以它的开发强度会比第一阶段减弱。到了第三个阶段，整个公司进入成熟期，拥有极强的开发能力，因此，可以开发众多产品。一家企业的产品形态会呈现一个喇叭形，产品会随着企业发展越来越多，老产品不断被淘汰，新产品不断推出，企业需要根据不同产品的生命周期决定应投入的开发资源，这就是开发速度需要把握的节奏感。

业务节奏

共享在同一把“大伞”下的多个业务，错综复杂的协同关系如同一张大网，企业需高屋建瓴地提出决策：究竟是先发展业务A和B的协同，再发展B和C，还是反过来？这其中可能存在着内在逻辑上的先后关系。

美团公司内部有一个类似雷达的扫描团队，无时无刻不在监控中国商业社会正在发生的互联网交易项目，日过千单即刻跟进学习研究。这个扫描机制让美团发现了外卖，也发掘了电影、酒旅、出行、新零售、充电宝等产品/业务。那么在众多产品背后，美团应按照一个怎样的逻辑顺序来进行产品的开发和推广呢？美团第一个找到的协同化场景是团购和外卖，团购主要是到店吃饭，美团由此掌握了店家商品信息和消费者购买信息，那么就可顺理成章地做外卖。美团又从餐饮数据中发现，“吃完饭后看个电影”是一个高频需求。因此，美团借助到店餐饮业务导流，逐渐发展出占据观影订票选座行业70%市场份额的猫眼电影。

显而易见，餐馆吃饭和看电影是一个协同化的场景，而餐馆吃饭和打车之间不存在强联系。如果在餐馆吃饭和看电影的协同效应已经初具规模之后，数据就能告诉我们：哪些观众去看了电影，他们走出电影院以后面临着新问题——回家方式如何选择：是坐地铁还是打车？因此再去发展打车业务，这三者的协同效应就逐渐清晰明朗了。

如何判断是先做餐馆吃饭和看电影业务，还是先做餐馆吃饭和打车业务呢？在实际应用中做场景调查将对企业决策大有裨益。通过场景调查去研究哪个组合的发生概率和协同性更高，那么就重点发展该业务组合。

现金流节奏

“华尔街教父”格雷厄姆曾说，最好和人类最基本的两项本能——贪婪和恐惧背道而驰，才能做出正确的投资决定。对企业现金流的把控也大抵如此：理性须大于感性。

所谓现金流节奏，是指在构建不同业务的协同过程中，这些业务对现金流的需求不同，从而以不同的资金投入和转出速度来支撑业务协同发展的过程，即企业该找钱的时候要找，该花钱的时候要花，该省钱的时候要省。如果企业忽视这一点，其市场损失、时间损失、经济损失将难以弥补，甚至追悔莫及。“巧妇难为无米之炊”，现金流是比利润更重要的指标，是企业维持业务正常运营的必要条件。

为争夺市场份额，中国互联网的战场总是硝烟弥漫。以短视频为例，按需求人群占比和频次计算，短视频的用户空间应是社交软件的1/3，DAU（日活跃用户数量）大约在3亿人。也就是说，谁先达到3亿人，就意味着谁掌握了这场战役的主动权[①]。“头条系”自布局短视频行业以来，不断提高营销预算，并在合适的时点投入重金狙击曾为短视频行业大佬的快手。2019年春节期间，“头条系”掌舵人张一鸣请抖音做一个激进的推广预算，提交的方案是8天1亿元人民币。张一鸣问CFO：“最大化能调用多少钱？”CFO说“5亿美元”。张一鸣说：“那就5亿美元8天，全砸下去，因为春节8天所有人都有空闲，娱乐是核心[②]。”由此，抖音与快手的差距越来越大。面对竞争对手的压力，快手不得不摆脱“佛系”状态，宣布进入“战斗模式”，烧钱冲刺2020年春节之前峰值3亿人的DAU目标。抖音快手2019年的DAU情况，如图4-6所示。

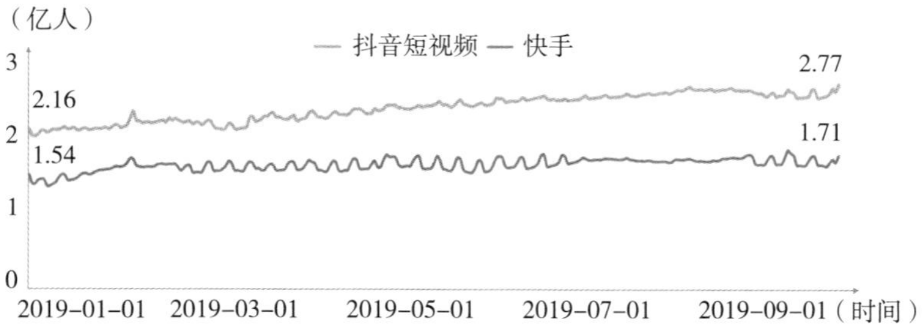

图 4-6　抖音快手 2019 年的 DAU 情况

品牌价值节奏

品牌价值是企业最重要的无形资产之一。在伞型战略企业中，每个产生协同的业务都在分享共担着企业的品牌价值。有的业务可为企业的品牌增值，

① 多次“调低”、烧钱冲刺，快手能完成自己的KPI吗？ 2019-11-04. http://tech.ifeng.com/c/7rIpg8YPdVr.

② 梁宁. 增长思维30讲.

而有些产品可能会影响品牌，甚至稀释品牌价值。品牌价值的节奏感主要体现在不同业务对品牌价值的影响程度上。

以前文提到的苹果和小米的案例做对比，两家企业在构建品牌价值的节奏感把握上，苹果略胜一筹。小米在手机领域大获成功后，很快扩张到一些协同业务，比如开发小米盒子、小米电视、小米路由器等产品。然而小米不甘于此，迅速扩大版图到售卖水壶、滑板车、拉杆箱等，希望从“为发烧而生”的品牌定位走到“品质生活”。由于产品品类多元化短时间内飞速发展，产品相互间无法紧密捆绑在一起，且授权贴牌的品控能力未及时跟上，反而模糊了自己的品牌形象。而从电脑到手机到iOS系统，苹果产品始终延续着它的设计风格和设计理念，没有去做类似贴牌数码相机或牛仔裤等产品，所以苹果才能连续六年高居Interbrand榜首，成为“全球最佳品牌”。

动听、绝响的音乐绝不是节奏越快越好，与意境相匹配、充满感染力的节奏感才能让乐曲似高山流水，余音绕梁；构建生态圈亦然，在坚持公司战略方向的同时，把握好速度、业务、现金流和品牌价值这四重节奏，才能让生态蓝图绚烂多彩。

生态的自洽

创业生态圈的研究中有一个自洽的属性，强协同、强排他、系统自足是生态自洽的三个显性标志。一个理想中的、具有旺盛生命力和强大竞争力的企业生态中，自洽可以说是企业的终极目标。

强协同

没有孤立产品，也没有系统冗余，生态自洽的产品之间都有强烈的协同感，给人以生机勃勃、良性循环的印象，企业像一个有机整体，稳步向前。微软经典的Office系列产品之间协同度相当高，Word、Excel、PowerPoint……几种办公软件虽在功能上各有侧重，但界面相通，切换自如，既提高了办公室白领们的工作效率，又美化了文档形式，强协同给用户带来了便捷和舒适。

阿里的淘宝和支付宝作为互联网时代的创新产品，二者相辅相成，缺一不可，它们相互映衬的这些年，让消费者心甘情愿地被局限在一个小小的屏幕上，看着万千世界里琳琅满目的丰富商品，忍不住下单购买。强协同带给用户的不仅是1+1的使用体验，而且是远远大于2的超值享受。

值得警醒的是，如果在生态蓝图里有跟其他产品的协同度是零的产品，就要引起高度重视，就要想方设法去提高这款产品和其他产品之间的协同强度，或者干脆砍掉。冗余的低协同度产品将大大消耗公司内部资源，钳制整个生态系统的发展。

强排他

强有力的生态蓝图对内表现为强协同，对外则表现为强排他。强排他的生态系统内部是抱团的，紧密衔接在一起，任何一个产品或业务与生态系统外部的业务之间会产生强烈的互斥性，甚至完全不兼容。如此使得用户在选择了A生态系统后就会全盘接受A的所有产品，而不再考虑其他生态系统的产品。

强排他的产品属性能够为伞型企业源源不断地输送利润，将用户留在自己的生态系统中，不接触其他生态的产品。这既是一种强大的魅力，也是自信心的体现，同时伞型企业也面临着史无前例的巨大挑战。

强排他的产品生态系统把边界捍卫得非常清晰，这会受到三种影响，分别来自新顾客、对手、时间的演化。对顾客而言，虽然强排他的产品可以让用户留在自己的生态圈内，但是当生态系统构建完毕后，想要吸引全新用户，他们可能会因为系统内部自洽的强排他属性而拒绝进入这个生态圈，即“进去了我就走不了”的心理障碍。强排他会加剧企业和对手的竞争强度，减少合作的可能。随着时间的推移，顾客需求、技术、竞争格局等会发生变化，这种强排他的生态系统会让企业失去通过向外部扩张从而适应时间变化的可能性。

强排他不意味着无法攻克，但攻克需要成本。例如在淘宝上购物，买家与卖家联系只能用阿里旺旺，无法用QQ、微信等其他聊天工具。现在卖家为了更近距离与买家建立沟通，常常会在包裹中加入一张“扫码加微信，领3元红包”之类的卡片，这个扫码的动作和3元红包就是买家和卖家为了攻克竞争性排他而支付的成本。

系统自足

能够在太空生存一直是人类的梦想，建设未来太空城，城内设施完全可以自给自足，不需与外界发生物质交换，这种封闭式的人造生态圈也是企业所追寻的理想状态。所谓系统自足，是企业在构建的生态蓝图中，用户所有需求都能在系统内得到满足，无须再跨系统寻找，最终实现生态自洽。

免费的淘宝吸引了10亿级的买家和卖家，这些买卖需求更是上百、上千亿级的庞大数量。在坐拥如此繁复的用户数据过程中，阿里相继推出了支付宝、天猫、菜鸟、聚划算等一系列耳熟能详的产品，这些产品渐渐成为我们生活中不可或缺的存在。90后、00后的年轻人也许没有逛过集市，进过菜市场，但他们一定搜过淘宝，拥有支付宝账号。在阿里的生态体系里，囊括了挑选、支付、物流、售后等全场景需求，甚至延伸到线下的支付、出行、餐饮、娱乐等场景中。在阿里的伞型生态之内，用户可以游刃有余地买到任何心仪的商品，而支付安全、物流快慢、退换货这些麻烦事儿都交给阿里好了。商业驱动的阿里生态体系，如图4-7所示。

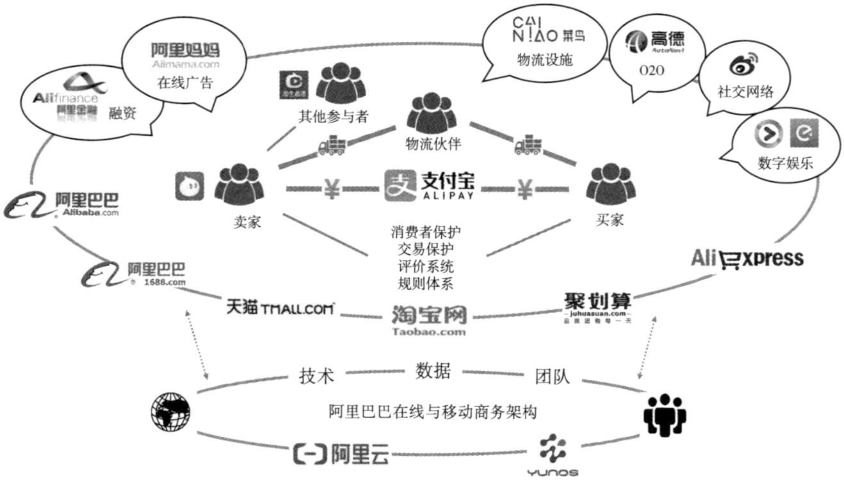

图 4–7　商业驱动的阿里生态体系

图片来源：创业邦网站，https://m.cyzone.cn/article/156667.html.

伞型战略企业的生态蓝图是如此绚丽多彩，又充满挑战。多少企业奋起又倒下，挫折后又东山再起，但无论成败，它们的努力让我们感受到在以往任何时代都未曾见过、只有在互联网时代才显现的壮丽图景——产品强协同、强排他和触手可及的生态自洽，每一个伞型企业都值得被尊重，它们在创造着一个又一个庞大的商业帝国。

案例

乐视——“生态化反”，破碎的梦

“眼看他起高楼，眼看他宴宾客，眼看他楼塌了”。贾跃亭在过去的15年里，让诞生于山西省一个小县城中的乐视成为中国A股IPO企业中第一个网络视频公司，让“生态化反”的概念迅速渗透到整个互联网行业；但扩张过后，乐视资金链断裂，走向万劫不复，成为企业发展大起大落的经典案例。

2004年，曾在山西省垣曲县税务局做网络技术管理员的贾跃亭带着他的“无线流媒体”研发团队来到了北京中关村，开始接触互联网视频领域。在那时，互联网视频领域还主要以点播与分享模式为主，视频客户端仅做平台之用。此时，贾跃亭就预测，著作权必将成为日后互联网视频网站竞争的重要壁垒。因而，乐视网大量购买著作权，由乐视网收费发行。果然，在政府加强对著作权管理、封杀盗版网站时，乐视网凭借其先发优势，成为中国拥有最大影视著作权资源库的互联网视频企业。

此后，乐视顺风顺水，甚至在2007年取得了央视春晚的独家网络直播权。2010年，乐视在客户端的基础上进行业务拓展，发展互联网电视终端业务。但从2006年开始，中国互联网视频企业数量激增，在优酷、土豆等获得巨额融资的视频网站夹击下，乐视前期建立的壁垒逐渐被资金击碎，其流量已经下滑到互联网视频领域十名以外。面临严峻的形势，贾跃亭决定让乐视登陆A股融资。2010年6月，乐视登陆创业板，成为中国网络视频IPO第一股，上市后的乐视也进入了第二个重要发展阶段。

搭建壁垒

在上市时，贾跃亭第一次向世界展示了他的“乐视模式”，即打造基于视频产业、内容产业和智能终端的“平台+内容+终端+应用”完整生态系统，第一步就是做互联网电视。早期乐视生态模式，如图4–8所示。

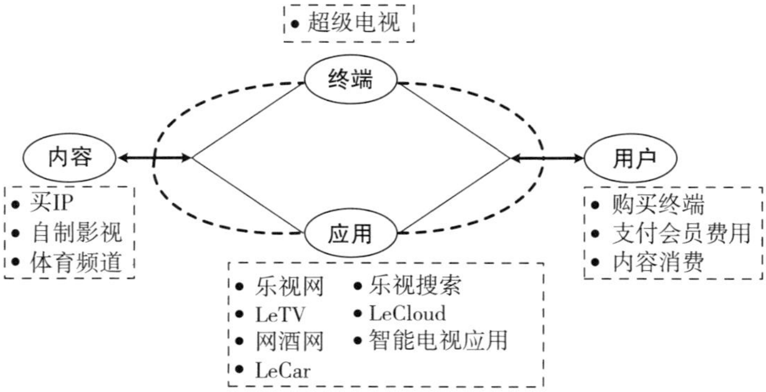

图4–8　早期乐视生态模式

基于之前积累的著作权内容，乐视在互联网电视这条路上走了很远：2012年，乐视与中国网络电视台（CNTV）达成合作，让乐视互联网电视的机顶盒能够唯一连接到CNTV。2013年，乐视在此基础上推出了乐视超级电视和乐视盒子，全面布局终端产品。

乐视由于本身有丰富的内容资源储备，且乐视网经过多年深耕，已积攒下来一定的用户群体，这部分留存下来的用户对影视版权重视程度较高。因而，在与拥有网络视频分发权的牌照持有方合作后，这一内容资源库即可通过乐视盒子在互联网电视上播出，乐视便可将内容资源通过互联网电视等终端变现，为进一步维护版权、储存竞争力提供资金支持，形成完整的商业闭环，企业的护城河也被慢慢建立起来。2010年上市以后，乐视一直保持着优良的财务数据，在网络视频企业竞争进入白热化阶段之时，开辟了一条新的道路。

但好景不长，乐视的互联网电视业务在2014年遇到前所未有的挑战：2014年7月，原国家广电总局下令整顿商业网站与牌照方合作分发视频资源的情况，要求所有互联网电视的网络视频内容都由牌照方负责，乐视网储存的内容面临无法播出的局面，生态系统遭受重创。整改令下发后，乐视连续两天跌停后停牌。停牌期过后，贾跃亭带着他增持股份的消息和新的PPT重出江湖，闭环被重新定义，乐视的命运走向了第三个阶段——“生态化反”之路。

风生水起

所谓“生态化反”，是乐视在本来具有紧密联系的影视内容版权、视频网站和智能电视终端的基础上继续向外扩张，分别延伸到了体育版权、电商网站、超级汽车与超级手机等更加广阔的“生态领域”，建立一个业务在不同领域扩张但通过乐视的品牌紧密相连的共同体。

2015年5月，乐视体育完成了首轮融资，获得了包括万达、阿里巴巴领投的超过8亿元资金。为表示对乐视体育的信心，贾跃亭甚至与投资人签订了三年内上市的对赌协议。获得融资后，乐视坚持一直以来奉行的“IP运营+内容平台+智能化+互联网服务”策略，接连购买了NBA互联网电视播出权、F1赛车独家转播权、英超联赛版权等国内外顶级赛事的版权。纵然体育赛事版权相比乐视得以发家的著作权来讲昂贵了很多，但此番跑马圈地后，乐视体育几乎垄断了这一市场。到2016年年中，乐视体育在内容平台上已经拥有310项全球顶级赛事版权，其中72%是独家资源，全年转播的赛事高达1万多场。

如果说乐视体育的商业逻辑还在大众对乐视的想象范围之内，那紧随其后出炉的“SEE计划”就显得令人难以捉摸。2014年年底，贾跃亭在微博证实了乐视进军汽车行业的举措。关于这项计划，贾跃亭表示：“乐视的SEE计划，将复制乐视生态垂直整合的成功模式重新定义汽车，通过自主研发，打造最好的互联网智能电动汽车。”为了完成这一目标，贾跃亭在美国建立了智能汽车团队，并透露“智能汽车领域几乎一半的人都加盟了乐视的硅谷公司”。同时，乐视也与上海汽车、阿斯顿马丁等汽车企业达成合作，共同生产智能汽车。2016年4月1日，乐视LeSEE首款概念车亮相，“造车计划”初现成果。

与此同时，乐视又杀进了智能手机这一片“红海”之中。2015年4月14日，乐视在北京五棵松体育馆和美国硅谷两地同步举行战略新品发布会，采用生态补贴硬件的定价方式，正式发布乐视超级手机1、1Pro与Max。虽然起步较晚，但也算是搭上了互联网手机风口的末班车。凭借乐视自身在互联网行业的焦点作用，乐视手机一时风头无两。凭借“全球首个无边框ID设计”等噱头，乐视手机上市初年便实现销量1000万台，2016年增加至2000万台。为达到这一数据，魅族勤勤恳恳地耕耘了15年，而乐视只用两年就完成了逆转，实现了从默默无闻到行业前十的跨越。乐视生态模式，如图4–9所示。

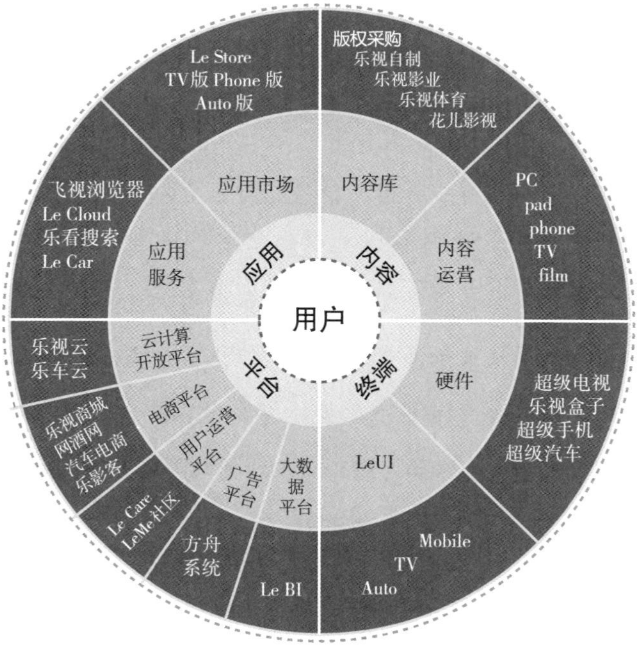

图 4–9　乐视生态模式[①]

① 小米魅族与乐视，谁将主导智能生态圈？2015–02–03. http://tech.sina.com.cn/mobile/n/2015–02–03/08029994292.shtml.

2015年5月12日，是应当被乐视及其所有投资者记住的一天：当日，乐视网股价创下了历史最高值，达到了179.03元/股，总市值超过1500亿元。半年前，乐视还因互联网视频分发问题停牌，半年后就冲破千亿元大关，成为创业板第一股。在当时，乐视已经拥有内容、电视、手机、汽车、体育、金融、云七大生态，逐步建立起“以用户为中心，垂直整合、三核驱动、四层架构的开放闭环”，使得无数投资人相信了乐视体育、乐视汽车、乐视手机的未来，愿意与他一起“为梦想窒息”。

窒息一梦

乐视的股价一路飙升，贾跃亭对于乐视生态也越发自信，但这看似繁华的生态也引来了诸多质疑：乐视新老业务之间逻辑联系并不紧密，生硬组合在一起制造出的生态，各业务单元之间实际可供借力的地方有限。且不管是汽车、手机、体育还是乐视云都是十分烧钱的业务，在此基础上仍能交出颇为亮眼的财务报表，其背后是否存在问题很难不引人猜想。

终于，乐视的财务魔术还是被揭穿在了台面上，由于缺乏自身造血功能，2016年11月，乐视资金链断裂，财务危机大规模爆发，各业务线都因缺乏融资无法继续。这一年，乐视旗下易到CEO离职，乐视手机掌门人被打入“冷宫”，乐视体育高层全部离职，版权被贱卖，而贾跃亭最钟爱的乐视汽车也没能再一次出现在2017上海国际车展上，乐视生态全面宣告失败。截至2019年第三季度，乐视已成为1元股，市值较巅峰时期缩水99%，资本市场神话终结。被融创集团董事长孙宏斌“接盘”后，曾经风光无限的手机、体育及互联网金融均被裁撤，没有协同性的扩张最终回到了原点。

对于这样的结局，一位乐视前高级管理人员在接受媒体记者采访时提到：“视频起家的乐视涉足地产、电视、手机、汽车、体育、影视、金融等多个不搭边的领域，构建的生态结构需要贾跃亭拥有比一般企业家更加老道的多维平衡术，偏偏贾跃亭是个不懂管理的理想主义者。”在每个领域内都有巨头的情况下，乐视无论资本、技术、人才都不占优势，且在主营业务盈利能力本就不强的情况下，新业务之间又缺乏协同性，这对于企业运营来讲有巨大的难度。

2017年6月，贾跃亭辞去乐视上市公司乐视网的全部职务，专任乐视汽车全球董事长，开始“专心造车”；但在宣布辞职的前一天，贾跃亭就已经飞往美国，将乐视永远扔在了身后，取而代之的是关于Faraday Future（法拉第未来，简称FF）的“逆转梦想”。“电动只是载体，汽车作为下一个最有潜力的智能平台，其价值无须赘述，车联网方面，FF的产品理念走在前面。”熟悉的“造梦”让FF拿到了第九城市的6亿美元注资成立合资企业。可喜的是，FF公司于2021年7月22日登陆纳斯达克股票交易市场上市，预计在2022年7月交付造了8年之久的FF91智能电动车；然而就算FF的市值涨得再高，也和贾跃亭关系不大了，因为他在2020年用自己在FF的股权偿还了乐视所欠的29.6亿美元债务，把债权人变成了FF的股东。“造梦大师”贾跃亭的创业故事，未完待续。

建立防御壁垒

《孙子兵法》有云：“用兵之法，无恃其不来，恃吾有以待之；无恃其不攻，恃吾有所不可攻也。”所谓“伞大招风”，伞型企业在一路狂奔中成长，同时鼓舞着身后的一大群跟随者：他们既是虔诚的信徒，看着，学着，膜拜着；又是一群凶狠的对手，等着，窥视着，蠢蠢欲动着。这是个弱肉强食的丛林世界，防御的重要性不言而喻。

伞型企业筑造防御壁垒可从用户退出壁垒、对手模仿壁垒、行业进入壁垒三方面入手。用好这个“金三角”，就等于给伞型战略业务群建立了稳固的“防风墙”，御敌于外，独领风骚。防御壁垒的金三角，如图 4-10 所示。

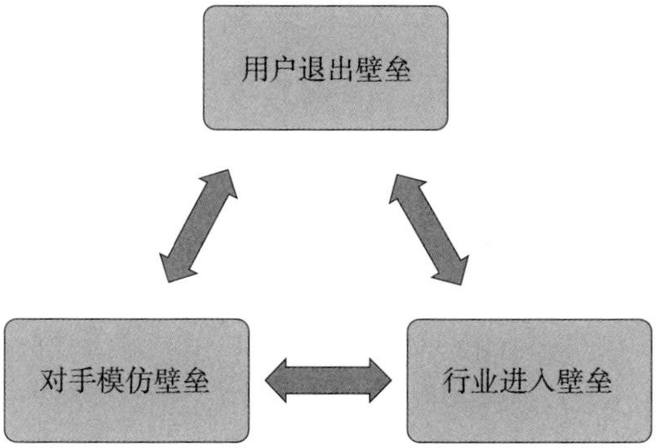

图 4-10　防御壁垒的金三角

用户退出壁垒

许多用户都有过类似的感受：在使用某个App之初，曾花费不少时间设置了大量个性化的选项，若此后再更换为其他同类型的App，可能会有诸多不习惯，且需要再次耗费时间精力去重新进行个性化选项的设置，尝新的念头随即很快被打消；又或者在一个经营很久的群组里，活跃着很多或一起“征战新服”（游戏服务器），或一起熬夜看球，甚或一起怀孕带娃的朋友/网友，那么再到一个新的社群另起炉灶，从头培养新的关系则不会有动力了。凡此种种，都是产品商家在潜移默化中设计的用户退出壁垒，让用户在不知不觉中自愿留下，且留得更久。

如果能让用户在退出产品时产生一定的沉没成本，让用户转换品牌时不再随心所欲，而是有所纠结，有所不舍，甚至无法退出，那么用户的退出壁垒就成功建立了。关于用户的退出壁垒，企业可从以下几个角度来构建。

使用习惯

都说陪伴是最长情的告白，习惯是最难割舍的情感。那些用漫长的时间和经历养成的习惯，会逐渐成为每个人自身的一部分，改变它需要更大的动力，这就构成了用户退出的壁垒。

比如，手机划屏，如果市面上大多产品都是从左往右划，而某项产品创新性地采用从右往左划，最初在产品推广阶段将会面临一定障碍，但若过了这一关，一旦用户使用上手，形成习惯，再去更换其他不同规则的产品将会无从下手。

用户的使用习惯特征在不同的系统选择之间也表现出非常显著的影响。比如，用惯了微软公司的Word和Excel，则很难驾驭苹果的Pages和Numbers，同样都是字符处理软件和数据处理软件，但由于用户使用习惯的差异致使产品转换尤为困难。同理，用惯了Windows系统的电脑，再尝试苹果系统就会不适应。不同的操作系统培养了相异的用户使用习惯，成为阻挡用户流失的一个有利壁垒。

社群网络

互联网时代，用户之间更易形成稳定的社群，人与人的联系变得比任何时代都更快速、更便捷。当用户之间在产品中建立了足够稳定的关系，会因此形成一个坚固的退出壁垒。尤其对社交软件而言，让用户从一款常用产品转换到另一款新产品绝非易事，并非原有软件自身有多么科学和完善，关键是熟悉的圈层、熟悉的人都在原有产品的社群中，单独一个用户的迁移显然不能撼动整个社群结构，这也成为桌面端的腾讯QQ以及移动端微信时至今日持续拥有海量用户、很难被转移的主要原因。

2018年8月20日，在锤子科技发布会上，创始人罗永浩又为人们带来了惊喜，他详细解读了锤子科技推出的一款新社交App——“子弹短信”，并声称已发现微信里上百个反人类的设计细节。老罗的“子弹短信”纠正了许多他认为的微信App中存在的“bug”，如可以通过输入语音发送文字，长语音显示进度条，等等。若单纯从界面设计和用户使用体验来讲，“子弹短信”确实给用户带来了“让信息飞一会儿”的享受，但没有因此获得海量用户的青睐，其中一个很重要的原因大概就是，微信几乎占领了社交App的整个市场，已完完全全跟人们的生活捆绑在了一起，“子弹短信”的所有目标用户几乎都活跃在微信里。当他们打开“子弹短信”，看着干干净净的通讯录，有什么动力舍弃聊惯了的微信，再投入到“子弹短信”的怀抱呢？最后不到5个月，“子弹短信”就从App Store以及各大安卓应用市场下架。

数据积累

在用户使用某个产品一定时间后，一定会留下诸多“痕迹”，也就是大量的用户数据沉淀。这时，用户若要转换新的产品，除了那些熟人圈层，还需要把以往的个人数据整体搬迁，这是有难度的，此为第三种退出壁垒。

在日常生活中，那些追求时尚、在意形象的年轻女性，一定有较强的理发、护发等需求，一个自己满意的发型、喜爱的发色，不仅有助于提升个人的整体形象，还能增强自信。若意外步入一个新开张的理发馆，难免会忐忑不安：担心理发师不了解你，或许他无法准确洞察你的需求和偏好，或者他会给你推销不必要的消费项目，等等。没有积累性数据就意味着不信任，同时改造发型失败的可能性也将大幅提升。反之，如果仍去那家常去的理发店，找到熟悉的“Tony老师”，你无须耗费过多口舌，“Tony老师”非常清楚你的需求，会很快根据你以往的喜好，形成一个精准匹配的造型方案，这就是最直接的用户数据积累所带来的优势。

在互联网世界里，积累性的数据体现在：如果企业基于对用户行为的持续跟踪和相应数据的整合分析，做出精准推送，那么用户在这个频道里看到的内容将越来越符合他的需求和喜好。知乎、豆瓣、今日头条等都采用了此类方法——通过用户积累的数据为其主动呈现精准适配的后续产品。

在to B端也有类似的案例。比如，一个B端用户要更换自己的软件服务商，或IT系统供应商，将会面临原始数据安全的风险，以及更新后的数据能否无缝衔接，是否会给运营带来阶段性障碍的担忧，甚至还可能存在重新构建基础数据库的不菲投入。此时，积累性的数据本身已成为B端用户和企业共同拥有的资产，该资产已锁定住用户，让离开变得越来越难。

系统性

由于伞型企业内部所有产品都相关互联，具备较好的协同性和自洽性，因此，用户若想退出，面对的就不是单一产品的退出，而是整个系统的退出。这是系统性带来的退出壁垒。

例如，用户用iPhone拍好照片，自然而然地通过iCloud同步上传到了他的iPad或MacBook。如果此时改用安卓系统的手机拍照，就无法与苹果系硬件互联，这无异于想吃西餐却发现家里只有筷子，任务与工具似乎不能完全匹配，无形中增加了很多冗余的流程，用户在不同操作系统间传输这些照片时，甚至可能带来数据的丢失或格式不兼容。所以，那些购买过许多苹果产品的铁杆“果粉”，在手机更新换代时，会面临极大的用户退出壁垒。这里，不得不赞誉苹果在牢牢锁住“果粉”上创立了先河，将产品的系统性运用自如。

对手模仿壁垒

由于企业和产品的特殊属性，导致竞争对手难以模仿而形成的壁垒，即为对手模仿壁垒。在建立了对手模仿壁垒后，原有产品的竞争优势得以更好地延续，从而形成更稳固的防御阵势。一般来讲，让对手难以模仿的手段包括系统关联、用户社群规模和对抗意图。

系统关联

系统性产品不仅仅是用户的退出壁垒，也可以成为对手的模仿壁垒，因为系统内部多产品协同是对手难以效法的。具有前瞻性的企业往往在产品设计之初就有意识地布局出产品间的相关性，让自己旗下的多个产品形成系统。竞争对手模仿其中一个产品相对容易，但模仿整个系统要难得多；而面对一套完整的系统，仅一个相似的产品很难形成有效的打击力度，从而无法在竞争中获得有利位置。

比如，在漫威系列电影当中，虽然每一个英雄角色都有其精彩的故事，但他们共同组成了浩瀚的漫威宇宙，这个宇宙在粉丝心目中是独一无二的存在。事实上，BAT 三家公司都在一定行业范畴形成了整套系统，让新进入者难以模仿和超越：百度聚焦于搜索和导航的诸多频道，阿里专注于电商的方方面面、上下游产业，腾讯聚焦于社交和娱乐的各条线，它们都在自己伞柄业务单点渗透的基础上扩展了盘根错节的伞骨业务，并交叉渗透连接成巨大的业务网络，形成一个个“大伞”。

用户社群规模

对手模仿壁垒中的用户社群规模与用户退出壁垒中的社群网络一脉相承。当一家企业的用户规模已达到足够大的数量级，比如某个产品已拥有几亿的活跃用户，此时再去单纯模仿产品已毫无意义，再仿造甚至升级同款或类似的产品也无法再获同等数量级的用户。上文提到的“子弹短信”案例就是前车之鉴。所以，对手在用户社群的规模上实难突破，构成了一个很高明的对手模仿壁垒。

由此我们发现，如果企业间规模相当，它们都会把规模快速做大作为第一要务，因为这样可以使用社群规模的优势来阻挡对手的模仿和竞争，产生强者更强的马太效应。

对抗意图

动物界有不少身藏剧毒同时却拥有鲜艳体色的动物，例如，通身鲜明多彩、生长在热带雨林的箭毒蛙，是世界上外表最美丽的青蛙，也是毒性最强的物种之一。这些鲜艳的体色就是对敌人起到威慑和警告作用的警戒色，让敌人不敢靠近。

作为企业，也可以在战略层面主动构建具有强烈对抗意图的对手模仿壁垒，比如，在历次竞争中都向公众和社会展示强大的竞争力和进攻性，让自己的战斗力在行业内人尽皆知，那么想模仿的对手势必要先克服一定的心理障碍，这就达到了在“企业丛林”里“禁止模仿”的威慑目的。

在这方面最典型的企业莫过于360安全卫士，迄今为止，再也不会有人花力气去开发安全软件，因为360的周鸿祎早已被封为“红衣教主”，几乎没人有胆量去主动进攻这位名嘴、斗士的地盘。这大概就是对抗意图所带来的对手模仿壁垒，把对手震慑到不敢靠近。

行业进入壁垒

“金三角”的第三类壁垒我们称为“行业进入壁垒”，与退出壁垒和模仿壁垒都是为处在同一行业内竞争的对手构筑的壁垒不同，行业进入壁垒阻挡的是行业外部的潜在进入者，他们想要进入某个行业，成为新的玩家，那么这个行业本身的进入壁垒会一定程度上将他们阻挡在外。从行业的特点出发，这种行业进入壁垒来自该行业的竞争力度、发展阶段、资金需求规模、用户的成熟度和政策法规约束这五个方面。

竞争力度

竞争力度是行业进入壁垒的最显著因素，行业竞争越激烈，行业外的玩家进入其中的意愿就越弱。在共享单车的行业竞争达到白热化时期，几乎没有企业再敢投入该领域就是一个典型的例子。当然，拥有强大用户资源和殷实家底儿的阿里和美团，推出“哈啰出行”和“美团单车”，成为后起之秀，蚕食着共享单车的市场，靠的是“树大好乘凉”。

发展阶段

行业的发展阶段也会影响潜在竞争者的进入意愿。任何一个行业都会经历“萌芽——发展——成熟——衰退”的生命周期。如果进入行业相对较早，发展空间和市场潜力更大，企业更容易获得成长；若该行业已经处于成熟阶段，“蛋糕”难以继续做大，且已经被瓜分得差不多了，其产业吸引力自然会下降，随即形成进入壁垒，让潜在进入者望而却步，踟蹰不前。

在本书第2章曾介绍过，滴滴和快的在打车市场发展初期斗得你死我活，直到二者兼并后再不见彼时厮杀惨烈的光景，新兴市场的流量红利已渐渐消散，捞一票就走的想法已不敢奢望，各位局外看官在日趋成熟的市场面前望而却步。因此，企业在进入某个行业之前，有必要先对其做一番发展阶段的分析判断，摸清此行业的进入壁垒，以便采取恰当的应对战略。

资金需求规模

资金需求规模是一项重要的行业进入壁垒。如果资金需求不高，比如几十万元、几百万元的启动资金就足以进入某行业，那么该行业就不易阻挡潜在进入者。反之，如果进入门槛是几十亿元、几百亿元的资金规模，这定会成为该行业的一个重要进入壁垒。

比如，新能源汽车领域，基础制造首先就需几百亿元的投入，再加上停车场、充电设施的基础建设等更是无法估量的投入。即使有政府补贴，新能源汽车行业仍像是一个嗷嗷待哺的婴儿，期待着资本无穷无尽地付出。因此，要想成为新能源汽车行业的玩家，必须得有强大的资金实力，这就构成了资金需求规模的行业进入壁垒。

用户成熟度

无论何种行业，用户属性始终是第一位的，行业中用户的成熟度也是一个重要的进入壁垒。

在行业刚刚兴起时，用户对该行业的游戏规则没有概念，对行业的认知也不够成熟，进入壁垒相对较低；当行业发展到一定阶段后，用户已积累了一定量的消费体验，在这个过程中被锻炼得老练、理性，对该行业也有了深刻的理解，信息更是高度透明，此时他们的决策会更加理性从容，成为一个个“成熟”的用户，潜在竞争者进入该行业的壁垒也就提高了。

比如身经百战的团购资深用户，可能会对各种团购平台百般挑剔，无论是界面、流程，还是产品性价比等，他们可以指出不同平台的各种问题。类似地，一个已经拥有两个孩子的资深母亲，在面对早教课的推销人员时，一定较新手妈妈理性克制，甚至频频问出极具挑战性的问题，将新进入的不太成熟的企业置于尴尬境地。这些新进入者在面对成熟用户的诘问时，往往会压力骤增，要么迅速提升自身能力和价值以便赢得更强的竞争力，要么走向消亡。

政策法规约束

当企业在一个较新的领域嗅到利润空间并蠢蠢欲动时，可能有意无意间成为一个新兴行业的开创者，那么逐步完善的政策法规约束也许会成为阻挡后来者的重要壁垒。

在行业发展早期，往往存在政策法规的空白区，比如，企业进入该行业没有政策性的准入门槛，无须经过行政审批，运营过程也不用接受政策管控，此时企业往往是野蛮生长，占尽先机；而随着政策法规逐步完善，后来进入者可能需要履行一系列的行政手续才能获准进入该行业，且业务开展还要面对各种条条框框的监管束缚，利润空间也可能会被各种合规成本蚕食，这就形成了政策法规约束的行业进入壁垒。

在2012年微信刚刚推出公众号时，为了鼓励更多媒体和媒体人加入，有过非常诱人的注册政策，一些媒体和个人抢占了先机，注册了很多小号，直到监管力度非常大的今天，依然可以一天内多次发布推送文章，让每天最多发布一次的后来者羡慕不已。随着政府对媒体渠道和内容加大监管力度，2018年微信推出两次限制注册的政策——个人申请公众号上限由最初的5个降到2个，再降至1个；组织、企业类注册数量上限由50个调整为5个，再降为2个。曾经申请过的木已成舟、依照旧例，而未申请过的个人或组织只能遵照新政策，这对那些试图搭建“新媒体矩阵”的营销团队无疑是一个重击，大大提高了进入壁垒。随着微信对广告的逐步规范，加上用户成熟度日渐加深，企业在微信上以口碑、促销、点赞等方式迅速裂变的营销红利期似乎也将成为过去，后进入企业若试图通过微信建立营销渠道，将深受掣肘。

总体而言，来之不易的伞型帝国不能被轻易撼动，伞型企业在早期用户培养、产品设计、行业选择和战略布局时就应高度重视，深思熟虑，建立防御壁垒。若用户退出壁垒、对手模仿壁垒和行业进入壁垒三个维度都能预先做充分考虑和精心设计，那么企业所构建的伞型帝国竞争优势则可以较长时间地维持。

案例

苹果——坚不可摧的壁垒

1976年，苹果电脑公司诞生于乔布斯父母的车库，由史蒂夫·乔布斯、史蒂夫·沃兹尼亚克和罗·韦恩三人共同创办。在公司成立的当年便推出了他们的第一款产品Apple Ⅰ电脑，奠定其规模发展的基础。1977年，经典产品Apple Ⅱ登场，是全球首台真实意义上的电脑，获得了巨大的市场成功。1980年，苹果电脑公司于纳斯达克上市，Apple Ⅲ同步面市，竞争对手IBM兴起。1985年，乔布斯退出苹果电脑公司。

1997年乔布斯回归后，苹果开始大放异彩，开发了iMac电脑系列产品，随着iPod媒体播放器、iPhone智能手机以及iPad平板电脑的相继问世，乔布斯成功塑造了苹果品牌形象。无论是产品设计、科技创新，还是品位与时尚，苹果已然成为现今世界各国消费者热捧的焦点。

时至当前"后乔布斯时代"，40多年过去了，苹果依旧是美国著名的高科技公司之一，更是全球最成功的企业之一。"攻城容易守城难"，苹果如何牢牢坚守自己的一方疆土，这与其防御策略密不可分。

用户退出壁垒——极致倾心的用户体验

苹果专注于用户需求的挖掘与研究，通过技术创新实现用户的心理预期，将产品精准地呈现，这不仅培养了用户的使用习惯，也强化了产品的客户黏性与忠诚度，最后通过高品质的服务将用户体验推向极致，形成专属苹果用户系统生态圈的同时，扎实地构建起苹果用户的退出壁垒。

2007年，第一代iPhone诞生，结合了iPod与手机功能，只有一个物理按键，并可重力感应变化图片，彻底颠覆了传统手机“小屏幕与多物理按键盘”的使用模式。2008年，iPhone3G发布，App Store同步上线，改善提升了网速，并支持GPS功能。2009年，推出新iPhone3GS，自此，苹果形成了“一年小变，两年大变”的迭代规律。

2010年，iPhone4正式发布，它将照相手机、个人数码助理、媒体播放器以及无线通信设备的掌上设备融于一体，首次加入视网膜屏幕、前置摄像头、陀螺仪、后置闪光灯、30万像素的前置摄像头，相机像素提高至500万，并首次向世人展示其独有的FaceTime视频电话的创新功能。iPhone对手机的重新定义，成为苹果历史上最经典、最成功的一款产品，风靡全球。苹果做到了“再次改变一切”。

从iPhone迭代的过程中我们发现，苹果特别重视产品创新设计与品质控制，并用其特有的对用户需求的洞察力与对产品的创新力，一次又一次地带给用户惊喜，始终让苹果“保鲜”，让人有所期待，也正是这种期待，保持着对消费者的吸引力。因此，苹果在全球拥有大量的粉丝社群。他们有的是媒体撰稿人，有的是创意设计师，有的是时尚达人、博客主播，还有的是开发者，但共同点是他们都是资深和忠实的苹果用户。这些忠实“果粉”形成了稳定的群组、圈层和不易被撼动的身份认同，基于满意的强用户黏性成为苹果用户退出的第一道强大壁垒。

极简美学的外形与创意内容本身塑造了苹果产品区别于其他产品的差异性，苹果系统在此基础上进一步演绎强化。例如，苹果产品使用iOS系统，流畅度高，无论是手机桌面滑动，还是App操作，其在运行速度与触控速度上都优于当时的其他系统。苹果系统中的游戏可直接通过App Store安装，无须下载游戏安装包，对大型游戏玩家来说体验非常好。同时iOS系统没有清理后台的操作，还增加了安装保护机制，强行开启手机的锁屏密码必须要输入原有Apple ID的密码，对比其他系统，苹果系统在保护用户的隐私泄漏方面更胜一筹。加上苹果提供的云端服务，用户的档案资料全部放在云端，使得用户放弃使用苹果产品的门槛更高了。苹果iOS系统的流畅性和安全性、iCloud的数据传输保障是苹果用户退出的第二道壁垒。

此外，苹果系统上App软件更新升级总是很快，得益于苹果着力打造其App Store应用软件商店。App Store在为手机用户带来便利的同时，也为第三方内容提供商搭建了盈利的平台与健康发展的产业生态。这种激励相容的设计，推动了开发者更加积极地开发与升级应用软件，用户总能在苹果系统上第一个“尝鲜”。因此，用惯了苹果系统的那些热衷追赶潮流的用户，便很难转向安卓等其他系统的使用，这形成了苹果用户退出的第三道壁垒。

苹果塑造了其产品与iOS系统方面的高门槛，此外，它还有第三个硬核的壁垒，即通过充满人性化的系统、软件产品以及服务，将所有产品都无缝融合在一起，通过苹果产品特有的生态圈为用户带去高价值与超预期的体验。具体来说，一台iPhone智能手机上配套有iCloud、App Store、Game Center等网络平台，用户不仅可以随时云端存储或读取档案数据，还可以在App Store网站上选择适配硬件产品使用的超30万件应用程序，在Game Center实现个体的游戏需求，甚至能与苹果的其他电子产品进行数据交互。再以iPhone手机与Mac电脑的交互为例，除了基础的同步通信录、提醒事项、备忘录、快捷指令等功能，还可以隔空投送，实现苹果设备之间文件数据传输；iPhone打入电话，电脑可以接听；Wi-Fi手机共享；跨设备复制粘贴文字、图片功能；钥匙串功能（一台设备保存账号密码，所有设备都可以用）；iCloud可以同步多台电脑桌面、文稿；苹果电脑可以用手机当作电脑的“眼睛”，拍照直接存进文档；甚至可以直接把iPhone镜像到Mac上，借助Mac的大屏幕看电影和玩游戏等。甚至最常用的充电线接口，都是独一无二的lightning接口。上述这些功能，如替换其中的任何一种设备，都无法实现贯通。用户关于苹果产品的心理账户已形成，在这个基础上，用户对它的依附越难以割舍，转换成本越高。苹果的闭环生态圈成为其无法被逾越的最后一道用户退出壁垒。

对手模仿壁垒——不可复制的科技龙头

苹果作为一家成功的科技型企业，“基业长青”的关键在于必须具备他人无法复制的核心竞争力。这个核心竞争力需要有价值、稀缺性、不可替代以及难以模仿等特性，以此形成对手难以超越的模仿壁垒。

首先，从专利、知识产权的角度来看，作为创新浪潮中的引领者，苹果发现自己的每次创新带来的不仅是公司自身在市场上快速拓展与用户忠诚度的提升，还给追随者以模仿的路径，这与苹果通过不断创新以巩固其核心竞争力的初衷有所偏差——不仅无法成为防御对手的武器，反而为对手做了“嫁衣”。于是，乔布斯开始思考并着手于公司专利与知识产权管理的调整。

从专利与知识产权的特性来看，它具有领先性、独特性和法律保护的特征，可以规避竞争对手抄袭模仿的风险，从而保障享有人的权益。苹果注重自我产权保护的同时，也注重保护别人的知识产权。根据2018年全球专利数据库、分析解决方案以及网络服务制造商（IFI Claims Patent Services）统计的数据，苹果总计获得2147项专利，在美国排名第11。至今，苹果的专利申请仍持续不断，但它的专利数量远不及其他世界级科技公司的数量，原因在于苹果的产品并不拥有全部专利。以iPhone智能手机来看，它的几百个零部件关联着几十个国家上千家专业的厂商，这条产业链上的所有厂商为苹果服务。换个角度来说，苹果已经做到了产业链上的“统治者”，它需要拥有属于自己的专利与知识产权保障自己，但是它不需要拥有所有产品零部件的专利，因为它可以设定标准，要求提供服务的厂商必须符合这些标准。这种特有的地位与属性不是对手可以轻易模仿并做到的，这就是苹果的第一道对手模仿壁垒。

其次，苹果的系统闭环与用户社群规模高度捆绑、相辅相成，是其第二道对手模仿壁垒。据苹果透露的数据，截至2019年1月，共有14亿台苹果设备正在使用，预估苹果坐拥用户在10亿左右。对比华为，2019年5月，有华为高级管理人员在微博宣布华为EMUI系统日常活跃度达到了4.7亿。相形之下，苹果拥有如此大体量的用户规模，行业内难有公司超越。

最后，苹果品牌特征鲜明，并在行业占据主导地位，是其第三道对手模仿壁垒。它的成功，源自“优秀的软硬件产品+一流服务体验”。硬件确定了苹果在终端领域的占优地位，软件与服务帮它掌握了互联网生态环境的主动权。用技术创新与服务体验为客户创造价值；除了硬件销售，还实现了平台内容重复销售变现的商业模式，既具备强进攻能力，又拥有高度的自我防御能力。当一家企业成为一个行业或领域的代表后，它就拥有绝对的市场地位与话语权，去挑战一个领域的最强者往往令人望而生畏。苹果的品牌知名度与威慑力，是阻止对手模仿的有效屏障。

综上，苹果的所有产品几乎都成为行走于潮流前沿的宠儿，市场鲜见同类产品能与之媲美，也难有对手成功模仿。

行业进入壁垒——“持续发力，应变未来”

透过苹果看行业整体，整个IT市场进入成熟发展阶段。这个阶段具备如下典型特征：市场与需求增长不再显著，技术成熟，行业特点、竞争状况稳定，用户市场形成，行业盈利能力下降，新品、功能开发更为困难，技术壁垒高，等等，这些让整个行业的壁垒变高。单以手机行业来看：

竞争力上，全球的智能手机行业发展趋于白热化，品牌竞争格局已经形成，进入大洗牌时代。为了获取更大的市场与利润，各品牌厂商向高端市场发力成为主流。国产手机厂商正面迎战苹果、三星等国际品牌。根据2021年第三季度Counterpoint的数据，全球手机市场出货量达3.42亿部，其中三星出货量占比20.2%，列首位；苹果出货量占比14.0%，排名第二；小米出货量占比12.9%，位列第三；而vivo和OPPO分别排名第四、第五。全球市场竞争激烈，但角逐新机会，“大厂”依然是主角。新进企业如果没有绝对的压倒性优势，难以进入；即便进入了也可能败北出局，不易存活。

资金规模上，科技产品更新换代速度之快，令人惊叹。立足市场发展，就需要依靠源源不断的资金“输血”，加上无论是市场空间，还是创新空间，智能手机的发展几乎已经触顶“天花板”，各品牌厂家之间的差距也再难拉开，由此导致行业进入成本高、投资门槛高的“双高”局面，新进企业若没有强大而有实力的“金主”做支持，也只能隔山观望而已。

用户成熟度上，各大手机品牌用户群体的基本属性已经形成，如收入、性别、国家与地区分布等；用户的使用偏好与习惯也基本被现有品牌引领与培育；就如上文中我们提到的用户退出壁垒，换个角度理解，也是新进企业的进入壁垒。

如此境况下，苹果从未停止创新发展的脚步。从2021年的产品发布会来看，苹果产品进一步实现硬件性能全方面升级，iPhone 13与iPhone13 Pro重磅来袭，50%的性能提升搭配全新的双摄系统、高刷新率技术以及独特的电影效果模式再一次展现其科技实力；同时iPad与iPad mini也引来大的更新，在原有的基础上提高了20%的性能，搭配了全新的超广角摄像头，为疫情背景下的远程办公服务；Apple Watch Series 7也作为热门产品，搭配超长续航等特点，再次升级；除此之外，AirTag、Apple TV、iMac等产品也陆续有了更新。根据苹果2021年第三季度财报显示，苹果的硬件大换代不仅极大地促进其产品的销售，同样其软件服务业务随着其产品的畅销，营业收入也再创新高，进一步彰显了苹果强大的品牌效应与创新实力。

市场数据统计机构Counterpoint发布的2021年第二季度全球智能手机品牌利润分布情况，苹果持有全球智能手机市场75%的利润，国产手机仍需要在创新能力与盈利能力方面发力强化。激战正酣的市场环境下，业内的各大手机巨头企业尚且自危，不敢有丝毫懈怠，推及新进企业，面向行业进入壁垒的突破更需有惊人的勇气。

综上，苹果作为科技龙头公司，发展至今45年，虽然“后乔布斯时代”的近几年不似往昔，但仍然掩藏不住这个伟大企业过往的辉煌，毕竟近10年间，苹果真的改变了世界。在它的发展历程中，苹果面向用户、竞争对手、行业都构建出属于自己的防御壁垒，成就了它“卓尔不群”的地位，这无疑是非常成功的。

第5章

伞型战略的迭代

我们在管理理论的研究和企业发展实践中发现，许多事物都具有生命周期的规律，无非是周期的长短。因此，我们需要用周期的观点看待任何一个实体或业务，其苦心建立的竞争优势会随着周期变化边际递减，可称为周期律的战略元思维，伞型战略企业亦是如此。纵使强大如已在多个市场形成伞型战略格局的阿里，维系竞争优势仍面临不小的难度和挑战，BAT、TMD什么时候迎来他们的极限点？下一步将走向何处？没错，伞型战略需要迭代。如果新的时代来临，企业能否很好地拥抱新变化？如果新时代中仍有企业采用以商业模式为主导的成长路径，它们很可能会是不同于以往的新伞型战略企业。

对原有成熟的伞型战略企业形成重大挑战和机遇的因素是什么？可从技术、全球化、竞争三个方面进行分析。首先，颠覆式的创新带来底层技术的变革；其次，随着全球化发展，企业的边界、内部价值链的构成发生了新的变化；最后，竞争动态带来的格局演化。

技术驱动

技术创新的底层逻辑

技术创新会从三个角度改变原有伞型战略企业的内部价值链和外部产业链：一是彻底颠覆了以往的成本结构，二是彻底改变了用户的使用场景，三是因为技术的底层变化打破了原有的行业边界。

当下的互联网企业特别依赖手机，如果手机这个载体发生变化，以后大家都用可穿戴设备，屏幕触手可及，且实时联网，不需要手机了，那么这种颠覆式的技术变化会对现有互联网企业产生极大冲击。如同人与人之间的通信手段，在桌面端时代，QQ是王者，而移动端时代，微信是霸主。将来，当手机不再是载体，微信的优势能否延续？

一千年前，广东、四川的荔枝不知要跑乏多少快马，才得以送入锦绣长安，还不见得多新鲜；而现在老百姓不必贵为皇妃也能享受各大电商争先恐后的生鲜次日达服务。百年间的工业革命让人类的物质文明达到巅峰，科学技术是其中的主要推手，这些颠覆我们生活的创新点从何而来？回顾商业领域出现的各类技术创新后，学者们将之总结为：集成式创新、改进式创新、模仿式创新和颠覆式创新。

集成式创新

在已有的一些模块、组件或者成形的产品基础上，重新组合拼接，形成一个全新的产品来实现一些新的功能，此为集成式创新。2006年由汪滔等人创立的大疆创新科技公司（以下简称大疆），是全球领先的无人飞行器控制系统和无人机解决方案的研发和生产商。除了无人机飞行技术，大疆还掌握了先进的摄影摄像技术，并创造性地将二者完美整合在一起，构成其别具一格的核心竞争力。再如，经常出差的商旅人士或带孩子出游的家长，常常不放心酒店热水壶的卫生状况，商家便将保温杯和烧水壶的功能合二为一，生产出能烧水的智能便携保温杯，插电5分钟就能烧好一壶热水，不仅能保温，还能设置温度，让用户可以随时拥有适宜温度的水来冲奶粉、泡茶等。人类的需求和欲望催生着各种集成创新的黑科技产品。

改进式创新

改进式创新是个升级改造的过程，当某个产品或技术已经由竞争对手研发出来，企业通过拆解研究，在原来的基础上对材料、部件的结构方式或生产流程做一些调整和改进，使新产品比原有的产品在性能或设计等层面有一定提升，即为改进式创新。例如，吹风机新增了负离子发生器和半导体制冷装置，这样吹风机工作时就可产生带负电的离子微粒和水蒸气粒子，中和吹干头发时常发生的正电荷，消除静电，保护发丝，使吹过的头发更顺滑易梳，造型效果更理想。空调原主要用于制冷制热，近年来，不少空调新增了去除PM2.5的功能，以提高室内空气质量。某网红保温杯——55℃杯，100℃的开水倒入杯中，摇一摇即可快速降温至人体可饮用的55℃左右的温水。这些都是改进式创新的典范。

模仿式创新

模仿式创新是当前众多企业风靡一时的创新之路。一个企业在小微状态下，并无足够的资源和能力自行生产出高质量的产品。若此时企业对一个优质的产品进行模仿和炮制，只要不侵犯知识产权、不违反专利法，就可以快速生产出同类产品以取得盈利。虽然这是个非常取巧的开端，但若想长足发展则需更多的智慧。生产出第一个产品后，要继续对其进行改进和提升，一步一步做出调整和创新，保持一定的节奏直到顺利过渡到原始创新。在此过程中，组织内部的吸收能力、学习能力发挥着重要作用。因此，模仿式创新是一个完整的从模仿到创新的发展过程，改进式创新是模仿式创新中的一个阶段。

颠覆式创新

彻底打破原有的技术路线、技术创新的底层逻辑，即为颠覆式创新。比如说一个全新的配方，一种全新的材料，这些都有可能构成颠覆式创新。在克莱顿·克里斯坦森的《创新者的窘境》一书里，对于颠覆式创新[①]有详细的描述。不仅于此，在技术创新领域也有大量学者对颠覆式创新做过充分的研究，例如颠覆式创新的S形曲线规律[②]（见图5-1）等，在此不予赘述。

颠覆式创新和前述创新方式相比虽有更大风险，却颇具先进性。一旦在创新层面的技术逻辑发生改变，原有企业所构建的竞争优势可能会在一夜之间被打破。苹果采用触控屏技术，提供了各种各样的新奇体验，彻底颠覆了非智能机时代的使用界面；而诺基亚还是用原来的按键式机身生产手机，停留在原有的技术路径下，很难有进一步的提升。尽管后者曾经是全球手机销量之王，但在技术底层逻辑颠覆下，由它建立的非智能手机王国就走到了尽头。

---

① 颠覆性创新理论旨在描述新技术（革命性变革）对公司存在的影响。哈佛大学商学院的商业管理教授、创新大师克莱顿·克里斯坦森在1997年《创新者的困境：当新技术使大公司破产》一书中首次提出了“颠覆性技术”（Disruptive Technologies）一词。

② 技术S形曲线是技术战略理论的中心环节。它所体现的是，只要是限定在一个特定的时期内，或是由于一些工程方面的努力，产品的性能改善幅度就可能随着技术的成熟而发生变化。这一理论假定，在技术发展的早期阶段，性能提高的速度相对比较慢。随着人们对技术的理解逐渐加深，控制力逐渐加强，应用范围更加广泛，技术改进的速度将会不断加快。但在成熟阶段，这项技术将逐渐接近渐近线上的自然或物理极限，其结果就是——人们需要更长的时间或是更大的工程投入才能实现技术上的改进。以上描述摘自克莱顿·克里斯坦森2014年出版的《创新者的窘境》一书。

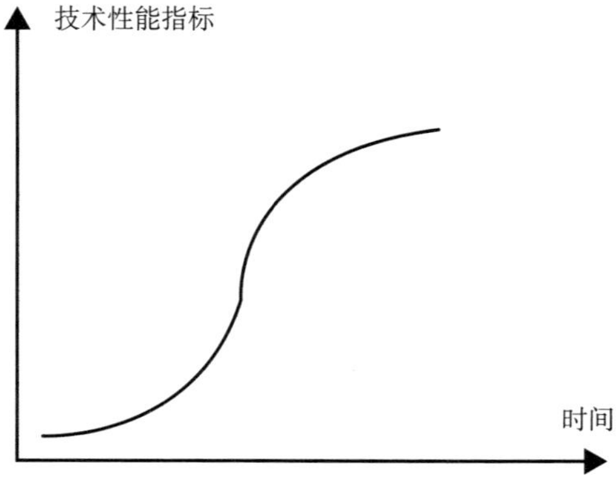

图 5-1　技术演进 S 形曲线模型示意图

技术创新特征

不难看出，上述总结的各类创新有一个共同的关键词：技术。一切皆来源于技术、运用技术、附着于技术，技术是主体同时也是客体。回到我们本章开篇的讨论，为什么看上去近乎完美的伞型战略会受到挑战？因为技术创新存在一些非常典型的特征，如周期性、不确定性、受专利和知识产权保护，以及路径依赖，这使得拥抱新技术的企业可能会变道超车追赶伞型战略企业。

周期性

任何一项新技术处于研发阶段时，需要投入大量资金或人力等资源，这些投入不会立竿见影地得到成果，总要经历一个漫长的摸索过程。

在长期艰苦探索的研发过程中，科学家和技术人员会遇到数不尽的困难，这些“难题”会随着不懈探索、智慧集聚和经验积累，慢慢找到那条行得通的路径。哈佛大学的阿伯纳西和麻省理工学院的厄特拜克提出A-U过程创新模式，在产业成长前期，主要是探索式研究，产品创新比工艺创新活跃，创新成果更多。随着企业技术经验的积累以及消费者消费倾向逐渐明晰，会出现一个“主导设计”，行业将过渡到开发式研究，更多聚焦于提升性能，工艺创新较产品创新有更丰富的成果。之后随着性能的快速提升，又会发现它的边际效用在递减，即更多的投入也无法显著提升性能，达到一个难以突破的瓶颈。此时，这项技术的生命周期即将走向完结。

在同一个技术路径下面，S形曲线的前段会有一个性能的迅速提升，例如从iPhone3GS到iPhone4，虽然只是两代产品，但存在巨大的性能差别。现在智能手机每年都有新款问世，型号、名称、颜色是新的，附带的新功能却越来越少。诚然，手机拍照的像素越来越高，屏幕越来越接近完美，能耗越来越低，容量也越来越大，但已很难体会到新旧产品之间技术的明显提升。移动终端技术的发展已迎来它的瓶颈期，这就是技术发展过程中的周期性特征。

技术发展的周期长短有异，但是时间跨度都很长。一款新药的研发可能要经过8~10年的时间，一种新型材料的研发甚至长达几十年。此类周期属性造成了技术发展本身的高投入、长周期的特点，这从财务角度看是一种极大的投资风险。这恰好也构成了我们前文屡次提及的进入壁垒——坚持投入技术研发的企业终能获得更大的竞争优势，令竞争者和追赶者难以望其项背。

不确定性

科技研发充满风险，清晰的开发路径在一开始往往是不存在的，技术的发展有一个绕不开的“摸黑”探索过程。在此过程中，它的不确定性对研发人员而言是一个很大的威胁：它意味着在高投入之后可能颗粒无收、血本无归。

本书作者曾经接触过一家制造心脏起搏器的创业企业，它们的产品从电子工程的角度来看，研发难度不低。企业的初衷是设计一款尽量小巧，方便携带，能够在更多场合进行心脏急救的产品。这个市场无疑是极具潜力的，但是，当此设备通过动物实验后，在人体实验阶段却卡了壳，受限于医学伦理无法继续——如何提前和病人签署实验协议？什么时候病人会发生需要心脏急救的情况？急救效果是否可以判断？在未能提前精准预测手术结果时，病人家属也不敢轻易用亲人的生命去冒险，所以这类实验的推行异常艰难，成本也特别高。该产品研发在临床实验阶段耗费了大量时间，能否最终完成也具有高度的不确定性。可见，技术研发不仅仅体现在技术本身，还体现在技术应用化的过程当中，各种各样的法律规范、文化、伦理、政策、审批流程等带来的不确定性，使研发之路大费周章。

专利和知识产权保护

技术研发与商业模式创新相比，有一个非常显著的区别是，技术研发更易受到专利和知识产权保护。对于已经拥有专利的企业，如何保护并最大化利用企业前期的研发成果？专利起到了保驾护航的作用。产权保护做得成熟的公司，比如高通、华为，甚至可以以此创收。2021年度全球5G企业专利占比排行榜，如图5-2所示。

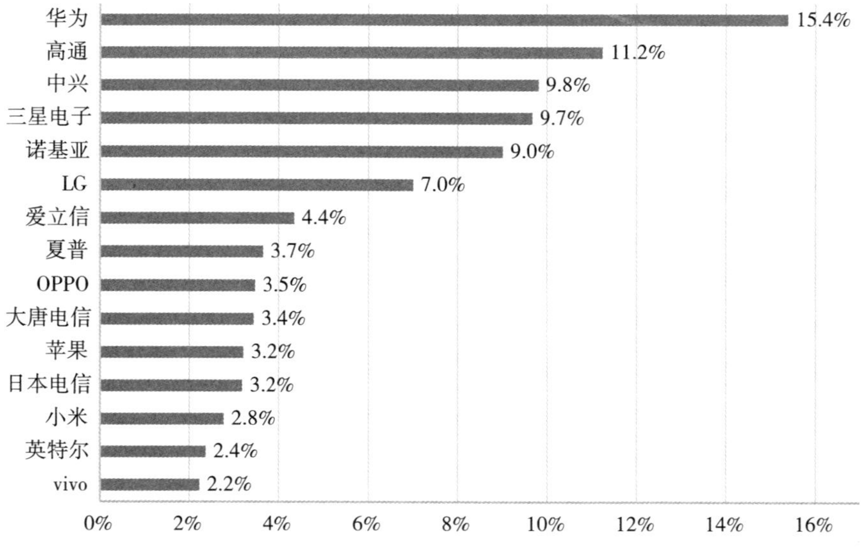

图5-2 2021年度全球5G企业专利占比排行榜

数据来源：德国专利数据公司IPlytics。

根据德国专利数据公司IPlytics2020年年底发布的5G专利报告，为5G标准技术贡献最多的依次是华为、高通、中兴。截至2021年3月，华为已经申请的5G专利族数量高达5314族，而核心专利比例达27%，其申请数量和核心比例都居行业首位[①]。随着5G时代的到来，在2019-2021年的三年中，华为仅收5G专利费就高达12亿~13亿美元。不得不惊叹，华为在专利上的投入独领风骚。

2019年6月，历经7年的“苹果三星专利案”终于落下帷幕。起因是苹果发现三星电子第一代Galaxy手机与iPhone的相似程度极大，在向三星发出专利授权要约遭到拒绝后，苹果将三星告上了法庭。双方就专利达成和解的具体金额虽未公之于众，但在结案时判决三星赔偿给苹果5.386亿美元的巨额罚金却是不争的事实。双方你来我往，耗费大量时间和精力互撕，争的无非就是“专利”二字。所以，在技术发展过程中，如果有公司已经构建了专利的天罗地网，这时新企业再去做研发，就得从其中寻找相应的空间，否则须向原有申请专利的企业交纳专利的使用权费用。或可另起炉灶自行开辟技术路线，而这会带来更多的研发投入和探索成本，谈何容易。

路径依赖

漫长的研发过程不会因为一个后来者能够模仿先进的企业，所谓“踩在巨人的肩膀上”，就可以缩短研发的周期；与路径依赖相对的，我们经常听到一个词——“弯道超车”。有点像前文提到的模仿式创新，可能速度、周期会更快。在技术研发领域，大多数情况下实难做到弯道超车。例如，前文提到的医药研发、医疗器械研发等，既受法律法规约束，又必须做五花八门的动物实验、人体临床测试，环环相扣，缺一不可。此外，在一些重大的设备研发和基础材料研发中，也同样由于各式各样的技术原因，存在着类似

① 科睿唯安（Clarivate Analytics）2021年10月发布的《Demystifying the 5G standard essential patent landscape with manual SEP: Phase 2》.

的路径依赖，让提高研发速度异常艰难。路径依赖是技术创新的一个颇为无奈的特点。

总之，技术创新投入高，回报却充满了不确定性；不仅存在专利的天罗地网，还极易产生路径依赖。但凡事都有两面性，只要付出就有回报，只有付出才能有回报。技术创新之所以有可能带来超高回报，恰恰是因为前期如此多的约束和障碍。这些挑战从战略的角度都可以归纳为“进入壁垒”。进入壁垒越高，行业的利润率就越高；高投入、高风险才可能有惊人的高回报，这或许正是技术创新的诱人之处。

技术创新与战略选择

技术创新的企业与商业模式创新的企业在战略选择层面存在巨大的不同，是差异化、聚焦还是成本领先？是联合还是单干？是外包还是竞争？

聚焦

伞型战略企业在做单点渗透时，为了快速扩张，往往采用成本领先战略；技术创新的企业却会采用聚焦或差异化战略。成本领先战略是在市场尚有巨大未开发的规模空间之时，通过大规模扩张产能，形成规模效应，从而降低成本，实现对低端市场的占有①。显然，成本领先战略并不适用于技术型公司。由于技术研发在前期已有大量投入，又面临着高度的不确定性，因此后期必须产生高额回报才能填补前期的高昂成本，而高利润回报往往是和聚焦、差异化的战略相关联的。聚焦是指集中精力面对一个小规模市场的独特需求，如此可规避大规模企业的挑战。在无人驾驶这条宽广且热闹的跑步上，魔视

① 此处的成本领先战略并不等于S形曲线中早期新技术拥有者的低端定位。其差异主要在于，前者规模效应下的边际成本递减，所以成本领先战略企业不会进入高端市场，追求的是在低端市场的快速扩张。而后者是为了利用低端市场的业务机会，让自己的产品不断打磨成熟，迅速提升产品性能，替代原有的技术，向高端市场进军。因为在技术发展的早期，新技术往往是在一些中小企业首先被尝试，此时产品性能残缺，产品质量低劣，因此定价较低，不得不面对低端市场。

智能科技（上海）有限公司（以下简称魔视智能）只瞄准自动驾驶视觉感知更高算法的研发[①]，即在汽车上布置若干个摄像头，通过视频的实时处理将自动驾驶变成从天上俯瞰周围场景的“上帝视角”。虽然魔视智能需要和美国赛灵思公司、上汽等国内车厂合作才能开发出无人驾驶辅助产品，但视觉感知核心计算平台这一独特领域别的公司难以取代魔视智能。在相机被手机大规模取代的情况下，徕卡依然做镜头，但新增了为智能手机做镜头认证的业务，如徕卡和华为合作，手机在使用达到一定高质量标准的镜头后，由影像领域专家徕卡负责调校，配合徕卡更专业的图像处理技术，让华为手机获得更专业、更高质量的拍照效果[②]，而徕卡是不会去生产手机的。这就是技术创新的聚焦。

差异化

差异化战略是提供与主要竞争对手差异化的产品或服务，规避简单的价格对比，以提高盈利能力。美国一家公司研发出了一款治疗癌症的新药，该公司号称这款新药的临床一期治愈率高达50%以上。不仅如此，它与其他癌症药物的最大差别是——它是口服制剂。这款颠覆式的产品——具有超高的临床治愈率的口服胶囊，将比现有的放、化疗治疗癌症的方法拥有更强的优越性。此类产品聚焦在某一类疾病领域，若实现重大突破，其定价更要体现出它的稀缺和珍贵，所谓“与其更好，不如不同”。

联合战略

伞型战略企业在形成单点渗透的过程中往往会采用平台模式，目标是取得一个产业链环节的龙头地位。与之相反，以技术创新为核心的企业不会试图形成垄断性的平台，而是在同一个产业链环节里，和其他企业结成合作的

① 瞄准自动驾驶视觉感知更高算法 扎根张江的海归团队“魔视智能”. 2019-05-29. https://baijiahao.baidu.com/s?id=1634821911934657934&wfr=spider&for=pc.

② 爆料：终于知道为什么华为要用徕卡镜头了！并不只是为了提升拍照！ 2017-12-07. https://www.sohu.com/a/209039718_505883.

联盟关系，即使用联合战略。由于技术创新型企业的投入大、风险高，采用聚焦或差异化战略通常难以在短期内推出完整的产品，于是，公司之间强强联手，实行联合研发，各自突破新型产品中某个独特的技术难点，最后再共同推向市场，建立行业标准，此为上策。早在2016年，长城汽车就与百度在高精度地图定位技术领域开展合作，双方基于长城汽车总部所在地——保定市周边的高速公路，共同研发高精度地图定位技术。2018年10月，长城汽车与百度签署车联网战略合作协议，宣布双方将在车辆智能网联、自动驾驶、共享出行、大数据四大领域进行战略合作，打造车辆智能网联、自动驾驶技术联合巨头。

外包战略

伞型战略企业一旦形成，对其他小企业更多采用并购的对待方式，这是一种强竞争的态度；而技术创新的企业采取合作大于竞争的思路。除了联合战略，还有一种更为直接的合作战略——外包战略。两者的区别有二：一是环节不同。联合战略针对的是一个产品的研发环节，而外包战略主要是研发后的生产、品牌建立等都进行外包。二是外包业务比联合战略执行得更为彻底。外包业务囊括了从原始设备生产商（Original Equipment Manufacturer，OEM）到原始设计制造商（Original Design Manufacturer，ODM），再到原始品牌制造商（Original Brand Manufacturer，OBM）三个阶段。

研发领域的外包案例屡见不鲜，因为研发机构擅长的是研发，其生产和营销可能并不拿手，是否在生产等环节投入资金和精力，是可选项而非必选项。以半导体行业为例，产品结构极其复杂，因此全球化分工非常严密，每个企业聚焦在自己最擅长的某个环节，形成了一个完整协同的产业链布局。荷兰的阿斯麦公司（ASML）是全球最大的光刻机设备和服务提供商，垄断了市场80%的份额，在极紫外光（EUV）领域处于垄断地位①。如果阿斯麦公

① 为什么全世界现在只有荷兰的ASML能够制造顶级的光刻机？ 18-04-25. https://baijiahao.baidu.com/s?id=1598605087062932424&wfr=spider&for=pc.

司停止生产芯片光刻机，台积电等企业就没办法做出供苹果、华为、高通所需的芯片。所以在外包战略中，并不提倡凡事都“自己动手，丰衣足食”。半导体行业产业链，如图5-3所示。

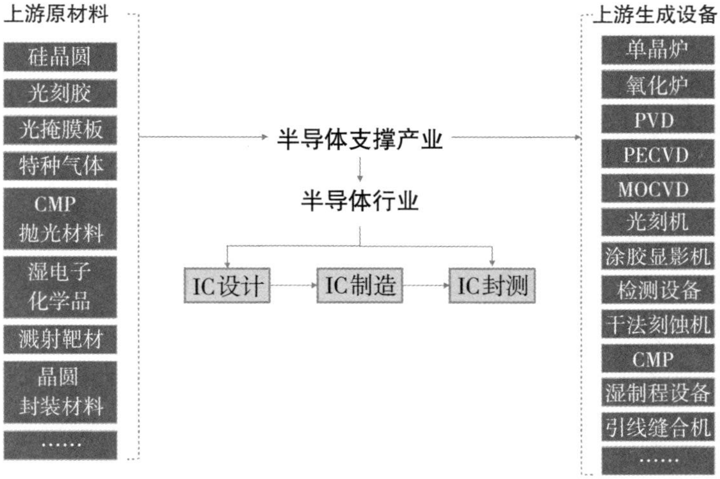

图 5-3　半导体行业产业链

资料来源：新材料在线。

以上我们总结了技术创新的分类、技术发展的特点和技术背后的演化逻辑，也阐述了技术创新企业的战略选择。技术驱动显然是另外一个迥异的视角，虽然本节所述并未涉及伞型战略的相关要义，但是我们之所以强调底层技术的颠覆性力量，是因为其变化将会对原有伞型战略的帝国版图带来根本的影响。当商业模式的演化进入巨头垄断、模式的领先性边际效用递减之时，技术创新者将以出其不意的方式发出边界外的挑战，正如互联网企业颠覆传统行业时发生的跨界进攻，只是这一次将在更高的维度展开。

全球化驱动

在本书第1章“世界到底是不是平的”一节中，我们曾论述过经济全球化的背景以及带来的变化和挑战，又在第1章“独一无二的中国市场”一节中剖析了中国市场的特征和巨变，回顾了在全球经济高速发展的大背景下，中国千千万万农村人口涌向沿海城市，日夜兼程地加入中国波澜壮阔的城市化建设中，投身到“世界工厂”“全球制造”的劳作中。2010年中国GDP超越日本成为全球第二大经济体，中国的外汇储备在2014年一度接近4万亿美元，同时中国也是全球化的最大受益者之一。一时间，人们都恍惚觉得“世界是平的”。

的确，世界经济发展到今天，早已进入各国市场边界逐渐消融的阶段，呈现出“你中有我、我中有你”的状态，中国也以一贯的开放姿态深化改革开放。宏观层面积极推进，中微观的企业在努力进行跨国合作，在此全球化分工协作的过程中，也为企业战略的发展带来了一些新的可能。

国际化市场扩张

经过移动互联网捉对厮杀，高速发展的几十年，各大巨头竭尽所能，或自己独立开拓“伞骨”，或不失时机果断投资潜力业务，中国市场已渐进饱和，留给大家的新的空间所剩无几。许多企业打破国与国的市场边界，进入其他国家市场。

“一带一路”倡议提出后，中国企业对沿线国家的投资不断升温。截至

2019年年初，中国企业对沿线国家投资达到500多亿美元。与以往海外投资不同，“一带一路”更是一条“科技丝绸之路”，互联网企业成为中国领先的技术和商业模式输出的重要载体。

转战东南亚

近年来，许多企业把目光投向了东南亚，由此带动了一波东南亚房地产行情的上涨，也带来了投资的热潮，整个东南亚地区自2018年迎来了快速发展期。现在的东南亚非常接近二三十年前的中国，拥有较低的劳动力成本存量和吸引投资者们的税收优惠政策，由此，中国企业纷纷将工厂转移到东南亚。

不可避免的是，中国企业在重金打造东南亚工厂时，往往会面对水土不服的境况。比如说文化的兼容，中国人勤劳勇敢，可以长时间超负荷地努力工作，民族特色背后是复杂的历史成因。也正是归功于中国人的这种特质，改革开放的成绩才会如此瞩目。东南亚地区的人民习性则不然，他们对于财富的追求和向往也与国内民众有不小的差异。

此外，东南亚当地产业链配套和基础设施也相对不完善。经过几十年的发展，在国力日渐强盛的基础上，国内各种各样的零件原材料配套和物流运输系统日臻完善，这些配套设施的完善并非一蹴而就的，需要时间、政策支持和大量的资金投入，以及基础的营商环境等，这些都是东南亚市场和中国市场产生巨大差异的原因。一些企业在转移到东南亚市场后感到难以适应。事实上，随着经济的发展，东南亚市场的劳动力成本也将越来越高，只有期冀未来借助人工智能技术来突破高人力成本给企业带来的瓶颈。

成立于2015年8月的J&T是印度尼西亚一家基于互联网发展的科技型快递公司，也是印度尼西亚首家专注于电商领域的快递企业。业务涵盖印度尼西亚同城、国内及国际（主要是东南亚）快递业务和网上业务。绝大部分业务来自电商。短短2年时间里，就一跃成为印度尼西亚快递行业单日票量全国第一的公司，在东南亚市场单量排名第二。J&T Express创始人李杰同样也是OPPO印度尼西亚创始人，一位OPPO体系内主动请缨印度尼西亚市场的悍将。据称，OPPO印度尼西亚公司位于雅加达置地广场的办公大楼，同样也是J&T员工的办公地，由此我们可以看到一张大的关系网络，OPPO、与OPPO关系紧密的段永平、段永平天使投资的拼多多。2019年整个印度尼西亚每天的电商交易量在300万~400万单，J&T占据了其中的100万单，尽管市场中有存在30年的老牌竞争对手和一些新入场的玩家，但J&T已经是印度尼西亚最大的快递公司了。因为抓到了正确的入场时机——随着电商行业驶上快车道，电商物流需求随即爆发。

相比照搬国内模式甚至直接派人去组建当地公司的传统做法，滴滴这样的互联网企业的国际化道路独特之处在于，“资本输出+技术”和运营支持。滴滴出行出海思路，正如滴滴创始人兼CEO程维所言，“互联网是全世界的，也是本土的”。滴滴的目标已从“一站式出行平台”变为打造“世界级科技公司”，在原来割据分裂、剑拔弩张的全球出行市场上，以滴滴为中心已经形成了一个独特的多边合作网络。中国和东南亚都是城镇化进程迅猛、城市人口收入差异较大的新兴市场，传统交通产业是百姓出行的支柱，但供给严重不足，滴滴在中国研发的产品对东南亚的适用性相当强。“东南亚版滴滴”Grab是一家成立于2012年的东南亚网约车和送餐平台公司，总部设在新加坡，2017年获得滴滴和软银共同注资20亿美元。顺风车是Grab公司首个在东南亚转化落地的产品，很快取得了成功。2021年，Grab在柬埔寨、印尼、马来西亚、缅甸、菲律宾、新加坡、泰国和越南的400多座城市提供物流配送、出行、数字金融等多类型服务，已成为“东南亚网约车巨头”。在新加坡，疫情改变了人们的出行习惯，更多人改搭出租车和网约私家车出门。2021年12月3日，Grab已赴美上市①。

① 第二家东南亚美股上市公司诞生，Grab为何上市即大跌？ 2021-12-06. https://m.thepaper.cn/baijiahao.-15676874.

不仅在东南亚，滴滴的国际化布局连连落子，又接连牵手欧非地区移动出行领军企业Taxify、中东北非地区最大的移动出行网络平台Careem，将业务拓展到非洲这片神秘的土地。

走进非洲

非洲市场本身有着巨大的体量，且几乎是一片空白，这给了跨国企业对外扩张、施展拳脚的机会。从零起步，相比在成熟市场厮杀，其成功概率更高，这是在非洲市场的优势，并且比东南亚市场的劳动力成本更低；但与之相伴的是，非洲整体经济的落后程度也更加显著。除了与中国迥异的文化背景，非洲的营商环境也十分复杂。

因此，企业在转战非洲的过程中，须对产品进行相应的调整，比如因地制宜降低成本，建立当地的销售渠道，等等，这都是需要面对的新挑战。

Kilimall是中国人在非洲建立的一个电商平台，既在非洲本土招商运营，也在中国招商做中国对非洲跨境出口。它成立于2014年7月，到2015年7月日均单量700单左右，到2019年7月则达到了日均单量近万单、商家数量约1000户的规模。这两年时间里，Kilimall除了完善整个电商平台的运营外，还自建物流，自己解决支付问题。这些数字与国内电商没法比，在非洲却是数一数二的大平台了。由于基数非常小，所以从增速上看，Kilimall每个季度的数据都是翻番的。2019年对Kilimall来说也是非常重要的一年，其在年初拿到了A轮投资，并从2019年开始在中国有节奏地开放招商。

人口红利巨大，人口结构偏年轻化，个人消费力强，互联网的发展跨越PC时代直接进入移动时代……这一切都让Kilimall坚信，非洲电商很快会跟上世界潮流。此外，由于供给短缺，非洲市场十分依赖进口，这就让跨境电商的存在有了很大的意义。

天生国际化

Born Global[①]，这些企业从建立伊始就瞄准了国际化市场，完全符合安索夫矩阵。天生国际化企业最典型的例子是北上广深那些做出国留学生意的公司。根据业务需要，它们在提供出国留学服务过程当中，必须要有海外的资源和背景，无论是师资建设，还是推荐渠道、联络校方等，都需在构建业务网络时与外方人员打交道，所以通常这些企业在创立之初都会安排一个常驻海外的合伙人，并设立国外办事处。此外，一些专营进口食品的公司，由于生产产地、地理环境、运输成本等限制，它们不得不构建生产、运输、拆包、分装、配送、结算等网络进行跨国交易。这些企业天生带着国际化的布局，哪怕创始团队只有三五个人，也需要有一两人驻扎海外，以实现企业的资源对接和业务拓展。

产业链重构

安索夫矩阵的拓展给市场和产品以新的搭配，我们看到全球化驱动带来了产业链的重构，从供应链布局、信息技术迭代和海外兼并收购中都可以看到此类重构。总结起来，体现在以下三个方面：产业链可以进行全球化的布局，更加复杂的跨国博弈，对产业链的调整和再造。

产业链的全球化布局

传统企业在建立伊始，招工通常在当地或邻近城市完成，而后原材料、零配件也是就近寻源，之后生产出产品即卖给周边某个卖场。这种设立方式下，企业的产业链布局几乎在一个城市及其周边就可以完成，产业链的半径非常有限。随着全球化的逐步深入，企业需要在运营效率、技术实力、品牌品质等多个维度展开竞争形成优势，传统的单一供应、就近供应已是限制企

① 1994年Oviatt & McDougall在理论界第一次明确定义了一种快速进行国际化发展的新型企业，即“从企业成立就通过利用多个国家的资源、向多个国家销售产品并积极寻求明显竞争优势的企业组织”。

业发展的瓶颈。除了个别特殊行业，以传统方式创建的企业日渐稀少，产业链朝着全球化布局的方向发展，企业经营者往往整合全球的优质资源，与更多的合作伙伴进行广泛的探索和深入的协作，为客户创造更多的价值，已是他们的共识。

华为作为当红的国产手机厂商，它在国际市场的布局可谓深谋远虑。根据华为的供应商会议报告，华为的供应商遍布全球——中国内地25家、中国香港2家、台湾地区10家，以及美国33家、日本11家、德国4家，瑞士、韩国各2家，荷兰、法国、新加坡各1家，它们分别向华为供应屏幕、外壳、芯片、存储、摄像头、指纹模块、电池、CPU、蓝牙、基带，手机配件早已买遍全球，是一个非常典型的全球化过程。

手机、汽车、服饰、家具……当我们的衣食住行以及背后的产业链悄无声息地在世界各地流转，彼此之间进行着信息、技术和货币交换之时，满满的“地球村”即视感。

跨国博弈

面对着全球化产业链的布局，企业之间的竞争也自然演变成为跨国的博弈。国与国之间的贸易摩擦和政治纠纷往往会带来企业供应链的波动，这是在产业链全球化布局上跨国博弈遭遇的常见情形。在此处栽过跟头的企业比比皆是，韩国的三星、海力士前段时间几近停产，直接原因是半导体行业的上游材料光刻胶的供给紧张。光刻胶有极高的行业壁垒，全球光刻胶行业一直是寡头垄断格局，长年被日本、欧美几家专业公司垄断。日本JSR、东京应化、日本信越与富士电子材料市场占有率总计高达72%。日本几家公司对韩国企业断供光刻胶，有背后的政治原因。

跨国产业链重构

许多企业开始思考如何设计跨国博弈下的产业链，让自身存续变得相对安全，于是陆续出现了跨国产业链的布局，或称为超越产业链的布局。这种布局有两种形式：一种是坚定地只生产一个环节，另一种则作为组装企业。

为了应对这种突发情况，许多企业在考虑供应链布局时，都不约而同地选择两家以上重要零件的供应商。有来自两个国家以上的供应商结构，才能为稳定生产保驾护航。

从积极的角度来看，如果只专注于一点，企业加大研发力度，让自己在某一生产环节、某一款材料或者某一个零部件上建立全球范围的竞争优势，成为独一无二的供应商，这时公司就有了足够强悍的谈判能力、更高的进入壁垒来应对上文提出的全球产业链布局下跨国博弈带来的挑战。若走另一条路径，对于一个拥有完整产品的企业来讲，若让自己的供应链变得更加安全，就要求它尽力构建拥有来自多个国家的零配件供应布局，这时企业的供应链才是相对安全的，我们称为超越产业链的布局。

市场趋同

在盘根错节的产业链重构之后，全球化令市场出现了一些全新的情形，国与国之间的市场差异逐渐趋同，因而伞型战略的企业能够在此基础上进行跨国扩张。

产品跨国趋同

以往区域和区域之间的差异，或者说由于区域竞争所带来的产品层面的差异，在全球化的背景下，差距逐渐缩小，边界渐渐消融，给了伞型战略企业更多海外出击的机会。

所谓产品趋同是在不同的市场中，产品或服务甚至商业模式表现出的相似性越来越高，差异性越来越小。无论是在国外还是国内，你会发现涉足任何一个较大规模的城市商圈，其商业布局和入驻品牌都高度雷同。除了商业业态的趋同，商品品类也如出一辙，比如智能手机，在全球大多数较为开放的市场，你看到的销量前几名的智能手机几乎都是大众最熟悉的那几个品牌——华为、三星、苹果。这就是所谓的产品层面的趋同，由此打破了原有伞型战略的边界和行业的边界。

“网红”跨国影响力

随着互联网技术的普及和社交软件的繁荣，各大社交平台都涌现了一批“网红”，直接催生出“粉丝经济”“网红经济”。

2013年年底，一部韩国恋爱偶像剧《来自星星的你》（简称“星你”）风靡全国，担任主演的金秀贤也在中国国内市场上“翻红”了一把。在剧中她经常用到的一支水红色唇膏YSL#52被追剧党奉为“星你色”，一度成为这部剧最火的“周边产品”，在全球市场上都出现了供货不足的情况，在eBay上曾经被炒到了95美元的高价，在国内淘宝上更是加价到600元也一支难求。2016年，同一女主的另一部韩剧《蓝色大海的传说》捧红了HERA#147，原本是非常普通的#147玫粉色在奇幻爱情剧情的加持下摇身一变成为“人鱼色”，又掀起了口红热潮。

2019年夏天，国内古装玄幻剧《陈情令》正式被“搬运到”泰国市场，双男主的设定、养眼的演员、创意的剧情使《陈情令》在泰国火得一塌糊涂，“博君一肖CP”的相关话题多次冲到泰国推特热榜第一名。当年9月，《陈情令》泰国粉丝见面会在曼谷举行，见面会的前夜就有“剧粉”在机场等待接机，两位主演的海报占满了曼谷机场的17块电子屏幕，发布会的前排票价更是被炒到30万泰铢（约合人民币7万元）一张，明星和“网红”的影响力可见一斑。

网红经济是在个人影响下带来的粉丝冲动消费，其产品满足较低的价格敏感、较大的需求弹性、潜在伤害或风险比较小以及产品充分差异化的四个标准，因此女装、鞋类、饰品、化妆品等大行其道。2020年天猫“双十一”购物节期间，“直播一姐”薇娅创造了35亿元的带货纪录；而到了2021年，著名男主播李佳琦在“双十一”期间仅一人就带货115亿元。可见，“粉丝经济”“网红经济”，靠的都是单个“网红”的强大影响力，其中普遍存在着非理性消费和过度消费的现象，很多意外走红的爆款产品，被洗脑式营销所裹挟的趋之若鹜的抢购，也可能造成一定程度的市场趋同，让伞型战略企业有更多的可乘之机。

2021年2月2日，吉尼斯世界纪录发文宣布，短视频博主李子柒以1410万的YouTube订阅量刷新了由其创下的“YouTube中文频道最多订阅量”的吉尼斯世界纪录[①]。成为一个全网粉丝超过4000万、微博粉丝达到2760万、仅两年时间YouTube上订阅人数就超过1400万的视频博主。网友戏言：李子柒一个人，顶了整个CNN还多。2017年走红的李子柒，单靠流量视频收入就已破1.68亿元，她又开公司、开网店卖螺蛳粉、自创文创品牌等，预计年收入约22.3亿元[②]。李子柒在视频中所展现的那种田园牧歌的生活方式、中国的传统技艺和文化，成为网红文化出海的一个成功范例。然而“高处不胜寒”，自2021年7月中旬更新《柴米油盐酱醋茶》完结篇“井盐”的视频之后，李子柒就陷入了漫长的“停更期”，陷入与第三方经纪公司、MCN机构的经济纠纷，被迫停工停产，尚未有结论。也许尘埃落定之后，“李子柒案例”最终能成为网红经济时代的一大经典案例，给网红品牌、文创产品、文化IP保护、MCN机构、营销团队等利益相关方一个极具引领和参考性的方案。

① 李子柒刷新“最多订阅量的YouTube中文频道”吉尼斯世界纪录. 2021-02-02. https://baijiahao.baidu.com/s?id=1690550180326851070&wfr=spider&for=pc.

② 中国十大网红收入榜：李子柒22亿排第四，李佳琦46亿排第二. 2021-09-22. https://www.sohu.com/a/491330166_121072265.

模仿的涟漪

由于模仿式创新的出现，企业B会去模仿先进的大型企业A，同时又带动一些更小更落后的企业C和企业D去模仿那些正在模仿他人的企业B，这就像在平静的湖面投入一颗石子，石子本身是原始创新、颠覆式创新的企业，引起的涟漪则会带来更多知识的扩散（又称“知识溢出”）。于是，模仿的涟漪会进一步凭借互联网技术发展的东风，扩散速度越来越快，最后令市场实现高度趋同。

日本的知名杂货品牌无印良品，在日文中意为“无品牌标志的好产品”，是一个特立独行的品牌。它生产的产品众多且跨越多个品类，有趣又极具个性。它统一的品牌调性和设计风格在过去一直独树一帜，然而在现今这个市场，由于信息传播速度很快，出现越来越多像网易严选、名创优品等趋近无印良品风格的商店。实际上它们之间相互学习就是模仿涟漪的现实呈现。有了模仿的避繁就简之路，伞型战略企业在扩张速度方面如同再度升级了引擎，得以持续扩大其商业版图。

全球化经济席卷而来，裹挟所有人进入，改善了大家的物质生活，改变了企业提供产品和服务的方式，也更迭了企业的决策方式。与此同时，由于产品趋同、KOL们的影响和模仿创新的联动效应，使得整个市场的产品和服务出现了越来越相似的现象，而此类趋同实际上带来的是全球市场竞争的愈演愈烈。

竞争驱动

2019年，在经济发展新常态大环境下，“双十一”购物狂欢节依然亮出了2684亿元破纪录的销售成绩，相比2018年交易额增幅高达25.7%。阿里推出“双十一”购物节10周年之际，2019年的“双十一”已不再单纯是淘宝和天猫的二重奏，而是整个阿里的大合唱，飞猪、盒马，甚至背后的中台阿里云都亮出了自己的产品借势促销。不仅如此，阿里体系外的京东、美团、唯品会等也纷纷搭上“双十一”的消费快车，创造了不俗的战绩。可以说，线上交易的火热是中国互联网市场十余年经营的结果，“双十一”“买买买”等概念已经成为一种消费文化；同时我们也不难发现，由于数据在平台上的不断沉淀和算法的演化，企业对用户画像和用户分层的剖析日趋精细，营销方式也从静态逐渐进化至动态。

伴随着网购的热潮，2019年也成为直播销售的爆发年。淘宝直播平台当红主播李佳琦的那句“Oh my god”“买它！买它”，致使10万支口红30秒内售罄，从此频频登上各大杂志封面，屡屡成为热门报道的标题。随后，各类“李佳琦”们借助网购平台出道，杭州甚至出现很多专门的工作室，公司化运营品牌对接、主播招聘和培训，他们卖衣服、卖牛奶、卖玩具，几乎什么都可以卖，细分市场潜力被充分挖掘甚至被“创造”出来，伞型战略企业存蓄多年的势能实现了跨领域的释放。

虽然“双十一”战绩辉煌、成果闪耀，但高速成长的始终是有限的几个头部电商，我们不难得出一个结论：伞型战略下的互联网巨头，最终总会形成赢家通吃的格局。这个结论不仅在单一产品的竞争领域内得到印证，在跨产品甚至跨行业的竞争中也同样适用，前文多次提及的BAT和TMD就是这种竞争的结果；而体量庞大的巨头们大跨度、多领域的全面竞争，会动态演化出全新的竞争格局。因此，伞型战略虽屡建战功，却无法令企业高枕无忧，竞争的驱动会迭代出至少两个方面的可能性。

伞间竞争

伞型战略企业虽然“伞柄”各有不同，但“伞骨”360度发散，“伞面”覆盖大，总会存在相互交叉和重叠。因此，伞型企业之间的竞争不可避免。

比如2014年的阿里和腾讯，分别投资了打车软件——快的和滴滴，在本书第2章的案例“滴滴出行——‘超常规发展’颠覆传统路径”中有详细叙述。混乱且惨烈的补贴现象背后，是腾讯和阿里对出行市场志在必得。它们在扩张版图的过程中，都意识到移动支付场景底层的移动金融市场的重要性，谁都想尽快拿下移动出行这个消费场景，争抢建立用户使用习惯的赛道。根本的是，它们都有足够多的资金支持，于是资本疯狂燃烧，市场随之沸腾。

支付场景一直是BAT为发展移动支付而争夺的焦点领域。虽然各类红包开启了移动支付的第一场战役，但是其争夺的重心在场景上。从微信、支付宝通过滴滴与快的在出行领域展开的补贴大战，到BAT、TMD悉数参战，对大大小小零售窗口进行争抢。短短几年时间，电影、餐饮、外卖、商超、便利店、自动售卖机等，用户生活场景的支付途径几乎被全线覆盖。我们发现，伞间的竞争涌现出以下三个全新的特点。

扩张效用递减

所谓扩张效用递减，是指在原有“伞柄”核心主业向周边“伞骨”业务扩展的过程中，随着业务扩展的多元化，“伞柄”的扩张效用将会越来越低。

比如微信小程序，QuestMobile在2020年9月统计的数据显示，微信小程序月人均使用次数达51.4次，相较2019年提高了33.2%，小程序的月活跃用户高达8.32亿用户，渗透率达85.4%[①]，微信俨然成为一个极具穿透力的“伞柄”业务。然而，在由“伞柄”业务向“伞骨”业务扩张的过程中，导向推荐的“伞骨”越多，其推荐的效用将会越弱。假如微信小程序中只推荐为数不多的几款软件，那么微信推荐的效率会非常高，但当它推荐了成千上万种软件的时候，微信作为一个导向通道，对于特定软件的引领效用将大幅衰减。

因此，随着伞型战略的扩张，当原有的多项业务已发展到一定阶段，再去扩展新的业务时，导流的效果将会大打折扣。所以伞型战略企业之间在衍生业务的竞争当中，利用原有“伞柄”所带来竞争优势的可能性将越来越低。

攻防转换

由于伞型战略企业普遍拥有多个业务/产品线，因而它们彼此之间会发生进攻和防御的角色转换。当对方企业进攻己方A业务，己方可以转而进攻对方B业务，你踢我一腿，我勾你一拳，这在BAT、TMD这六家伞型巨头的商战厮杀中已是司空见惯。

比如打卡软件钉钉，是阿里巴巴“来往”产品团队专为中国企业打造的免费沟通和协同的多端平台。钉钉在2015年推出创建团队、拓展关系圈等功能，并在2016年围绕客户拓展、客户服务和客户维护等方面做了诸多更新和完善，这纯粹是对标腾讯的微信，试图在面对工作场景的社交领域内分一杯羹。在阿里进攻腾讯之时，如果腾讯只是简单地用微信来防守，不免会显得笨拙和被动，所以腾讯转头进攻阿里的另一核心地带——零售电商。2016年

① QuestMobile2020微信小程序生态洞察报告——行业研究报告. 2020-11-03. https://www.questmobile.com.cn/research/report-new/130.

7月腾讯投资了拼多多，所谓敌人的敌人就是朋友。这种较量可以看作伞型战略企业攻防转换的全新竞争形态。伞型战略格局下，进攻的企业有大伞支撑，有多元的伞型业务组合，进攻过程中攻势更加凶猛，而那些伞型战略的核心伞柄业务往往成为被攻击的主要目标。

另一个案例是阿里和腾讯围绕美团展开本地生活服务领域的交锋。早在中国团购网站刚刚兴起的2011年，成立仅1年的美团就在A轮融资上获得了阿里的支持，而在随后B轮融资中阿里的进一步增投推动了美团在“百团大战”中胜出，阿里也因此抢占了赛道。当时的腾讯自然不甘示弱，因为这个赛道不仅能提供巨大的流量，也是支付的一个巨大接入点，可能成为支付宝与微信竞争的一个关键。因此，腾讯投资了大众点评，当时的美团与点评之争，就是阿里与腾讯的竞争。2015年，美团转投腾讯怀抱，并与大众点评合并，彻底打破了这一格局，腾讯和美团给了阿里一记重拳。作为反击，阿里推出口碑，并在2018年全资收购饿了么，将口碑、饿了么、盒马鲜生联合打造O2O服务生态，向腾讯和美团的阵营发起进攻。同时，阿里不惜巨额战略性亏损，通过淘票票打“烧钱补贴”大战，围剿美团的猫眼电影，这也是源于美团转投腾讯后巨头之间攻防转换的连锁反应。

抢占新高地

一旦市场中出现了全新的形态，伞型战略的企业都会火速加入，去争夺先发优势，占领高地；而在新赛道上奔跑的小企业很难独立发展，它们通常采用尽快依附伞型战略企业的方式来谋得自己生存的空间。

2014年，北京大学毕业生戴威与另外4名合伙人，本着解决大学校园出行问题的初衷，创立了ofo。2015年5月，超过2000辆小黄车投放北大校园，并很快在其他七所北京高校成功推广。良好的出身，有效的推广，再加上ofo小黄车所涵盖的交押金、充值等使用流程，可以产生一系列沉淀资金和派生利息收入，这让刚走出校园的共享单车备受资本的关注。事实上，使用付费才是共享单车真正的收入来源，根据共享单车的使用频率、消费单价和投入的运营成本（包括损坏丢失），进行简单测算就能发现，该商业模式是很难产生大规模盈利空间的。即便如此，手握资本的大佬们依然忙着争抢赛道，一时间街头共享单车堆积成山。经过不到三年的市场整合，失去理智的投资方品尝到疯狂之后的苦果，ofo小黄车难以为继，落得个全民追讨押金的窘境。在ofo长长的投资人名单中，2017年赫然出现了蚂蚁金服和阿里巴巴，而转眼间的2018年ofo由盛及衰，阿里迅速扶持了自己的共享出行品牌——哈啰单车，蚂蚁金服通过其全资控股子公司上海云鑫持有低碳科技36.733%股权，成为哈啰的第一大股东。其实早在美团收购摩拜之时，阿里就已出手哈啰。跑道竞争的硝烟不会消散，ofo和摩拜虽然倒下，但强大的伞型企业——阿里和美团不会轻易认输。

然而，再强大的伞型战略企业也未必能做到高枕无忧，因为它面临的竞争只会越来越残酷，越来越激烈，其他伞型战略企业发起的竞争无不体现在核心业务、衍生业务和新开发的业务之中。

平台的平台

伞型战略企业通过“伞柄”业务建立了平台，实现赢家通吃之后，为了遏制原有平台的竞争，或为了产生新的利润空间，它们又打造了一类新的业态，我们称为“平台的平台”。比如在出行领域，如果集合所有打车软件的功能，做一个统一的调度平台，通过这个新的平台，只要输入出发点和目的地，就可以在滴滴、神州专车、美团打车、曹操专车等打车软件上同步处理订单，谁最符合条件且速度最快系统就派单给谁，这就是平台的平台。

集中所有平台的数据，打造平台的“集合”，主要依靠爬虫技术和数据卡位等信息手段。当数据已然成为互联网企业的核心资产时，那么如何占用它、应用它和保护它则成为关键一环。若要建立平台的平台，应用数据技术时不得不时刻关注原有平台的封杀这一悬在头上的达摩克利斯之剑。

爬虫与数据卡位

网络爬虫作为脚本或程序，时刻在网络上寻找数据，为互联网企业获取丰富的数据供应。爬虫技术主要分为两类：一类是公开爬虫，另一类是授权爬虫。公开爬虫只能爬取公开发布的数据信息，比如企业的工商信息、公开社交平台信息、新闻报道等；而授权爬虫要求用户提前授权，才能爬取，比如用户个人的通信录和邮箱、司法信息、App使用情况、电商平台交易等隐私数据。

去哪儿网，作为一个网上订酒店的竞价平台，是典型的平台的平台，它就是利用爬虫技术去获取其他平台搜索结果的。在它刚刚推出的时候，用它查询酒店价格，一键反馈包括携程在内的几乎全部的网络数据。尽管携程彼时已占有近半数的市场份额，但是哪怕只有1%的可能性，若用户能在携程以外的渠道搜索到更便宜的酒店，对价格敏感的理性用户都会优先打开去哪儿的主页。有趣的是，后来携程成为去哪儿的大股东，且去哪儿至今一直保持独立运营。

通过爬虫来获取对方数据的行为叫作数据卡位，也就是处于竞争对手的上游，你有的我都有，我有的你未必有。当今这种方法依然在某些领域里流行着，比如慢慢买、盒子比价、易买网等，它们的功用主要是比价——在各大电商平台里，找到价格最便宜的购物平台，实现对平台的导流。比价平台和我们熟悉的打车平台迥然有异：打车一般由服务需求端发起，平台来响应用户，存在互动性；而比价实际上是个单向过程，它主要解决用户同时打开淘宝、京东或拼多多等多个平台App的不便，实现统一界面的便捷购物。如果用户发现比价平台还可以向下兼容，提供其他平台上没有的低价产品，它就实现了数据卡位，从而获取一些对价格更为敏感的用户。与此同时，淘宝、京东等购物平台也不会坐以待毙，它们的“反爬虫技术”也一直对应着爬虫技术的升级在更新换代，技术的更迭在互联网公司始终是强劲的股肱。

合法性

构筑平台的平台，最引人关注的就是其合法性。爬虫技术有先天的侵犯隐私属性，因此如何规避法律风险是企业在创立之初需要仔细斟酌的。

如今，数据也是生产力已渐渐成为人们的共识。中国政府多次强调，要构建以数据为关键要素的数字经济，在创新、协调、绿色、开放、共享的新发展理念指引下，推进数字产业化、产业数字化，引导数字经济和实体经济深度融合。中国仅A股上市公司中主营大数据和提供数据服务的就有20多家。上市公司卷入数据侵权纠纷的案件不断涌现：早在2012年同花顺集团两家子公司被万得信息技术公司起诉索赔9920万元人民币，2017—2018年上海钢联电子在全国各地法院分别起诉多家网站，起诉缘由都是被告未经许可使用原告网站的钢材交易数据。

数据集合根据不同情况可能受到多项法定权利的保护。根据中国法律，在版权法规定的权利之外，还有商业秘密权、隐私权、人身权、合同债权以及反对不正当竞争的保护可能被主张。2019年10月爆出的“51信用卡案件”，深刻体现了民众对隐私权和人身权这两项权利的关注和警觉。案件起因是51信用卡的技术团队涉嫌利用爬虫技术，帮助催债人从网络上违规获取欠款人的个人通信录、地址、定位等敏感信息，并通过伪装的验证短信查询欠债人的通话详单，盗取个人隐私。51信用卡在香港交易所发出的公告称，公司杭州办事处接受政府有关部门上门调查，主席兼行政总裁、执行董事、CFO及部分员工均协助调查。不久，51信用卡创始人孙海涛就此事件发声并致歉，当天股价下跌34.69%。

这是技术和法律的针锋相对。有人辩称科技无罪，认为那只是个工具，但工具的滥用往往是钻取了现有法律法规不健全、监管不到位的空子。合法性是企业创立的底线。

周期阶段性

平台的平台还存在一个前提条件：原有的单一平台的市场占有率不能出现绝对垄断的情况。如果市场已经是绝对垄断的格局，就很难实现额外的价值增值。

比如，早年当两大搜索引擎巨头百度和谷歌正斗得难分伯仲之时，出现了一个快速增长的名曰“百谷歌度”的全新搜索平台。它的搜索页面很简洁，与百度、谷歌极其相似，用户在搜索框完成输入后，搜索结果会呈现两栏界面，左边是百度的，右边则是谷歌的。类似的山寨搜索引擎后续还推出了不少，起的名字也都颇有寓意，如“百谷网”“同盟国”“3B 三百搜”“全网搜”等。这些“百谷歌度”都是利用爬虫技术去获取百度和谷歌的搜索结果，打造平台的平台；但随着谷歌退出中国，百度一家独大，“百谷歌度们”也淡出视野。

因此，平台的平台要建立在市场竞争发展的早期、中期才能收割一部分市场；一旦整个市场达到寡头垄断，那么平台的平台在模式上的领先性也将大幅递减。

以上我们总结了伞型战略企业在竞争驱动下演化出的伞间的竞争和平台的平台。由于同类业务平台内的扩张受限、攻守易势，加上来自上一层平台的数据卡位威胁，大企业一不留神便可能被后来者赶超。商业世界波谲云诡，早已没有“一招鲜，吃遍天”的商业模式，而伞型战略也并不能高枕无忧，商业的创新之路道阻且长。

案例

微信小程序——“平台的平台”

朋友聚会，近在咫尺，却远在手机端。不可否认，微信已经彻底改变了人们的生活方式、工作习惯，甚至思维模式。这一切变化都要追溯到10年前。

2010年6月，QQ邮件移动版的负责人张小龙忽然启动了社交软件的研发，马化腾给它取名叫“微信”。2012年3月的某一天，微信诞生433天后，达到1亿注册用户。此后，这款看似简洁的社交产品如同一个巨大的流量黑洞，近乎疯狂地抢占人们的碎片化时间。不到两年时间，微信就奠定了它在中国移动互联网领域的社交霸主地位。

2012年4月，微信开启国际化策略，英文名称定为“WeChat”，并推出多语言版本，微信功能上也逐渐不满足于仅为用户提供最基本的交流。2013年8月，微信添加了公众号、微信支付、表情商店和游戏中心等丰富内容。

内容端口的打开宣告微信进军内容平台，曾一度掀起了行业震荡。在微信公众号如火如荼快速增长时期，新浪微博用户运营的负责人刘新征发表了一篇长文《为什么要禁止推广微信公众账号》，文中说道：“请那些在利用微博推广自己微信账号的大号们小心，因为微博准备先狙击点杀，然后扫射微信，希望大家还能一起愉快地玩耍。”微信公众号当年的涨势可见一斑。

与此同时，游戏中心让微信拓展了娱乐功能，第一款游戏“飞机大战”迅速在年轻人中风靡。随后推出的“跳一跳”，一个只有4MB大小的游戏，截至2018年3月已经积累了3.9亿玩家①。

微信支付最早只限于游戏内的支付，后来才演变为通用的支付工具。2014年1月，一个偶然的情境下，腾讯联合创始人张志东希望改变传统的向腾讯员工发红包的形式，委托微信团队开发了微信红包功能。该功能在春节前夕向公众开放，未曾想竟然一炮走红。为了春节发红包，用户将他们的银行账户绑定到微信钱包。这使得微信支付几乎一夜之间切分了支付宝的蛋糕，马云称这件事是“偷袭珍珠港”。

三年后的2016年1月，张小龙将“小程序”带进公众视野，正式发布开发指南和应用程序接口。这个允许商家和第三方开发者在微信里运行自己的应用程序的功能，可供用户完成点餐、购物等环节，无须额外安装App。

微信的“算盘”——完整用户数据

微信如今已牢牢稳坐中国社交霸主的宝座，并跻身全球社交应用TOP3。2021年上半年，微信及WeChat的合并月活跃账户数达12.5亿个，同比增长3%②。如果说微信的成功是在熟人社交的高频率、高黏性、低心理成本（信任）的基础之上，对信息、关系链和互动的深度运营的结果，那么小程序就是将社交用户转化为目标用户，将亿级海量用户嫁接入商业生态的重磅武器。

在分析小程序这个重磅武器之前，我们要先看一下腾讯的QQ社交时代，变现的主要途径有以下几种：一是衍生品增值服务的会员充值，如QQ会员、QQ秀、QQ-ZONE、QQ游戏大厅；二是网络广告收入，主要是通过在即时通信的客户端软件及在qq.com的门户网站的广告栏内提供网络广告盈利；三是以移动QQ、手机图片铃声下载等为主的SP增值业务收入。QQ的变现主

① 腾讯谷歌强强联手，共创微信小游戏生态 .2018-11-22. https://baijiahao.baidu.com/s?id=1617832118730262653&wfr=spider&for=pc.

② 腾讯公布2021上半年财报：一天净赚5个亿 微信用户新高.2021-08-13. https://baijiahao.baidu.com/s?id=1708426195093696843&wfr=spider&for=pc.

要依赖于对C端用户的增值服务，庞大的QQ用户群体曾为它带来充沛而持续的现金流。QQ虽然掌握了用户社交习惯数据，却无法获得用户的完整画像，原因是缺失了用户交易行为、生活轨迹等维度的数据。

在移动互联网逻辑中，一方面，由于用户付费的盈利模式变现艰难，往往通过免费策略先获取用户依赖，再通过升级服务、向B端客户收费实现盈利；另一方面，掌握多维、完整的用户数据是平台型企业不可避免的攻坚之战。由此可见，微信从成立伊始就没有复制QQ模式是明智之举。微信首先以公众号平台沉淀私域内容，获取用户阅读习惯、性格喜好等数据；其次以微信支付获取交易数据，吸纳资金；最后通过小程序，作为生活服务端口，争夺端口数据权，从而形成立体的生态数据闭环。

小程序的“重任”——跨行业打劫

在App市场人口红利接近尾声、用户增长进入瓶颈期、存量用户的激烈争夺下，移动互联网在用户长尾需求的渗透和探索方面有突出的需求，“小程序”和“轻应用”等概念应运而生。早在微信小程序之前，谷歌在2015年就推出了PWA（渐进式网页应用）。

2017年1月9日，微信小程序正式上线。小程序，英文名为“Mini Program”，用户扫一扫或搜一下即可打开使用，它实现了应用程序“触手可及”的梦想，小程序可以完成用户留存、到店点单、营销工具、服务评价、商品管理、店铺管理、电商等功能，类似于mini版的商家App。

虽然小程序又小又轻，却可担当重任，它在微信生态中扮演了“平台的平台”的角色。小程序使用场景主要围绕社交、娱乐、旅游出行、支付理财、购物餐饮，甚至在新冠肺炎疫情突发后，承担了重要的政务、防疫的职能。截至2020年9月，微信小程序月人均使用次数为51.4次，同比增长33.2%；月活跃用户规模达8.32亿个，渗透率高达85.4%；微信小程序月人均使用时长为68.1分钟，同比增加27.3%[①]。

小程序很“轻”，轻到无须安装，触手可及，用完即走，无须卸载，没有入口，没有小程序商店，不是订阅号，不能推送消息。这种“轻”，一方面来自用户体验更好，商业属性更弱；另一方面则是避免触怒苹果的App Store，毕竟完全免费的小程序，分流了一批苹果产品的用户。

最早曾有人担忧，微信小程序的出现是否会颠覆App Store。今天，我们可以轻松地得出结论：微信小程序不会取代App Store，也不会取代常用的App，只会取代尾部的App。比如，小众下载量几万次甚至几十万次的App，这些放在App Store或者安卓应用商店里影响力有限的应用，反而不如通过微信小程序作为入口——体量轻盈，且开发过程不用区分iOS还是安卓系统。从用户角度来看，使用频率低的App本身也容易被小程序取代，小程序无须像App一样更新版本，不用烦琐地登录验证，更不会弹出提示信息，不用它就没有存在感。

小程序的未来——微信独大，多家平台群雄逐鹿

根据艾瑞数据，截至2019年第二季度末，500万以上量级的微信小程序个数较第二季度初明显增多，微信小程序的社交裂变和集聚效应凸显出来。小程序具有以下几个优点。

一、便捷性。使用更加方便，触达生活各个方面，通过线上线下的整合，可以构建更加全面的生活版图，打通行业下沉通道。

二、流量变现。小程序提供的广告模块、电商与增值服务，可以帮助开

① QuestMobile2020微信小程序生态洞察报告．行业：移动购物 | 生活服务 | 出行服务．2020-11-03. https://www.questmobile.com.cn/research/report-new/130.

发者依托小程序的轻量化优势高效运营私域流量，挖掘用户价值。

三、增速快。小程序用户规模上升，使用市场增速已超过微信App，活跃程度较高的微信小程序数量也呈迅速增长趋势。

四、游戏占比较大，生活类活跃度高。在所有MAU大于100万的微信小程序中，小游戏依旧是比重最大的行业，占到了36.2%；但在500万级的小程序中，小游戏占比却大幅下降，仅有13.3%的份额，取而代之的是生活服务类行业，占比高达17.8%[①]。2019—2020年微信小程序数量增长趋势，如表5-1所示。

表 5-1　2019—2020 年微信小程序数量增长趋势[②]

	2019 年 6 月	2020 年 6 月	同比增长
MAU>100万的小程序数量	881个	1068个	21.2%
MAU	7.43亿人	8.29亿人	11.6%

注：MAU，monthly active users，月活跃用户数量。

随着微信小程序市场的不断开发，用户规模和渗透率的逐渐提升，支付宝、QQ、抖音、字节跳动等互联网巨头也纷纷加入小程序行业的竞争，竞争呈现白热化趋势。2019年，雨后春笋般新增了支付宝、QQ、抖音、淘宝、头条、百度智能等小程序平台，一年内宣布发力的小程序平台数量已扩充至8家[③]。不同平台的优势和使用场景各有侧重，以字节跳动系小程序为例，平台特色主要为内容推荐赋能，特色小程序类型主要为娱乐化内容；而腾讯系小程序的平台特色主要为线下扫码入口、社交裂变以及打通生态，特色小程序类型为强社交关系。小程序群雄逐鹿的态势呼之欲出。

① 2019年中国小程序行业市场分析：用户规模稳步上升 互联网巨头竞争布局进入白热化. 2019-09-02. https://bg.qianzhan.com/trends/detail/506/190902-76ffa753.html.

② QuestMobile:2020微信小程序半年报告 疫情催化 百万用户微信小程序破千个 商业价值大战悄然开启. 2020-08-25. http://www.199it.com/archives/1107396.html.

③ 2019年中国小程序行业市场分析：用户规模稳步上升 互联网巨头竞争布局进入白热化. 2019-09-02. https://bg.qianzhan.com/trends/detail/506/190902-76ffa753.html.

2021年11月29日，微信发布了“以安全为底线，分阶段、分步骤”实施的互联互通升级方案，对外部链接大幅度开放。这意味着，以微信为代表的腾讯，推倒了一直以来横在以淘宝为代表的阿里面前的那座高墙，彻底开放了流量入口。这是中国互联网的重要拐点。从闭合到开放，从固守城池到互通有无，不同商业生态间一定会有新的冲击、融合，形成新的商业格局。

第6章 伞型战略的局限性

作为伞型企业，我们看到传统行业里有搜索、电商、社交赛道，新的巨头出现了出行、生活、娱乐赛道，未来的热点将是新型教育与大健康赛道……这些都是商业模式创新企业关注的重要领域，皆在伞型战略之内。然而，它们都将面对不同程度的挑战。

2021年2月7日，国务院反垄断委员会发布了《关于平台经济领域的反垄断指南》，标志着平台经济反垄断进入新的监管时代。从国家市场监督管理总局公布的涉案企业来看，阿里巴巴、百度、腾讯、京东、滴滴、美团等互联网公司均涉其中。2021年7月24日，党中央、国务院发布了“双减”的政策意见，又打击了一大批线上线下的教育培训机构，这些机构都面临着或转型或收缩的仓皇局面……

至此，伞型企业应如何突破商业模式创新的掣肘？与技术创新相比，商业模式创新是否可以直接拿来、无限复制？本章我们将重点揭示商业模式创新的内在特征，并解读伞型战略的局限性与未来。

商业模式创新 vs 技术创新

互联网巨头凭借伞型战略快速成长，使得广大消费者的需求均在几家大型企业的业务覆盖面之下，例如，美国的脸书、谷歌、亚马逊、推特，中国的BAT、TMD等，这些企业发展的早期都是以商业模式创新驱动为特征。本书第一章曾介绍，商业模式创新驱动和技术创新驱动之间存在着差异，那么在本节，我们将重点分析二者有哪些显著不同，以及这些差异会对企业制定其业务战略和公司战略带来何种影响。

特征差异

商业模式创新与技术创新的差异，如图6-1所示。

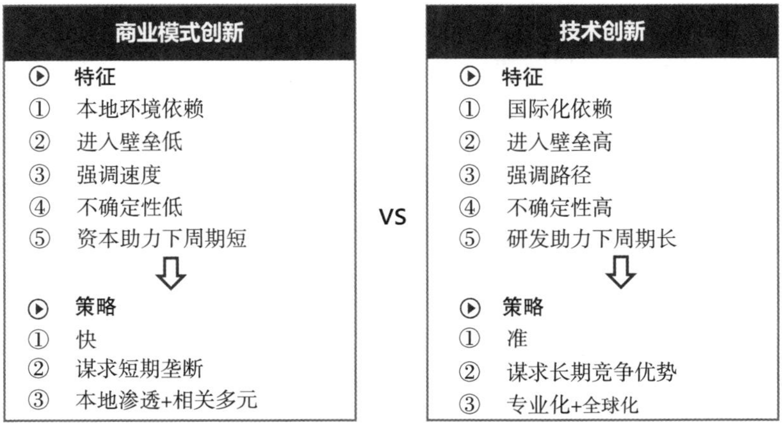

图 6-1　商业模式创新与技术创新的差异对照

本地环境依赖vs国际化依赖

企业面对其生存的市场环境特征而采取相应决策，称为战略适配。商业模式创新需要与本地化的市场情境高度适配才可能成功，这建立在企业对本地市场的深刻理解，以及拥有本地市场特有资源的基础之上；而本地适用的模式未必能在其他国家和地区取得同样的效果。

中国作为一个人口大国，随着智能手机的迅速普及，人们对电力续航的需求不断提升。在共享单车的示范效应下，2017年共享充电宝兴起，成为创业者和投资者追逐的新风口。从发展初期商业逻辑的饱受质疑，到资本入场后的高歌猛进，再到尾部企业的纷纷阵亡，短短一年间便完成了行业的迅速迭代与梳理，由狂热回归冷静[①]，走完了Gartner曲线[②]的全过程。同理，短途出行的高频需求也使共享单车在中国的爆发成为顺理成章之事。这都是本地环境依赖的例证，也是商业模式能够在区域内发挥独特魅力的表现，但若将其照搬到国外，水土不服的概率大大增加。移动支付、个人征信在每个国家的发展情况不一致，导致共享充电宝出海颇为不易。由于高昂人力成本的限制，互联网外卖平台在欧美国家也难以落地。

相较之下，技术驱动的企业就没有那么强的本地环境依赖。技术驱动指以创新的技术来满足客户需求，从而在竞争中获得一席之地。技术具有普遍性和通识性，不受空间和地域限制，其发展很少受到人口环境和文化环境的限制。自拍杆虽然是由日本人和加拿大人发明的，最后却在中国被发扬光大，在全世界流行，甚至被美国《时代》杂志评选为2014年最优秀的25项发明之一。在技术创新的世界里，国际化成为越来越显著的标志。在外资厂商占主导地位的高端医疗设备领域，上海联影医疗科技有限公司（以下简称联影）

① 艾瑞咨询《2018年中国共享充电宝行业研究报告》. https://baijiahao.baidu.com/s?id=1595683344866236196&wfr=spider&for=pc.

② "Gartner新兴技术成熟度曲线"（The Gartner Hype Cycle for Emerging Technologies），指知名研究咨询公司Gartner根据分析预测把各种新科技的发展阶段及要达到成熟所需的时间绘制的一条曲线，有助于市场了解当下热点及未来趋势。

不仅在国内市场站稳脚跟，也在国际市场上撕开了一道口子。2015年，联影与英国Cerno公司签署为期5年5800万英镑的销售协议，2017年进驻日本首台PET-CT[①]，2019年自主研发的全球全景动态扫描PET-CT uEXPLORER探索者收到来自全球十余家科研及临床机构的订单[②]……这些都是技术无国界的表现。

进入壁垒低vs进入壁垒高

成本共享、获客导流、建立社群等都是当前互联网企业常用的商业协同手段，这是业务裂变的基础；但与技术创新相比，商业模式的可模仿程度较高。在专利保护并不完善的市场里，保护商业模式的原创成果比保护技术创新的成果难得多。根据《中华人民共和国反不正当竞争法》，商业秘密被严格定义在非公开信息上，而商业模式一旦被采用，就暴露在公众视野里，不构成商业秘密。当美国疯人院电影公司“走自己的路，让别人无路可走”的口号被大家默许时，山寨成为一种方便快捷的商业模式。商业模式创新的企业不仅是在比拼商业模式优劣，更是比拼资源的稀缺性。因此，商业模式创新的进入壁垒低是其最大的风险和挑战。然而，技术创新即使有了资源的支撑，仍需要不断进行专业知识和研发能力的积累，且技术创新的失败概率远高于商业模式创新，面临市场风险会更大。

强调速度vs强调路径

由于商业模式创新易被模仿，因此这类行业发展前期总是展现出异常激烈的竞争状态。一旦某个模式成功了，仅高盈利、强覆盖的市场前景就足以让无数企业奔涌而入。因此，快速扩张成为互联网企业有效抵抗抄袭的首要策略。

---

① 风从东边来中国医疗设备新秀联影布局美国市场 .2018-10-23，https://www.guancha.cn/ChanJing/2018_10_23_476544.shtml.

② 振奋！打破国外垄断联影医疗发布3.0T探索磁共振，2019-05-14，https://www.guancha.cn/industry-science/2019_05_14_501554.shtml.

技术创新由于进入门槛高，它更强调的是路径的正确和经验的积累。技术创新包含设计、论证、测试、落地等若干个环节，例如，一款新药至少要经历前期的药理毒理基础研究、三期临床试验、药监局重重审批认证等漫长庞杂的环节才被准许上市，这个过程至少需要5~8年时间。大部分高科技产品在制造过程中还要经历“产能爬坡”的考验，即在生产线速及产量的提高阶段，保证产品的合格率，这极度依赖工厂工艺水平和行业经验。因此，技术创新的路径要走得准，走得稳，没有弯道超车，不存在快速致富的捷径，只有“慢工出细活”。

不确定性低vs不确定性高

唯快不破的商业模式创新使互联网企业压力山大，每天都在玩命奔跑，不然就可能被竞争者啃噬得体无完肤，湮没于时代的滚滚洪流中。他们边跑边调整，渐渐形成了“小步快跑、快速迭代”的奔跑模式。通过不断试错和修订，让自身的商业模式日臻完善，羽翼丰满，使企业成功的概率增加，未来的不确定性减少。2011年1月推出的第一代微信只能实现非常简单的语音和聊天功能，其后经历了无数版本的迭代，渐次融入了群聊、朋友圈、发红包等功能，使其不再是一个单纯的即时通信社交软件，而成为一种工作生活方式。随着微信上更多功能的拓展，其商业模式也发生了脱胎换骨般的变化，公众号、小程序、微信支付等功能让微信拥有了无限可能性。在快速迭代中建立并稳固自己的微信帝国，这是张小龙领导的微信团队一直在努力的事。技术创新成功的不确定性则会因为过于强调路径而变得耗时过长，难以把控，每个环节都可能导致失败。对前景不明而引起的犹豫不决和半途而废，在医药、AI等高科技领域并不罕见，多少创始人和投资人的热情在长期的等待中被磨灭，坚持成为技术创新的最大考验。在技术创新为核心的行业中，不确定性的“魔鬼”会吓退一大批竞争者，高回报率的“天使”只留给耐得住寂寞、守得住初心的人。

因此，过去投资人大多愿意投商业模式创新的企业，因为商业模式创新的企业不确定性低，业务模型可以随时改进。很多投资人在面临“挑创始人还是挑项目”这一问题时，常常选择“挑人”，其实这一论断往往要在特定背景中才能成立。在商业模式创新的世界里，对投资人而言，只能挑人，因为项目可以改；而在技术创新的语境中，轮不到投资人“挑人”，技术始终跟着“人”走，只能“挑项目”。

资本助力下周期短vs研发助力下周期长

资本助力是商业模式创新企业迈向成功不可或缺的环节。企业追求速度，资本提供帮助，加之商业模式创新的不确定性低，使得一个企业的成长周期和资本面对风险的周期也极速缩短，由此形成良性循环：更多投资人纷至沓来，让越来越多商业模式创新的企业得以高速发展。需要警醒的是，如果资本只是追求短平快的商业模式，目的是制造泡沫、做大估值后套现离场，那么失去资本扶持的创业企业需要在短时间内找到清晰的盈利模式，否则，当资本退潮时，企业就很可能被拍死在沙滩上。

技术创新驱动的企业发展周期更长，它们除了需要资本助力之外，更需要研发力量的积累和壮大，直到取得技术上的重大突破。吸纳更高更强的技术人才，积蓄更广更深的团队智慧，才能让技术研发型公司拥有更持久的创新能力。熊比特周期①告诉我们，一个以技术创新为基础的经济长周期需要48~60年，中周期为9~10年，短周期也至少需要40个月。长周期意味着高风险，但也有其优势——长周期和高投入建立了竞争门槛和稳定的技术积累。2019年京东方第六代柔性AMOLED（有源矩阵有机发光二极体）在重庆的生产线开工建设，并在2021年正式量产。此项目总投资高达465亿元②，这款高

① 1936年，经济学家熊彼特以他的“创新理论”为基础，对各种周期理论进行了综合分析后提出了“熊彼特周期”，是以技术创新为基础研究经济周期运动的理论。

② 总投资465亿元京东方重庆第六代AMOLED柔性生产线量产. 2021-12-28. https://baijiahao.baidu.com/s?id=1720389319613582578&wfr=spider&for=pc.

端显示屏上市后，可以在市场上销售10年甚至更长时间，所创造的价值具有非常强的持续性。此外，专利保护也是技术型企业持续获得营业收入的保障。

业务战略差异

在公司战略指导下，针对某一个特定产品的战略计划，即为业务战略。企业依靠各种各样的业务获得盈利。由商业模式驱动的企业和由技术创新驱动的企业，往往在业务战略层面呈现出截然不同的特点。

速度领先vs技术领先

商业模式驱动的业务战略必须强调速度，以抵抗其易模仿、进入壁垒低等局限性。前文不止一次提到“速度为王”，即加快新业务的发展速度，尽快形成局部垄断地位来获得垄断的优势。只有速度快，才能在奔跑过程中积攒更多优势把对手甩开。这是商业模式创新世界里的游戏法则，所以就某项业务而言，占领市场的速度是第一位的。

在技术创新作为竞争优势的情境下，业务层面战略首要关注的应是技术的领先性和可持续性，扩张速度则退居二位。若企业迫于生计，减少技术研发的投入，只为加快企业营利的步伐，无异于饮鸩止渴。《麻省理工科技评论》每年都会推出“35岁以下创新35人”（Innovators Under35）榜单，科大讯飞研究院副院长魏思是2017年的榜单人选之一。在数十年孜孜不倦的研究中，魏思对现有技术的“不满足”推动他一次又一次在技术领域突破和创新。他带领团队获得了诸多国际领先的成果，如多种中英文语音评测算法、基于CNN的离线手写识别策略、世界上首次推出的试卷扫描自动评分系统，等等，数十年如一日坚持在日新月异的商业世界里显得尤为可贵。“在下一个10年或20年，我们终将可以触及智能的本质，解开智慧之谜。”魏思说。正是有魏思这样的科技领军人才，才使得科大讯飞成为近年炙手可热的人工智能公司之一。

用户社群vs研发梯次

在互联网技术的支持下，具有无限扩展力的用户社群一直是企业关注的重点，尤其在以商业模式创新为驱动的互联网企业内，用户间的互动、交流、推荐、团购等行为在商业领域变得愈加重要。

豆瓣网创始人兼CEO杨勃凭一己之力，为用户打造了一个“基于兴趣”的社交圈——豆瓣小组，其定位于“对同一个话题感兴趣的人的聚集地”，至今用户创建有40多万个小组。凭借着共同的志趣建立起来的用户群组，相互之间存在特别强烈的认同感和信任感，他们分享着文艺、娱乐、美容、时尚、旅行等生活信息，很多人通过豆瓣小组租房子，更有人在其中找到人生伴侣。网友评价为“每个人都能在豆瓣上找到内心的桃花源”。

以技术创新为驱动的业务战略更关注技术的领先性，因而研发的节奏感（又称研发的梯次关系）是企业首先要关注的问题。不断更新的技术版本是业务考核的重要指标。崇尚技术创新的企业家们相信，只要有足够领先的技术和基础储备，用户会有的，社群会有的，一切都是水到渠成的事。IBM公司一百多年的发展史几乎可以涵盖前半部电脑发展史，以电子器件划分的四代电脑，前三代都明白无误地以IBM公司的电脑作为“代际”产品标志。在关键时刻的锐意创新帮助IBM公司顺利度过了美国“大萧条”时代，第二次世界大战的不景气，以及向电子管组装的计算机转变的年代。设计出“最好、最新、最大的超级计算机”是他们肩负的使命，IBM公司永不止步。

成本领先vs差异化

业务战略中常见的两种获得竞争优势的方式是成本领先和差异化，商业模式创新和技术创新的企业在做业务战略决策时有不同的偏好。

商业模式创新由于进入壁垒低，容易被模仿，需要快速争夺市场和用户，因此它们聚焦低端用户，采取成本领先战略，从低端向高端扩展自己的商业帝国，以期快速发展建立用户社群从而形成网络效应，迅速占领市场。拼多多以其低价产品的成本优势，对焦愿意用时间和人情换取低价的用户，让它在下沉市场一炮而红。

技术创新的企业由于进入壁垒高，技术领先性强，采取产品差异化战略更容易获得竞争优势。开拓高端市场，瞄准高端用户做个性化的产品，成功后再逐步向中低端渗透，产品的市场接受度会更高。市面上不乏降噪耳机，但2019年11月苹果推出的无线主动降噪耳机AirPods Pro令人耳目一新。AirPods Pro具备三种噪声控制模式：主动降噪、通透模式和关闭。用户可以根据自己希望听到多少环境声来切换不同模式。此外，在设计环节，工程师首先对初代产品使用的3D耳部扫描数据进行了重新分析，并在此基础上又从全球征集了上万名受试者，对他们的耳部进行扫描，从而实现了更高程度的贴合度建模。苹果还设计了三种不同尺寸的硅胶耳塞，用户可以自行选择最适合自己耳道的产品。这些耳塞的内部采用了锥形设计，可保证其能够更好地贴合用户耳道的曲线和形状①。苹果作为一家技术创新驱动的公司，新产品总是与已有产品不同，其将差异化的战略发挥到了极致。

需要提醒的是，对于商业模式创新的企业而言，虽然短期内获取海量用户是第一要务，但需要时刻关注单个用户的投入产出比。在占领市场的同时是否取得盈利，也是至关重要的，不能赔本赚吆喝；而对于技术创新驱动的企业，在采用差异化战略的同时，也不能忽略用户的支付能力、用户价值的创造等直接的市场需求，过于追求差异化而创造出脱离市场需求或性能极为超前的产品，将难以实现其商业价值。

① AirPods Pro体验评测：为什么苹果降噪耳机叫Pro？ 2019-10-29 https://new.qq.com/omn/DIG20191/DIG2019102900949500.html.

公司战略差异

当企业做好了主营业务（即“伞型战略”中的“伞柄”业务），它们为了发展会拓展更多的业务。无论是相关还是非相关的业务，在大型企业内部，总要面临着公司在业务层之上的战略选择。公司战略是企业开发核心竞争力、制定业务战略的指导方针，具体体现为发展型战略、属地化战略和合作战略。

发展战略：相关多元vs专业化

当企业在发展初期采用商业模式创新驱动后，相关多元化的发展型战略更利于在中期提高市场的占有率以及扩大企业规模。正如本书第3章所详述的“相关互联战略”，面对同样的用户提供相关联的产品，使得商业模式创新驱动能够触发最大的协同效应。淘宝发展到几亿用户容量后，根据用户需求推出支付宝，这样的组合拳让阿里在短短几年内迅速成长。

以技术创新驱动为主的企业优先聚焦其专业化业务。华为多年深耕于通信行业，曾做过交换机、基站、通信服务、智能网络等，最后在移动时代通过移动端设备——手机享誉全球，成为世界销量第三的手机品牌。2019中国民营企业500强中，华为公司以7212亿元营业收入排名第一。当技术创新驱动型公司心无旁骛地专注于技术路线时，就掌握了企业做大做强的契机。

属地化战略：本土化vs国际化

商业模式创新的企业常常面向相同的用户出售不同的产品和服务，而技术创新的企业可以把同样的产品卖到世界各地，因此它们不必拘泥于本地，极易走国际化道路。阿里巴巴2019年第三季度报显示，国际商务零售及批发收入占比7%，而中国占比高达66%[①]。腾讯海外市场收入占比一直不足10%[②]。

① 阿里巴巴集团2019年第三季度和2019全年财报. https://www.alibabagroup.com/en/ir/presentations/pre190515.pdf.

② 华为、腾讯、阿里，哪个海外收入占比大？ 2017-07-26. https://www.yinhang123.net/guojicaijing/1062454.html.

华为2018年中国区占比51.6%，海外市场收入占比达48.4%。大疆在国内市场和海外市场的收入比是2∶8，其中光北美市场就占到了40%[1]。正由于商业模式创新只有依赖本土环境才可能快速扩张，因此商业模式创新的企业更建议采用本土化战略，在本土多元业务构建完成之前，轻易不要做国际化扩张；而技术创新企业需要规避多元产品本地化的思路，优先采用单一产品或聚焦产品进行国际化发展。

合作战略：全方位竞争vs产业链合作

相关多元化将形成拥有多个业务的庞大商业版图，因此，商业模式创新的企业面临本土化的全方位竞争。当美团从团购、外卖扩张到打车领域之后，拉手网、饿了么、滴滴等不同领域、毫无关联的企业一夜之间都成了美团最有力的竞争者。腾讯更是与大部分软件公司成为竞争对手，在商业版图越来越大的同时，多个领域里的局部竞争愈演愈烈，我们称为全方位的竞争。

技术创新的企业不需要参与所有赛道的竞技，它们面对的始终是自身专业领域的竞争者，而如何通过国际间产业链的整合来获得竞争优势、打垮竞争对手则成为此类企业竞争所关注的重点。在联想2018—2019年业绩大会上，其CEO杨元庆直言："全球化是一个趋势，联想没有计划自己做芯片、做操作系统，一家公司没必要自己去做所有东西，选择和全球生态伙伴合作，扮演好自己的角色足矣。"[2]产业链上下游的广泛合作让技术创新企业如虎添翼，在国际市场上突出重围。

① 收入国内占2成、北美占4成，大疆：未来将更专注中国市场 .2019-05-27. https://www.guancha.cn/industry-science/2019_05_27_503342.shtml.

② 杨元庆：联想没必要自研，马化腾早有预言：这是沙滩上建高楼 .2019-05-27. https://baijiahao.baidu.com/s?id=1634652907193171012&wfr=spider&for=pc.

联合共创

双轮驱动

在业务战略和公司战略层面，我们都看到了商业模式创新和技术创新企业迥然不同的发展逻辑。当伞型战略企业发展到一定阶段，如果还是单纯采取商业模式创新作为主要的驱动力，忽视技术创新，未来很可能在残酷的市场竞争中败下阵来。事实上，成功的伞型战略企业往往在市场中站稳脚跟后，就开始投入技术的基础研发。2017年，百度在硅谷的桑尼维尔建立了第二个研究院，致力于研究自动驾驶和AI；腾讯拥有CDC（用户研究与体验设计中心），一直在为“做世界一流的互联网设计团队，为用户创造优质‘在线生活’体验”而努力；阿里更是在全球各地设立达摩院，立足基础科学、颠覆性技术和应用技术的研究。大疆、华为等以技术驱动为主的公司，却早已思考如何建立自己的商业生态。

对于一个面向国内外市场的大型企业集团，商业模式创新和技术创新将成为企业发展的两个重要的动力来源，我们称为双轮驱动。这是大型企业发展的一个重要阶段，也是商业模式创新和技术创新可以互相弥补各自缺陷的时期。

交互驱动

双轮驱动的进阶状态是交互驱动，即商业模式创新本身能够带来更好的技术创新，技术创新中又时刻体现商业价值，两者互相促进，相得益彰。

华为手机在研发过程中更多考虑摄像头的设计和布置，这属于技术创新。华为还注意到，摄像头拍出来的照片也需要通过某些软件来进行润色，这就是商业模式和商业价值的思考。华为的P30可以在普通拍摄模式下由非摄影专业的用户拍摄出轮廓清晰、晶莹美丽的月亮，这极大地提高了用户的拍摄体验。专业的工程师爆料，华为实际上运用了人工智能的算法，只要侦测到白色圆形的物体，就会在后期的软件处理中自动强化嵌入月球的环形山，增强月亮的细节与分辨率，从而使得照片中的月亮看上去更加清晰，这显然与摄像头的技术创新没有什么关联。这样的拍摄手法被华为写入了《一种拍摄月亮的方法和电子设备》专利之中。当拍摄月亮也可以申请专利之后，我们知道此类创新实际上已经站在用户使用的角度去思考，产品如何提升用户体验度，如何获得更好的商业效果，这已然不再是一个单纯的技术问题。

生态开放平台

尽管商业模式创新和技术创新可以相互提升，共同促进企业的发展，但是对于任何一家企业而言，凭借一己之力去完成所有的环节并不是最优选项，技术创新的企业会发展产业链上下游的合作，商业模式创新的企业也会构建自己的生态圈。当企业不再是单独的个体，而成为产业链中重要的一环，或者生态圈中不可或缺的核心部分，伞型战略企业已成长为一个生态开放的平台，拥有开放、合作和共赢的心态，以及和其他企业互补共存、共同成长的发展观。

正如任正非在面对美国政府的指责时提出："美国说'5G技术对美国安全有威胁'，我们可以对美国公司完全转让5G技术和生产工艺体系，让美国在5G基础上开发6G，缩短美国的技术发展进程。"① 这体现了华为合作开放的积极态度。任正非看到的是整个市场因技术推动而产生的利益，而不是拘泥于自身企业的得与失。华为把自身定位为一个生态系统的建立者和维护者，愿意构建一个完整的商业和技术生态，利用自身的优势与其他企业互惠互利。这是一个作为生态开放平台所应该具有的格局，也是一个企业梦寐以求的最佳状态。

① 任正非：可对美国公司完全转让5G技术和生产工艺体系.2019-10-15. https://tech.sina.com.cn/t/2019-10-15/doc-iicezuev2385720.shtml.

在实际应用中我们发现，成功的商业模式创新有助于技术创新，而没有底层技术支撑的商业模式创新却只能是昙花一现。两种模式的创新在伞型战略企业的发展过程中都起到了至关重要的作用，只是在不同的阶段有不同的侧重：创业初期以商业模式创新驱动发展成效更显著，而在中后期以技术创新驱动发展更稳健。高瞻远瞩的企业家们能够看到商业模式创新驱动和技术创新驱动的异曲同工之妙，以长远的追求和坚定的初心去制定相应的业务战略和公司战略，让二者在伞型战略企业的不同发展阶段、不同的市场竞争环境中联合共创，相映生辉。

垄断 vs 创新

当伞型企业通过单点渗透、相关互联和全面扩张三大步骤成长为一把巨型大伞，形成赢家通吃的垄断局面后，如何进一步创新成为摆在它们面前的新挑战。在本节，我们将从企业发展本身的周期律、伞型企业如何进行自我颠覆，以及如何打破组织边界寻求更广阔的发展空间这三个方面，来谈谈商业模式创新引领下的伞型战略企业发展到高级阶段后，如何面对垄断和创新的博弈。

周期律

在国内搜索引擎市场，百度自2000年率先推出搜索门户，到与谷歌二分天下，再发展到如今市场份额高达70.3%[①]；在即时通信软件市场，微信自2011年由张小龙带领的一支不足10人的小团队开发推向市场，改变了用户在移动互联时代的通信和社交方式，再到如今全球用户数量达到10亿人[②]；在中国网络零售B2C市场，天猫作为淘宝网的一个创新模块——淘宝商城起家，到独立分拆，再到2019年第三季度成交额占据市场份额63.1%[③]；在国内新闻资讯领域，2012年创立的今日头条由一家名不见经传的创新创业公司，

① 中国搜索大变局：百度份额正被神马、搜狗、360蚕食. 2019-03-28. http://finance.ifeng.com/c/7lP8rD1uBeq.

② 2019年一季度微信用户数量达11亿，2019年即时通信用户规模分析. 2019-05-16. https://www.askci.com/news/chanye/20190516/1346051146282.shtml.

③ 电商行业数字化进程分析. 2019-10-31. https://www.analysys.cn/article/detail/20019518.

发展成为如今的行业龙头并以24.2%的渗透率位列市场第一[①]；在国内外卖市场，美团由一家团购网站，到2013年创新上线美团外卖，再到如今网上订餐市场份额达到64.1%，远超饿了么的33.7%[②]；在网约车市场，滴滴出行自2012年在国内推出并在资本的推动下迅速发展，在2014年Uber进入中国后展开厮杀，在2016年收购Uber后一家独大，如今已占中国网约车市场份额的91%[③]。

无独有偶，再看全球市场，电商行业的鼻祖——成立于1995年的亚马逊美国站（不包括App销售）2018年销售额占美国电商市场总销售额的33.7%，其17个产品类别中有7个类别占据了一半以上的美国在线/电商市场份额[④]；社交网络的开创者——成立于2004年的脸书，如今已经拥有超过24亿的活跃用户，是当之无愧的全球社交软件之王，2018年全年营业收入达到558亿美元，折合人民币3900亿元左右[⑤]。

上述企业在每一个细分领域中，都已从当初的商业模式创新者发展成了行业垄断者，这是伞型企业周期律的第一个重要特征。根据经济学的基本规律，一旦形成了垄断，企业就会通过垄断性定价来获取超额收益。正如今天用网约车软件打车，用户所支付的价格可能已经达到街头扬招的1.2倍左右；又如，作为新晋商家在某网站开店，会发现电商平台已有各种各样的收费条款。诸如此类，都是伞型企业在早期通过烧钱发展壮大后所收割的延迟回报。

对于消费者而言，这绝非一件好事，当伞型企业从早期的创新者发展成为后来的垄断者时，消费者则不得不承受垄断所带来的高定价，这又给市场

---

① 2019年中国移动新闻资讯收入增速将降至34.9%，市场规模达到450.7亿元. 2019-03-26. http://www.chyxx.com/industry/201903/724726.html.

② DCCI：美团外卖市场份额占64.1%. 2019-03-01. https://news.qudong.com/article/551557.shtml.

③ 滴滴连亏7年，为何占据网约车91%市场份额？ 2019-09-19. https://www.ebrun.com/20190919/351546.shtml.

④ 2018年亚马逊美国站市场份额揭秘，最具增长潜力的品类是？ 2019-03-01. https://www.cifnews.com/article/41700.

⑤ 全球社交软件之王：一年入账3900亿，用户数量是微信的2倍还多！ 2019-11-21. https://baijiahao.baidu.com/s?id=1650805266101080022&wfr=spider&for=pc.

带来了新的痛点，并成为后来的创新者和创业者去挑战垄断者的机会。因此，已经赢家通吃的伞型企业依然面临着严峻的挑战，因为一旦垄断定价的痛点被后来者打破，伞型架构则可能被击穿，而后来者又可能构建新的挑战模式。

正如在佛教的宇宙观中，一个世界从成立、持续、破坏转变为另一世界的成立、持续、破坏，其过程可分为“成、住、坏、空”四时期，被称为“四劫”。实际上这种说法强调的就是一种周期性的规律。经济发展有周期，行业有周期，在企业管理当中，我们也会提到周期律的元思维；同样，伞型战略也会经历它完整的发展周期。

市场突围

无论企业在生命周期的哪一个阶段，它的竞争优势都会面临新的挑战，尤其是在技术出现了质的升级，或者消费需求、市场演化产生重大变化的时候。与此同时，企业为顾客创造的价值也可能发生变化。例如，当越来越多的买家抱怨某宝的界面越来越复杂、同质化的冗余信息越来越多、“双十一”的规则越来越烦琐而让人无所适从时，当越来越多的卖家抱怨各大平台的进驻门槛越来越高、响应速度越来越慢、运营成本越来越大时，平台企业为买卖双方创造的实际价值在不断下降。这时，企业已进入“价值陷阱”。

伞型战略的企业如何避免走进价值陷阱呢？在国内市场开发的潜在容量有限和获客成本不断上升的双重困境下，实现市场突围有以下几种实操的思路。

自我批判

企业要有自我批判的习惯——不断反思自己的商业模式、产品价值、运营流程是否存在薄弱的环节，并不断进行调整和改进。最容易打败一家企业的往往不是优秀的对手，而是自己昔日的成功，因为企业一旦患上路径依赖的毛病，不愿创新、不敢创新，慢慢地也就不能创新了。与时代共同进步，审时度势不断自我反思，永远是企业保持战斗力的第一铁律。

二次市场细分

在营销学的STP理论（Segmenting，Targeting，Positioning）当中，市场细分环节探讨的是如何进一步分出边界清晰的市场，从而找到自己的产品定位。餐饮行业显然是市场被极度细分的行业，按照国别区分中西餐，中餐之下再按规模细分，有正餐、火锅餐、快餐、团餐、休闲餐。其中，火锅在中餐里尤其被国人偏爱，据2018年的统计数据，火锅占全部餐饮市场收入的15%以上；而在火锅餐饮市场稳坐前两把交椅的“海底捞”和“呷哺呷哺”的成功正是来自二次市场细分。海底捞以极致的服务体验、标准化的产品以及绝佳的品牌效应著称，它走的是差异化的路线——去海底捞就餐的顾客一般人数较多，要么是亲朋好友聚餐，要么是公司团建，成群结队、热热闹闹，这类消费者寻求的是优质的服务、亲切的感受和舒适的氛围，客单价基本在百元以上。呷哺呷哺则选择吸引那些关注性价比的客户，其店面装修简洁，产品以小火锅和单双人套餐为主，可堂食、可外卖，适合白领工作餐以及三两好友小聚，客单价是海底捞的一半，呷哺呷哺在控制运营成本的同时保持超高的翻台率，并以每年新开100家的速度稳步扩张，它选择的是低成本战略。两家火锅店选择了有差别的客群作为公司客户，提供各有特色的产品和服务，采用不同的选址装修以及供应链管理方式，在各自的细分市场都做得有声有色。

用户需求洞察

追求个性化消费已经是互联网行业下半场的趋势之一。伞型企业的战略重点将从“多对多”向“一对一”转移——实现对用户需求的精准适配，引导他们在面对多个市场的更多品类和选择的时候，选择最适合自己的产品或服务。

众所周知，美国吉列公司产销的手动剃须刀在行业内几乎是全球垄断，如此成熟的市场却出现了新的竞争对手，它就是Harry's。Harry's的口号是：每个成熟男人，都值得拥有一支Harry's。为什么值得呢？它把对用户需求的洞察落实到了产品的每一个微不足道的细节当中。比如，它会在第一次订购时统计用户的脸部轮廓弧度、胡子的形状，问询多久刮一次胡子，以此来计算用户使用产品的频率和更换剃须刀的刀架、刀头以及其他剃须护肤相关用品的频率，然后进行信用卡授权签约。在那之后，用户就会持续不断地收到它的产品，自动从信用卡中扣费，不再需要前往门店或商超进行选购。此外，它还关注到大多数男生在使用完剃须刀后，总是将其直接放在卫生间的漱口杯里，既不卫生，又有潜在危险，因此针对性地设计了一款简单又耐用的刀架座，用完之后可以完美地把刀架立起来，还附加了刀头的保护套，并贴心地提供在刀架上刻名字等个性化服务。Harry's的产品可谓从多个特别的角度，认真思考用户需要什么，然后建立新的用户洞察，实现产品的精准定制，通过这些努力成功打破原有大企业的垄断地位。

产品升级

近年中国消费者对名包、名表等奢侈品的需求表现得日益理性，兴趣转向了对衣食住行有品、有趣的追求。伴随着人们的欣赏水平、审美心态和消费实力的提升，严选类的购物体系在线上和线下纷纷出现——网易严选、小米有品、京东京造、淘宝心选、苏宁极物都是个中翘楚。相比淘宝和天猫，它们带着不多的库存保有单位（Stock Keeping Unit，SKU），所售商品从设计到功能都更贴近产品的本质，高品质、高颜值、高性价比，用更具原创理念的设计和考究精致的质地去迎合新型的消费者。

2015年上线的相对小众的App“东家”，是一个围绕东方手工匠人的造物/购物平台，为了呈现古老、多元、隽永的东方文化，东家挖掘了一大批传统手工工匠。在其App的频道上，有饰界、文玩、茶道、食味、家居、服饰、艺术品等，产品设计上无一例外都透露出浓厚的东方文化风韵，而涉及传统文化的、小众精致的产品往往不会大规模量产。东家恰恰吸引一批具有文化底蕴、追求生活品位，又具有一定经济实力，愿意为意境之美、文化之美、设计之美买单的客户。

传统的老字号线下百货店始终具备聚集人群的天然优势，若它们摒弃一贯的羞涩内敛转而大胆拥抱互联网，以“产品经理”的思路运营，“老字号们”将焕发新生。

影子对手

除了产品升级，企业还可打造一个或多个“影子对手”，让左右手互搏，从而提升自己的竞争力。华为的“蓝军”，其终极使命就是成为企业内部的改造者。华为在2006年成立“蓝军参谋部”，创立的初衷就是要在华为内部“唱反调”，对华为的战略、战术、产品等提出质疑，找到不足。熟悉军事的人都知道，所谓“蓝军”，就是指在军事模拟对抗演习中扮演假想敌的部队，通过模仿对手的作战特征，与“红军”正面部队进行对抗训练。华为的“红军”代表了华为公司本身，“蓝军”则代表了华为的竞争对手。按照任正非的解释，“‘蓝军’存在的目的就是要想尽办法否定‘红军’，让‘红军’时刻保持竞争状态”。任正非认为，企业不主动打破自己的优势，别人早晚也会来打破。再如，携程通过投资的方式，陆续收购或参股去哪儿、同程旅游、途家等OTA平台，允许它们“各自为政”、独立运营，这些也都是携程培养的影子对手。

产品组合

为了应对残酷的市场竞争，企业还可以打造产品组合——有意识地设计自身产品的互补产品，最终产品系列化，有可能造成“东方不亮西方亮”的意外效果。新浪微博和它推出不久的“绿洲”App就是一个例子。微博在

2019年第二季度净营业收入同比增速滑落至1%，当季净利润同比降幅更是达到26.9个百分点，这已是微博连续第7个季度净营业收入增速放缓。正当微博的未来令业内担忧之时，新产品绿洲内测上线。在用户看来，绿洲在页面布局方面与Instagram多有雷同，搜索页面的多类别推荐则借鉴了小红书的图片信息流展示。有消息称，主打“清爽社交圈”的绿洲定位的是种草社区。足见新浪微博在2015年踏空短视频市场后，终于幡然醒悟在产品组合中做出了新的尝试。

关注用户退出壁垒

当企业纷纷采用市场二次细分、用户深度洞察、产品升级、影子对手、产品组合等策略后，各类平台上更加贴心和丰富的产品极易对用户产生新的诱惑，因此，有必要采取措施来抵御来自外部的其他产品的竞争。

比如在“东家”这类平台上，如何构建用户的退出壁垒呢？一方面它可以强调自己对个性产品的快速反应，宣扬在这里用户可以找到最新、最有趣、最美好的产品，无须再去搜寻其他平台；另一方面可以对产品进行深度定制，区隔与其他竞品的相似成分。若要达到如此效果，更需企业在微观层面详细深入地做好客户需求分析、偏好分析，储备综合全面的产品知识以及履行更深入的客户关系管理。

再以前文的Harry’s为例，根据前期测算得到的用户剃须频率，计算出各种耗材的使用速度，然后通过用户的订阅授权，在耗材即将用完之前直接自动发货，大幅降低了用户购买的时间精力成本，而剃刀和刀头的专用适配也能提升用户转投其他品牌的退出壁垒。

打破组织边界

伞型企业在完成内部的再造、升级之后，还可以在组织管理层面尝试打破现有的组织边界，用新的组织形式来面对不断变化的外部需求。在此，我们介绍三种面向未来的组织形式。

跨界组织

跨界组织打破了现有的组织边界，例如，松散的合作同盟、大量的Free Lancer——采用外包，这些都是跨界组织的做法。

在留学咨询顾问领域，有一些公司在中国和美国同时设立了分支机构，甚至是两家公司共同合作，一边负责物色学生，一边负责寻觅老师或出国留学顾问，双方密切合作，这就是一个典型的跨越国界的组织合作形式。

此外，最近几年来，伴随着戈壁徒步作为一种全新的户外运动形式在旅行市场如火如荼，一家名为“老布旅行”的定制化旅行业务公司出现了。创始人老布是一个户外探险爱好者，其与戈壁滩的酒店合作，由当地酒店提供住宿餐饮，老布则主要承担旅行线路设计、旅行成员培训和团队建设等工作。老布旅行围绕目的地的特性及背景，为顾客设计竞技类旅行内容，让游客获得个性化的旅行体验，也是跨界组织案例。

内部孵化

内部孵化是指从企业内部甄选新的创意，并将其孵化成为新的创业企业，独立发展。比如，从海尔孵化出的“雷神”游戏笔记本，最早只是几名海尔员工凭借从网上梳理的3万条不同品牌笔记本的差评，反推用户痛点和需求，设计的雷神笔记本创意，而海尔小微创业转型、“员工创客化”让雷神的诞生成为可能。目前，雷神笔记本已经成功从创意发展为落地的产品，走向市场，并摆脱海尔的背书，成为一个完全独立运营的专业游戏本品牌。

此外，百度成功孵化了作业帮；腾讯成立了自己的孵化器“众创空间”；谷歌为了激发内部创新，甚至允许工程师拿出20%的工作时间来研究自己喜欢的项目……大型伞型企业注重内部创新的例子比比皆是，正所谓“无创新不发展”。

全球化众包

众包（Crowd-Sourcing）是众筹的反义词——众筹是向他人筹款来支持企业某个项目，众包则是企业出钱将一项事业分发给他人去做。在美国有一家名为Virgin Hyperloop One美国超级高铁1号的公司，实现了特斯拉公司、SpaceX CEO埃隆·马斯克（Elon Musk）提出的胶囊子弹列车Hyperloop的想法。这是一种超级高铁，采用“磁悬浮+低真空”模式，利用低真空环境和超声速外形减小空气阻力，通过磁悬浮减小摩擦阻力，实现超声速运行的运输系统。按照设计师的预想，它能达到每小时6500千米的惊人速度。乘客乘坐这种列车，从纽约到北京也只需2个小时，而环地球一周只要6个小时。目前，该产品已经完成全真空测试，希望在2023年前完成超级高铁认证和空中拼车。这家只有十几个人来管理的公司，却能胜任成千上万人的大公司才能实现的工作，2019年再获1.72亿美元新投资[①]。它的做法就是，把公司的股权定量化，在与全球范围内几千名工程师和科学家开展合作的过程中，把科学家投入的研发时间折算成该公司的股份，这是典型的人力资源的全球化。

以上例子都告诉我们，组织的边界是可以被打破的。自由灵活和无边界的组织形式不仅没有降低效率，反而为更多商业形式的出现提供了可能。那些伞型企业在形成垄断地位之后，面临着外部的挑战，它们也同样可以在战略层面和组织层面都找到恰当的应对大企业组织惰性的方法。

① 超级高铁公司Virgin Hyperloop One融资1.72亿美元 多次高管变动. https://baijiahao.baidu.com/s?id=1634214907128209728&wfr=spider&for=pc.

数据治理

大数据时代

据中国互联网络信息中心（CNNIC）发布的报告，截至2021年6月，中国网民规模达10.11亿人，较2020年12月增长了2175万人，互联网普及率达71.6%。互联网应用和服务的广泛渗透构建起数字社会的新形态：8.88亿人看短视频、6.38亿人看直播，短视频、直播正在成为人们新的生活方式；8.12亿人网购、4.69亿人叫外卖，人们的购物方式、餐饮方式早已迭代；3.81亿人在线办公，3.97亿人用打车软件出行，3.25亿人用在线教育、2.39亿人用在线医疗；人均每周上网时长26.9小时，且这个时间长度一直在增加……

庞大的网民数量，超长的上网时间，在互联网世界创造和存储着大量的数据。麦肯锡公司最早提出“大数据时代”已到来，“数据，已经渗透到当今每一个行业和业务职能领域，成为重要的生产因素。人们对于海量数据的挖掘和运用，预示着新一波生产率增长和消费者盈余浪潮的到来”。

数据缘何成为生产要素？当数字经济引领着新经济发展，覆盖面广、渗透力强，与各行各业相互融合发展时，在实现爆发式增长、涌现众多独角兽与巨头的互联网行业，以及即将对人类生活、伦理、价值观产生巨大影响的人工智能领域，越来越凸显出数据的价值，数据将成为第一生产力。

2020年4月9日，中共中央、国务院首次公布关于要素市场化配置的文件《关于构建更加完善的要素市场化配置体制机制的意见》（以下简称《意见》），指出土地、劳动力、资本、技术、数据五大生产要素的改革方向和相关体制机制的建设要求。国家首次将数据置于与土地、劳动力等同等重要的位置。根据中国信息通信研究院发布的《中国数字经济发展白皮书（2020年）》，2019年中国数字经济增加值达35.8万亿元，对GDP增长贡献率达67.7%，是我国经济增长的核心关键力量。

在过去20年里，我们看到的所有伞型企业，无一不在收集、保存、分析着大量用户数据，并从中取得更有价值的商业信息和战略指引。所谓的“流量为王”，其核心价值就是用户的点击量和用户的海量数据。

数据资产归属谁

全球范围内，大数据应用的发展正从技术向治理逐渐迁移，以推动经济发展、完善社会治理、保障改善民生、提高政府服务为重点目标。我们看到在新冠肺炎疫情突发后，大数据为中国的精准防疫政策做出了卓越的贡献。同时，也在政务处理、工作交流、日常生活中给人们带来了巨大的便利。然而，数据带来便利的同时，也给垄断平台们带来了巨大的红利甚至权力。

本质上数据是由网络用户与平台、服务商的互动行为产生的，平台往往只是一个提供信息交换、供需匹配和交易的服务商，但他们最终成为数据的收集者、控制者。这是否意味着平台企业就能顺理成章地占有这些数据，并理所当然地获得由数据驱动所产生的收益呢？我们看到的现状是，平台利用其市场地位，独占技术进步所带来的价值盈余，很少反哺给平台两端的服务提供者与消费者。

此外，还有另外一个棘手的问题促使我们要以更严肃的态度去探讨：技术进步所依赖的资本——数据资产的所有权和收益究竟应该归谁？那些由海量用户参与贡献的数据在聚合以后创造的价值，真的与千千万万消费者完全无关吗？

《意见》中要求加快培育数据要素市场，但与其他四项生产要素不同的是，数据的产权问题仍未解决。土地、资本、劳动力等要素有专属性，但数据很复杂，有数据本身、分析数据中再产生数据、重复数据等情况出现，目前在确权方面缺乏实际的标准和规则。除了确权难，如何防止数据资产侵权也存在技术上的挑战，因为数据资产在开发和运维上通常需要很高的投入，但复制和传播成本非常低，数据治理的探索任重而道远。

总之，数据要素的市场化还需建设完备的数据确权、定价、开放、流通、交易、监管、安全保护等方面的体制机制，从而形成数据要素生态圈，促进发挥数据对其他要素效率的倍增作用。要明确数据资产，前提条件之一就是要明确数据资产的法律权属。

数据如何治理

我们认为，数据的使用和获取首先应有一定的监督机制，比如个人用户有权获取自己的个人数据，因为他是数据的贡献者，有个人数据的使用权和知情权；而平台企业在获取数据后，虽有数据的使用权，但数据的所有权并不属于企业，可交由某种共管的形式或第三方监管的机构或组织。这个无关利益的第三方，或许应是政府主导下的相应机构，他们获得数据的所有权后，在数据使用过程中进行监督和监管。这个做法可以给拆分行业垄断地位的大型互联网公司提供一定的支持，比如，成立专门的数据管理公司，要求数据的使用者和管理者必须分开，同时由行业协会或政府监督机构通过制度机制定期监督数据的使用情况。这期间可以允许产品差异化、定价差异化，甚至个性化定价，但不允许利用信息不对称进行价格歧视。

让我们退一步，把视角放宽一点，从战略的角度去看待这个涉及政府、企业和使用者多个相关利益者的博弈：在2020年针对打车软件的调研中我们发现，越是平台竞争激烈的城市，“大数据操控”的可实现性就越低。看来只有在充分竞争的环境下，企业才能敬畏市场、善待客户，围绕真正产生社会福利的关键点去做创新。

那么，如何缓解因互联网行业“先行者垄断”而可能导致的“大数据操控”呢？我们认为，构建完善的数据治理模式可能是一个出路。在公司治理中，我们知道企业的股权包括了所有权、分红权、增值权、表决权四项基本的权利。或者，这可以是我们探讨研究社会数据治理的一个方向：在政府或相关部门的介入下，对数据资产进行确权，开展不以盈利为目的数据控制与数据治理工作；通过联邦学习等方式，让科技企业都能以大数据为依托，进行产品创新；然后由数据贡献者、维护者、使用者、监督者等多个利益相关者共同介入，对上述四种权利进行适当的分配。如此，既可以充分利用市场的力量推动科技进步，也能“逼迫”企业将创新所带来的“社会福利”反哺给商业活动的参与者，最终真正实现大数据的“取之于民，用之于民”！

边界再次消失

“只有变化是不变的”，这句话是对我们所处的互联网时代最好的描述。得益于互联网手段，旧的竞争格局被打破，新的商业巨头涌现出来。许多企业采用跨界打劫的方法，颠覆了传统行业的边界，新的霸主纷纷崛起。然而，这些企业所营造的伞型帝国的边界也同样有可能再遇到挑战者，行业的边界、企业的边界将再次受到挑战。伞型企业面临的挑战可能来自四个方向：场景整合、复合式产品、底层数据整合和行业新生。

场景整合

所谓“场景整合”，指的是以往企业面对的是客户的单一需求，未来企业要洞察并满足客户的多重需求，把原本不会在同一个场景完成的事情，让它们在同一个场景实现。

究其原因，客户的需求是复杂的，人总是对生活方式存在更安全、更方便、更少资源投入、更娱乐的要求。场景整合是在动态变化的背景下，把过去割裂的场景协同为一个场景。比如，自动驾驶技术的出现，使得司机坐在车里去做其他的事情成为可能，当然这也要在当地交通法规的允许之内。自动驾驶技术的推广或可推动交通法规的升级换代，那未来坐车出行可能与其他场景，如开会研讨、休息睡眠等共同出现于同一个场景。整合性的市场需求将对企业带来新的挑战，也意味着出现了新商机，企业需要关注是否能让人们的多重需求产生更多的协同，把多个不同的需求整合在一起。以往完全无关的几件事，也许会放在一起考虑，对企业来讲应该如何应对？也许，打造新的场景来实现众多跨界的整合，是一个契机。

场景整合带来的一个改变是，企业将从关注生产成本过渡到关注用户交易成本。从过去到现在，由于互联网提供的海量选择，用户的交易成本逐年增高，使得企业不仅要关注财务成本，还得重视用户的心理成本和时间成本。如今的电商平台就是一个很好的例子。各家电商特别是在大促活动中给用户的利益点刺激可谓五花八门，满减、满赠、买几赠几、叠加返利、抽奖、拼购等，最终往往是“羊毛出在羊身上”，没有多少人算得过商家，选定商品再货比三家后，消费者在“线上逛街”的时间成本并不比去“线下逛街”少甚至可能更多，价格也未必更划算，但是消费者交易成本变高了。这对企业来说一定是坏事吗？未必。这是电商平台的常见做法。原因之一是叠加的利益点能让消费者“感受到”捡到实惠，这比直接给消费者实惠来得更重要；原因之二是消费者在自家平台“逛”得越多，接触点越多，越有机会产生更多购买行为。尽管让消费者花费时间去网上比价对电商平台而言利大于弊，但企业仍要注重临界点观察，一旦突破消费者承受的底线，达到某个阈值，就会造成用户的净流失。为了避免这种尴尬，聪明的电商又推出了场景整合方案——“网购+直播”，把交易导购、私域社交、娱乐互动等功能集合在直播场景中。过去平台上盘根错节的促销设计是战机舰队做空中轰炸，现在一批又一批网红KOL犹如伞兵精准地降落在所属区域，用直播形式圈定人群、沉淀内容，给消费者提供了新的关注中心，“帮助”消费者“现场”筛选商品。

在场景整合的探索中，企业恰好可以利用市场过度营销、选择迷失的弱点，设计和开发一个可听、可见、可玩、可互动的新场景。任何单一场景下用户要购买自己想要的产品和服务，都要经历搜索、比选、决策、使用、体验、反馈一整套流程。如果这些场景都是割裂的，平台是分散的，那么用户就要经历整个长长的链条；但若是企业将过程予以整合，用户的时间、精力、信任等心理成本将会大大降低。

打造新场景，蔚来的NIO House就是一个典型的例子，是一种把品牌会员聚在一起，实现线下交流、聚会、娱乐功能的新形态（该案例在本书第4章“全面协同”中有详细介绍）。

复合式产品

伞型企业面对需求的变化，还可以尝试打造复合式产品。复合式产品首先可以是一种创新思维下的集约化设计产品，让多重需求“耦合”到一个产品当中去。这与场景整合有所不同，场景整合原本是将不相关的场景重叠在一起，例如汽车电影院；而复合式产品强调单一产品的多种用途，例如豆浆机附加榨汁机的功能。

在集约化的产品设计中，我们需要思考的是多种需求产生协同的价值与可能性。比如学外语和社交结合在一起的价值高吗？游戏和公益植树有没有集合在一起的可能性？整容和基因检测的协同性强吗？这些都是集约化产品的设计思路。类似的如瑞士军刀，可以把多种需求整合在一个产品设计当中。再如，汽车的智能车内后视镜，可实现语音操控，并集行车记录仪、导航、倒车辅助、音乐播放、拨打电话于一体，这就是标准的复合式产品。一款多功能的家用电器、一次复合多种需求的旅行，都属于集约化设计。

复合式产品的第二个形态是在服务领域中的“一站式解决”——在一个场景下做加法，能够一次性解决顾客的多重需求。起源于法国的Club Med，又叫“地中海俱乐部”，就是一个“一站式解决”型度假村。Club Med遍布全球5大洲30个国家，拥有80多座度假村，以旅行中的“住”为核心，提供吃、玩、亲子服务、当地游览体验等一系列服务的旅行项目。客户的住宿费就包含了一日三餐，以及附带的很多当地活动体验。你可以白天游览城市、海边钓鱼、潜水，或者跟着度假村管家G.O（Gentle Organizer的缩写，意为“亲善的组织者”）去体验探险活动，下午还可以参加瑜伽课程、运动健身，晚上有酒吧表演。如果客户带了孩子，还可以参加Kid Club——专业儿童托管服务和儿童俱乐部，Club Med为少年们设计了丰富的体育、艺术活动和短期课程。

复合式产品的第三个形态是“万物互联”。在不远的将来，我们每天接触的手机屏幕将被分解到可穿戴设备、广告屏、书报杂志、家具、家用电器等各个物理承载物上，这些硬件可能都拥有一个芯片和一块智慧屏幕，通过传感器它们能够互联在一起，集成用户信息以及传递指令，达到“万物互联”的状态。

底层数据整合

当复合式产品设计出现无限种可能时，要实现“万物互联”状态，将对底层的协同提出极高的要求，未来企业须更加关注底层数据的整合，包括数据获取、合并以及相关的安全性和隐私。

企业数据早已成为现在以及未来企业竞争的核心，企业需要思考通过什么渠道获取数据，如何获取安全、海量、有价值的用户数据。例如，用户在使用手机的过程中，浏览习惯、内容偏好、付费可接受区间、分享意愿、社群关系等，通通都能被记录下来，源自真实ID的网络痕迹都属于用户自发行为，数据不会说谎。人在网络环境中，更真实地表达着需求，比问卷调研的主观判断要有价值得多。

在获得了海量的数据以后，需要对数据结构进行合并、适配，才能形成完整清晰的用户画像。企业还要对不同来源的数据库进行数据之间的整合，形成一套完整可随时调用的数据库。

在数据力量日益彰显的当下，业界和消费者反复提出对“科技作恶”的担忧。基于大数据的价格歧视、恶意推销、恶意影响用户心智、泄露隐私等问题越来越受到重视。法律和制度层面的完善，也在一步步回应着交易双方对于数据安全性的忧虑，行业也在倡导保护用户隐私的诸多行动，甚至对于网络爬虫也已采取限制，这是未来企业在进行底层数据整合时需要特别关注的。

行业新生

一旦企业整合了海量数据，就可以根据多样化的场景去设计复合式的产品。由此，我们将会看到一个个新行业出现，这就是伞型企业面临的最后一个可能的挑战。我们无法预测新的行业将是怎样一种具体形态，但明确知道它不是今天能够看得到的状况，这是大环境里“不确定的确定”。

未来是不确定的，但这种不确定是一定的。

现有的行业边界将再次被打破，涌现出新的行业巨头，使得原有的赢家不再通吃。他们会受到来自跨界的、底端的、颠覆性变革的挑战。随身听、便携CD、收音机、复读机、手电筒、地图、指南针、导航仪、时钟、秒表、游戏机、照相机、备忘录在智能手机崛起之后黯然离场。

未来，商业模式创新的世界异彩纷呈、跌宕起伏，然而企业的发展未必一帆风顺，它们终将会遇到在本章所描述的场景下新的创新者的挑战。

科创兴国

十年前，所有人都在谈论乔布斯有多么了不起，十年后的今天，马斯克的奇思妙想备受追捧。

2018年7月6日凌晨，美国时任总统特朗普在空军一号上向多位记者确认，将对价值340亿美元的中国商品加征25%的额外关税，从此拉开了此后几年的“中美贸易争端”的序幕。新冠疫情之下，中美之间发生的激烈的贸易争端博弈，引发了一系列的产业发展问题，其中很多是由于供应链上的某些零部件产品被“卡脖子”，严重威胁到产业链安全。零部件虽小，但有的部件技术含量非常之高，甚至可以成为产业链、价值链上的关键环节。对于我们国家而言，高端芯片、飞机引擎制造、伺服电机制造、氢燃料发动机制造、高端化学合成、医疗设备部件、高级特殊钢等腰部产业环节，都亟须加大投资，加大创新力度。

当今世界正处于百年未有之大变局。这个大变局中既蕴含机遇，也面临挑战。虽然中美大国博弈和新冠肺炎疫情大流行成为今天企业外部环境里最确定的不确定性，但是得益于中国经济的高速成长，我们每个人每天盯在屏幕上的时间平均都在5个小时以上，这背后恰恰昭示着新兴科技力量的崛起。新一轮科技革命和产业变革加速演进，是我们面向未来必须抓住的重大战略机遇。

什么是“科创板”

党的十九大提出，创新是引领发展的第一动力，是建设现代化经济体系的战略支撑，并对加快建设创新型国家做出战略部署。2019年1月，中国证券监督管理委员会发布了《关于在上海证券交易所设立科创板并试点注册制的实施意见》（以下简称《实施意见》）等意见，进一步昭示了国家对科创企业投融资、市场化的支持与包容。

《实施意见》明确了科创板的市场定位：在上海证券交易所新设科创板，坚持面向世界科技前沿、面向经济主战场、面向国家重大需求，主要服务于符合国家战略、突破关键核心技术、市场认可度高的科技创新企业。重点支持新一代信息技术、高端装备、新材料、新能源、节能环保以及生物医药等高新技术产业和战略性新兴产业，推动互联网、大数据、云计算、人工智能和制造业深度融合，引领中高端消费，推动质量变革、效率变革、动力变革。

由此可见，上海证券交易所科创板不同于深圳证券交易所创业板。如果说创业板挂牌企业主要是中小型普通创新企业，那么，科创板挂牌企业则主要是处在世界科技前沿、突破关键核心技术的大型创新企业，它们在高新技术及高端消费上具有十分重要的引领作用及市场认知度。因此，科创板更强调了高端技术及先进产业的政策导向，它将是“中国版NASDAQ市场”，并在未来发展格局上有可能超越美国NASDAQ的地位和作用[①]。

2019年7月22日，科创板正式开市，中国资本市场迎来了一个全新板块；当天上午9时31分，科创板首批上市的25家公司全线上涨。截至2021年11月30日，科创板上市公司达362家，总市值超57543亿元，首发募集资金总额超过4583亿元[②]。

① 董登新：拆条解读科创板及注册制这十大亮点．2019-01-31. http://www.xinhuanet.com/fortune/2019-01/31/c_1210052401.htm3.

② 科创板3周年调研进行时 | 362家上市公司合计研发支出超490亿元．2021-12-01. https://view.inews.qq.com/a/20211201A07CG900.

科创企业画像

科创板的推出引爆了资本证券市场的新热点，它带着“科技强国”的使命而来，激发了投资者与创业者的极高热情与兴趣，然而，科创版的企业有何特别之处呢?

从最先上市的200家科创板企业的行业分布来看，三大行业“三足鼎立”并集体领跑，分别是：生物医药45家，占比22.5%；高端装备43家，占比为21.5%；信息技术41家，占比为20.5%。此外，新材料、集成电路、节能环保分别是25家、23家、23家，占比分别为12.5%、11.5%、11.5%。民营企业占比为78.5%。研发投入占营业收入比平均为12.35%①。

科创企业普遍具有知识密集、长周期、路径依赖、高风险等特点，这就直接导致其股价非常高。2020年7月行情最好的时候，科创板和创业板的市盈率一度达到104.45和60.17，即使到2021年10月25日也还有68.24和57.82，同期的沪指和深成指的市盈率也才仅仅17.67和31.45而已。

本书作者及其团队针对科创企业的特征和需求，从科创企业的核心管理成员入手，在2021年10月，通过调研1294家创业板和科创板公司、16 034份高级管理人员简历，针对科创企业的“科”（Sci-Tech）、“创”（Innovation）、“领袖”（Leader）三大核心要素展开了深入研究，勾勒出科创企业及其创业者的画像，探索了创业者和企业之间的密切关系。

从“科”（Sci-Tech）入手，我们测算得出创业板的研发强度为2.06%，而科创板在剔除前期投入巨大的生物医药企业（4182.13%）后，其研发强度仍然高达9.67%。由此可见，科创企业的研发强度确实远远高于创业板企业。

从“创”（Innovation）着眼，我们充分利用创业导向指标，结合研发强

① 数说科创板上市公司十大特征. 2020-12-07. https://baijiahao.baidu.com/s?id=1685374608603972605&wfr=spider&for=pc.

度和投资强度，对企业的成长性和绩效水平进行测算评估，最终创业板得分0.28，科创板（除生物医药97.00）得分0.57。这说明科创企业同样拥有更高水平的创业导向。创业导向计算公式，如图6-2所示。

$$\sqrt{\left(\frac{\text{企业研发支出}}{\text{销售收入}}\right)^2+\left(\frac{\text{企业投资现金流量净额}}{\text{销售收入}}\right)^2}$$

研发强度(Xit)　　**投资强度**(Yit)

图6-2　创业导向计算公式[①]

当聚焦背后的“领袖”（Leader）因素，我们研究发现：相比创业板，科创板董事长、总经理有更多的海外学历；科创企业总经理或董事长的博士学历比例更高，高出2.30倍。交叉研究发现，不管科创企业的董事长和总经理是否为同一人，当他们的学历都是博士的时候，其领导下的企业创业导向也会显著高于至少一人不是博士的企业；创业板企业的总经理或董事长读过商科的比例更高。科创板、创业板各公司总经理与董事长学历情况，如图6-3所示。

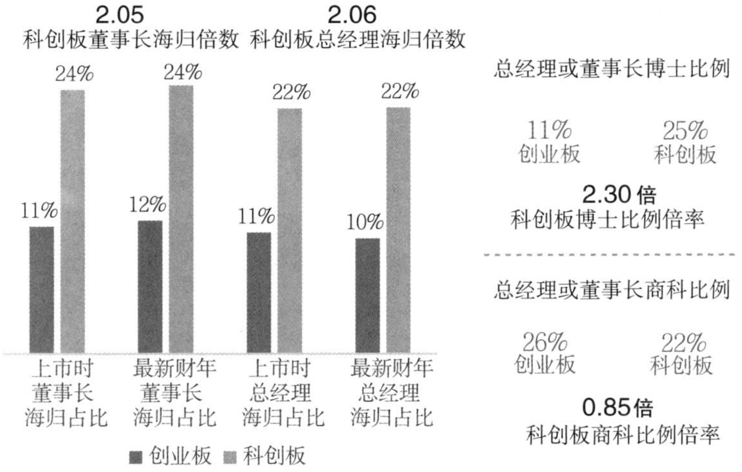

图6-3　科创板、创业板各公司总经理与董事长学历情况

从性别来看，创业板和科创板中的上市企业相对缺乏女性高级管理人员，

① 本研究参考Williams、Lee（2009）和杨林（2014）的研究，综合企业内部研发与外部投资的配比对创业导向进行测量。

其中总经理级别的女性领导人占比在7%左右，董事长级别的女性领导人占比在5%左右；但财务数据显示，有女性领导人的科创企业的ROA、ROE[①]等指标，往往都明显好于无女性领导人的情况。

从上市时公司的成立年限来看，创业板平均需要12.77年，科创板平均需要14.43年；从上市时总经理的年龄来看，创业板平均49.09岁，科创板平均50.86岁；从上市时董事长的年龄来看，创业板平均51.39岁，科创板平均52.99岁。这也就意味着，中国的企业家们大可持续保持轻松心态，就算他们50岁以后企业再上市，和其他上市企业相比一点都不算迟。科创板、创业板公司上市时的成立年限及其总经理与董事长的年龄，如图6-4所示。

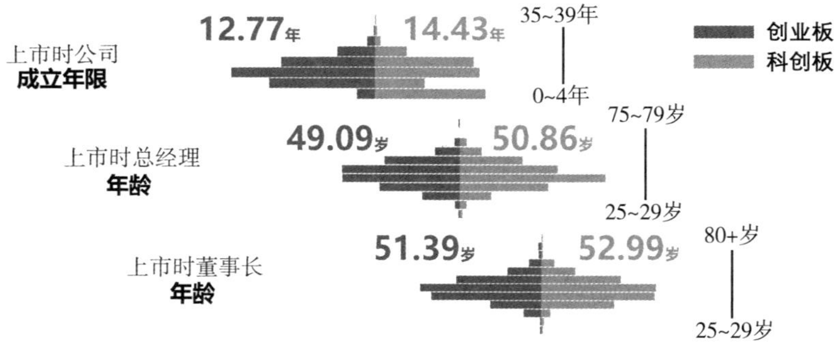

图6-4　科创板、创业板公司上市时的成立年限及其总经理与董事长的年龄

毫无疑问，科创战略将成为中国在21世纪有资格同美国开展竞争的入场券，将成为全球经济再次振兴的希望。当新一轮科技革命与产业升级迎面而来，拥抱时代浪潮，积极寻求转型，才能为企业的可持续发展提供不竭动力及无限可能，从而实现从中国制造向中国发明、中国创造的华丽蜕变。

未来是一个充满变数的时代，从这个意义上讲，不管是现有的巨头，还是未来的创新者，他们都将重新站在同一条起跑线上。大变革的时代即将来临，唯创新者永生！

① ROA，资产收益率；ROE，净资产收益率。

后　记

冬去春来，斗转星移。如果给时间拉一个长镜头，可以瞥见我对企业战略的研究近20年，针对创新与创业的研究约七八年。在过去的研究和教学历程中，我个人的体会是经历过这样三个阶段，正如王国维《人间词话》中所述的三重境界。

第一个阶段，“昨夜西风凋碧树，独上高楼，望尽天涯路”。

其间，我看了很多书，有了蛮多心得体会。作为咨询顾问，也曾参与指导了许多企业战略规划的制定和执行。那时，我认为自己看到了一些规律，并且能够帮助这些企业。

但是，很快地，行业的嬗变、模式的创新忽然因为互联网而层出不穷。时代仿佛一夜之间从天工开物的农耕时代，乘着互联网思维的东风来到了变革制胜的后工业时代。这是一场前无古人又浩瀚汹涌的“反熵增”运动：人类的创造效率和科技进步在短短几年间突飞猛进，混沌、停滞的旧模式被变革的时代洪流彻底洗刷，并深刻影响了人们的生产和生活。这个过程之中，的确“没有人是一座孤岛”。

这时，我对自己做了一次深刻的反思，我问自己：那些经典的战略理论还有用吗？我在课堂上曾经反复强调的“外观大势，内省自身，谋定而后动”这样的战略思维是否依然有效？当那些新创立的企业疾风骤雨般地颠覆了原有行业边界和企业形态的时候，我们发现循序渐进地制定企业的战略变得不再可行，过去从容的谋略受到了现有创新的挑战和嘲弄。

第二个阶段，“衣带渐宽终不悔，为伊消得人憔悴”。

我开始关注和研究创新的企业，这些创新的企业绝大部分是互联网企业，正如过去若干年我们所观察到的，互联网公司在高速发展。“颠覆第二曲线”“互联网思维”等热词扑面而来。

然而，我潜意识里总觉得，这些热词的背后一定有它不适用的地方，或者说有它边际效用递减的那个时点。所以，我一直试图理性地去看待这些企业，并沉下心来，花了大量时间去了解、研究它们，包括亚马逊、eBay、阿里巴巴、腾讯、百度、今日头条、滴滴、趣头条等。一时间，在我的课件里，越来越多的互联网公司取代了传统企业。我对于企业战略的理解也从第二个阶段进入到下一个阶段。

第三个阶段，“众里寻他千百度，蓦然回首，那人却在，灯火阑珊处”。

这个阶段我将其总结为：“行胜于言，快速迭代，创新驭万变”。这个理念更加适用于创新创业类企业。理智告诉我，这样快速增长的背后，一定有一些新的规律；面对如此快速的增长，我总是隐约感觉到一丝不安。企业的成长是有规律的，企业的构建是有内在逻辑的。非理性成长的背后，会不会埋下什么隐患？这样快速成长的背后，会不会有社会的另外一个圈层或角落去付出相应的代价？对此我始终抱有怀疑的态度。直到今天，我依然试图更加理性客观地分析评价互联网公司的成长，“伞型战略”则是我对互联网公司成长的一些客观规律的总结。

过去几年，有很多书讲互联网创业企业在业务层面如何打造一项新的业务，而本书《伞型战略2.0》试图解读互联网企业的公司战略。区别是，企业做“一”件事该怎么做，那是业务战略，互联网企业大部分采用的都是“平